ATÉ QUE DEU TUDO CERTO

ANTHONY HOPKINS

ATÉ QUE DEU TUDO CERTO

TRADUZIDO POR ROGERIO GALINDO

SEXTANTE

Título original: *We Did OK, Kid*

coordenação editorial: Sibelle Pedral
produção editorial: Livia Cabrini
preparo de originais: Rafaella Lemos
revisão: Hermínia Totti e Juliana Souza
diagramação: Ana Paula Daudt Brandão
capa: Jackie Seow
imagem de capa: Martin Schoeller / August
adaptação de capa: Gustavo Cardozo
impressão e acabamento: Associação Religiosa Imprensa da Fé

CIP-BRASIL. CATALOGAÇÃO NA PUBLICAÇÃO
SINDICATO NACIONAL DOS EDITORES DE LIVROS, RJ

H766a
Hopkins, Anthony, 1937-
Até que deu tudo certo : memórias / Anthony Hopkins ; tradução Rogerio Galindo. - 1. ed. - Rio de Janeiro : Sextante, 2025.
304 p. : il. ; 23 cm.

Tradução de: We did ok, kid
ISBN 978-85-431-1142-1

1. Hopkins, Anthony, 1937-. 2. Atores - Cinema - País de Gales - Biografia. 3. Autobiografia. I. Galindo, Rogerio. II. Título.

CDD: 927.429
25-100017.0 CDU: 929:791.635-051(410.3)

Carla Rosa Martins Gonçalves - Bibliotecária - CRB-7/4782

Rua Voluntários da Pátria, 45 – 14º andar – Botafogo
22270-000 – Rio de Janeiro – RJ
Tel.: (21) 2538-4100
E-mail: atendimento@sextante.com.br
www.sextante.com.br

Para Stella, com amor

Não rir, lamentar nem amaldiçoar, mas entender.

– Baruch Spinoza, *Tratado político*

SUMÁRIO

introdução

ATÉ QUE DEU TUDO CERTO, GAROTO

Numa manhã cinzenta de domingo em 1941, nas dunas de Aberavon Beach, um amigo do meu pai, Cliff Mathers, me deu pastilhas para tosse. Naqueles dias, durante os anos da guerra, víamos pouco, quase nenhum doce ou balas. Foram anos de racionamento. Desajeitado, derrubei as pastilhas na areia e comecei a chorar. Meu pai e Cliff riram. Ganhei um segundo doce. Meu pai se abaixou para me consolar. Acabaram as lágrimas. Cliff tirou uma foto. Uma das minhas primeiras lembranças. Eu tinha 3 anos.

Agora, aos 87, de vez em quando olho para esta foto e me vejo dizendo para o menino atrapalhado: "Até que deu tudo certo."

Como a maioria das crianças, eu era ansioso e confuso. Isso é parte do crescimento – ser novo demais para entender qualquer sentido da existência. Aquela estranha sensação de estar perdido, sem saber lidar com nada, permaneceu comigo durante os muitos anos da minha vida. Estou surpreso – ou será que a palavra certa é *estupefato*? *Perplexo*? Sim, *perplexo* – por ainda estar aqui. Não há explicação.

A marca de nascença indelével estampada em meu âmago é o sentimento de nunca estar realmente "entendendo".

Mas fui feito de matéria-prima resistente. Meu pai era assim – sério, sem indecisões. O conselho dele para mim: "Vá em frente. Cabeça erguida e não reclame." Boa dica. Outro: "A vida é dura. E daí? Nunca desista." Um pouco ríspido, mas me ajudou. Assim era meu pai, o velho. Richard Arthur Hopkins.

Morto e enterrado agora. Não sei se ele existe em outra dimensão – numa vida após a morte ou qualquer outra coisa que a gente pode desejar que exista. Mas ele está profundamente em mim, como cacos de louça quebrada.

É uma vida solitária. Sempre foi assim. Mas sem problemas, nada de mais. Uma viagem e tanto, na verdade. Não sou uma vítima. Usei esses pedaços quebrados em meu benefício – solidão, alienação, ansiedade, o que quer que esses cacos fossem. E agora estou feliz por isso. Essas irritações e provocações me mantiveram em movimento; elas me trouxeram até aqui.

um

CABEÇA DE ELEFANTE

Foi num outro domingo úmido, cinza – dessa vez em setembro de 1949 –, que, aos 11 anos, me tornei independente. Foi naquela tarde que minha mãe e meu pai me deixaram num internato de tijolos aparentes do século XIX, numa colina que se eleva na cidade de Pontypool, em Monmouthshire.

West Mon era um prédio gótico com pináculos altos. Sobre a entrada, dois carneiros em baixo-relevo seguravam um pergaminho que dizia SERVIR E OBEDECER. O prédio tinha um ar agourento de casa mal-assombrada, em nada aliviado pelos trovões estrondosos, os ventos fortes e a chuva de gelar os ossos da região de Monmouthshire. Foi ódio à primeira vista.

Fui deixado lá porque minha mãe estava ansiosa por me dar uma educação decente. Meu pai não estava tão convencido, porque me dar aquela oportunidade ia custar um bocado de dinheiro ganho a duras penas.

Eu concordava com meu pai, porque não me importava com a escola. Por que jogar dinheiro fora? Nunca fui o melhor aluno da classe, e não parecia haver muita esperança de melhora. Eu já tinha sido dado como um caso perdido pelos professores excessivamente pálidos de minha escola anterior em Port Talbot – apelidado de "Dennis, o Burro" por um professor particularmente desagradável.

Para os meninos da nossa rua, eu era o "Cabeça de Elefante". Minha cabeça era grande e parecia meio desproporcional naquele corpo franzino. Meus pais achavam que eu tinha hidrocefalia, mas o Dr. Bray, especialista em crianças, assegurou que eu era normal.

– Ele só precisa engordar – disse a eles o bom médico.

Ser deixado pelos meus pais na West Mon não foi um evento catastrófico. Foi só um daqueles percalços inconvenientes na estrada da vida, nada mais, mas, por uma razão ou outra, esse acontecimento plantou em mim uma semente de indiferença. Prometi *Vou me arriscar e nunca mais vou me aproximar da minha mãe e do meu pai – nem de qualquer outra pessoa, na verdade.* Não me importava mais. Decidi viver minha vida nos meus termos; abrir meus olhos para o futuro. Esquecer o passado. *A infância acabou. Entendido. Câmbio, desligo.* O fantasma tinha entrado na máquina.

Depois de uma breve conversa com o diretor, o Sr. Harrison, e sua exuberante e roliça esposa, seguida por um rápido passeio de reconhecimento pelo dormitório claustrofóbico de 16 camas apertadas num cômodo quadrado com paredes verde-hospital, meus pais e eu voltamos para o estacionamento diante dos degraus da entrada principal da escola. Minha mãe e meu pai entraram no carro para voltar para casa. Enquanto eles saíam, o sol refletiu no para-brisa. Através do reflexo, vi minha mãe acenar para mim. Meu pai manteve os olhos na rua, então deixei meus braços abaixados e não retribuí o aceno.

Enquanto o carro deles – um Ford Model C Ten bem polido – desaparecia na estrada que levava à entrada, vi o número da placa: BTX 698. Pelo resto daquela tarde úmida, fiquei murmurando o número várias e várias vezes: "BTX 698. BTX 698. BTX 698."

O lema da escola: "Acreditar, conquistar, ter sucesso, servir e obedecer." O hino da escola era ainda mais deprimente: "Marchamos com a música feliz, com uma canção de vitória." Tínhamos que cantar essa coisa ridícula toda manhã quando os alunos se reuniam diante da soturna equipe de professores.

Um dos inspetores daquela prisão de tijolos era um militar desalmado; ele tinha participado da campanha no Norte da África contra o general Rommel. Eu o chamava de "Lago" porque seu rosto era vermelho como uma lagosta. Ele me dissera que meus méritos e minhas perspectivas não passavam de "trapos e farrapos". Eu gostava do som engraçado, dramático de *trapos e farrapos*.

– Quieto, quieto, quieto – falei. – Eu sou o que sou o que sou. Sou o Homem dos Trapos e Ossos e Farrapos.

Eu era bom em fazer papel de palhaço. Frequentemente brincava de ser o espantalho de *O Mágico de Oz*, Bela Lugosi como Drácula ou Boris Karloff como o monstro de Frankenstein. Eu era assustadoramente bom em imitar qualquer voz ou som que ouvisse. Sabia relinchar como um cavalo ou latir como um cachorro. Também imitava o Pernalonga: "O que é que há, velhinho?" Hortelino. Patolino. Gaguinho. "Isso é tudo, pessoal!"

Quando fiz meu número de trapos e farrapos, alguns dos meninos riram, e Lago respondeu escrevendo no quadro: "*Pois em quê são os homens melhores do que ovelhas ou cabras se alimentam uma vida cega em seu cérebro?*" – *Alfred Lord Tennyson.*

Ele nos mandou escrever isso 20 vezes. Eu cumpri o desafio com um humor sinistro. Enquanto copiava as palavras, balia como cabras e ovelhas. Lago veio na minha direção. Tapas. Mais balidos. Mais tapas.

Quanto mais tapas eu levava, mais eu adotava meu truque de sobrevivência, um olhar de pura insolência estúpida. Esse olhar demonstrava minha indiferença passiva a tudo aquilo que era hostil em meu entorno. Não demonstrar reação. Encará-los. Fingir que não existem. Gostei desse poder recém-descoberto. Não demonstrar dor! Esconder qualquer dor existente, empurrar para baixo do tapete, seguir em frente. Isso deixava os adultos malucos, e me serviu perfeitamente.

Apesar de ser deprimente ter que viver naquele lugar medonho, foi lá que tive meu primeiro contato com William Shakespeare.

Foi num sábado à noite. Nós meninos estávamos reunidos no salão da escola, não para cantar o hino escolar – graças a Deus –, mas para ver um filme, um filme de verdade com som. A escola havia arrumado um projetor e contratado um operador de projetor, o Sr. Gordon Phillips. Era algo novo e empolgante.

Nós nos sentamos em nossos bancos de madeira e esperamos. Finalmente, o Sr. Harrison, o diretor, entrou no salão, com uma roupa esvoaçante para reforçar a importância do evento. Junto dele estava sua esposa grande e estrondosa como um navio de guerra, a velha Ma Harrison. Nossos professores vieram atrás. Max Horton, Lago Garnett e outros. O Sr. Harrison nos mandou ficar quietos - nada de falar, nada de se mexer, nada de rir. Qualquer menino que não respeitasse as regras seria retirado - e então, imaginávamos, executado rapidamente no ginásio.

- *Hamlet* é um filme muito importante. O Sr. Laurence Olivier, o maior ator shakespeariano do mundo, dirigiu esse filme e, além disso, se comprometeu apaixonadamente a divulgar as palavras poderosas e a sabedoria do Bardo de Warwickshire, o Sr. Shakespeare.

Oh, Deus nos ajude! Shakespeare, não. Por favor, nos poupe dessa trivialidade entediante.

O Sr. Harrison falou por mais cinco minutos sobre Shakespeare e o Sr. Olivier. Por fim, prestou homenagem a nosso projecionista, o Sr. Gordon Phillips de Griffithstown.

Isso vai ser deprimente! Pensei. Todos nos viramos para cumprimentar o Sr. Phillips de Griffithstown. Ma Harrison nos mandou dizer: "Obrigado, Sr. Phillips de Griffithstown." Eu me senti no inferno.

O Sr. Phillips de Griffithstown, em pé entre dois projetores de filme, pronto para a ação, era um jovem homem rotundo, de rosto oleoso. Seus cabelos haviam sido domados com gomalina e ele escolhera uma gravata-borboleta azul para o evento. Definitivamente, aquilo era o inferno.

No palco, uma grande tela de cinema havia sido instalada.

Diminuíram as luzes do salão. Na tela surgiu a abertura familiar, a introdução que é marca registrada da Organização J. Arthur Rank: o som do gongo gigante, as palavras *A J. Arthur Rank Enterprise*, uma tela escura. E então, de repente, os estrondosos acordes de abertura da música de William Walton.

Foi… *assombroso.* As cenas de batalha. O fantasma do pai de Hamlet. Dentro do castelo de Elsinore. Olivier. O monólogo de abertura dele:

Ah, rija carne, eu te queria rota
E dissolvida, reduzida a orvalho!

Fiquei fascinado até o último verso do monólogo.

Mas freia, coração; é bom calar.

Eu nunca havia sentido um impacto como esse. Era explosivo. Eu ainda não conseguia entender a estrutura de *Hamlet* e suas nuances – as palavras arcaicas, a linguagem nova e pouco familiar, o ritmo e o fraseado.

Mas senti como se Olivier no papel de Hamlet estivesse falando comigo, referindo-se a uma parte antiga de mim, há muito desaparecida. Foi uma experiência sobrenatural. O luto de Hamlet pela morte do pai e a traição da mãe ao marido morto. Chorei, dominado pela representação épica de pais e mães falhos e de como todos somos assombrados pelos fantasmas da memória. Eu era jovem demais para entender o sentido moderno das palavras. Mas uma força havia invadido o âmago do que quer que eu fosse.

dois

A 150 MILHÕES DE QUILÔMETROS

Minhas habilidades naquele primeiro internato eram nulas, e por isso meus pobres pais tiveram que repensar minhas perspectivas educacionais. Eles estavam desesperados e precisavam que alguém me ajudasse a dar um salto com vara para chegar aos pináculos da escolástica, alguém que, conforme sussurravam, pudesse "dizer uma ou duas palavrinhas a meu favor, digamos assim".

Era como ser parte de uma comédia shakespeariana complexa, cheia de piscadelas e apartes. Suponho que eu deveria me sentir honrado por ser o centro de tais planos, mas eu me sentia um burro, vendido. Eu não queria nada com aquilo.

Finalmente, fomos levados a uma figura misteriosa, alguém que tinha poder. Tio Eddie – que, pelo que me disseram, vivia na área de Rest Bay de Porthcawl e "era desprovido de arrogância", o que queria dizer que ele era direto – viria a se tornar meu salvador.

Por acaso esse grande homem que todos chamavam de tio Eddie era parente do lado paterno da família. Eles eram "podres de ricos", meu pai dizia. Eram tias e tios idosos que viviam na St. Mary Street, a *crosta* de Rest Bay. *Crosta* era o termo pejorativo usado para descrever a elite galesa que controlava os setores de educação em Gales.

Nenhum de meus dois avôs tinha a mesma imponência. Vovô Hopkins – ou Vovô H., como eu o chamava – era um cara durão. E adorava me mostrar quanto era forte.

Toda manhã ele tomava um banho frio, depois trabalhava o dia inteiro. "Sou duro como um carvalho", dizia. Ele estendia o braço direito e fechava o punho, depois esticava os dedos. "Veja isso, nem um tremor. Isso é força de verdade. É preciso ser forte neste mundo. O nome disso é a sobrevivência do mais apto."

Ele nasceu em Neath, Gales do Sul, em 1878, e de acordo com a lenda - sua própria lenda, talvez - fugiu do pai alcoólatra e viajou escondido em um vagão de trem até Londres. Encontrou um lugar para morar em Bermondsey, no sudeste da cidade. Tinha pouco dinheiro, mas conseguiu um emprego limpando e esfregando o chão em uma padaria alemã perto de Piccadilly.

Logo ele aprendeu que a padaria era um lugar de melancolia e trabalho árduo, mas acabou se tornando um padeiro de mão cheia e um mestre confeiteiro. Mais tarde ganhou troféus em exposições de panificação em Earl's Court, em Londres. Ainda tenho as taças de prata do Vovô Hopkins. Em uma delas está gravado: *Arthur Richard Hopkins 1924, Primeiro Lugar em Pãezinhos de Groselha.*

Partes da história dele devem ter sido aumentadas, mas eu achava que havia certa autenticidade. Admirava o velhote. Ele não parecia se interessar por mim exceto quando eu tocava piano para ele. "Anthony tem uma cabeça muito grande", disse certa vez à minha mãe. "Fico me perguntando por quê. Pena que não tem muita coisa dentro."

Vovô Hopkins era ateu, vegetariano, além de fã de Charles Darwin e do grande dramaturgo George Bernard Shaw. Ele se interessava pela expansão do movimento de autoajuda americano. Me mostrou livros que havia comprado quando jovem aprendiz em Londres, de um sebo em Charing Cross Road. Apesar de mal conseguir pagar o aluguel ou comprar comida, precisava ter esses livros, entre eles *Os males do tabaco*, de Dwight Baldwin, e *Desenvolvendo o poder mental*, de George Malcolm Stratton.

Ele me contou uma história sobre um jovem chamado Gerald com quem trabalhara naquela padaria londrina. Gerald havia se casado com uma jovem e eles estavam querendo alimentar sua filha bebê, mas não havia comida suficiente. Gerald estava muito doente. Meu avô pensava que era tísica - tuberculose -, pois a tosse seca era um dos sintomas.

Certa manhã Gerald não apareceu para trabalhar, e o encarregado da loja anunciou para todos que o jovem havia morrido de pneumonia na noite anterior. Os outros homens da padaria não disseram nada e o trabalho continuou como sempre.

Vovô Hopkins se tornou um agitador operário. Ele contou ao meu pai que uma vez encontrou Vladimir Lenin. Podia ser uma história fantasiosa, uma parte de sua lenda. Mas também podia ser verdade, porque Lenin se exilou em Londres. Leon Trotsky também morou lá, onde na época havia uma fervorosa e apaixonada militância marxista.

Quando ele e minha avó foram para Port Talbot com os três filhos, Miriam, Richard e Lorna, a família lutava para sobreviver.

Gales já foi descrita como a "terra da música". Dylan Thomas criou uma versão mítica em *Ao pé do bosque torto*, sua peça para vozes, mas a verdade era que não havia nada de pitoresco ou romântico no País de Gales que minha família conheceu.

Em 1921, quando meu pai tinha 14 anos, precisou abandonar a escola para trabalhar na padaria da família sem remuneração. Ele ficou lá até 1936.

Do outro lado havia meu avô materno, Frederick Thomas Yeats, nascido em Pewsey, Wiltshire. Sempre que eu me aborrecia, vovô Yeats dizia: "Não chore sobre o leite derramado. São águas passadas. Deixe estar."

Vovô Yeats encontrou trabalho nas estradas de ferro e nos pátios de manobras de Swindon, depois se mudou para Gales, onde novas fundições de siderurgia estavam sendo construídas. Lá ele conheceu Sophia Phillips, uma aprendiz de costureira, em uma loja de vestidos de Carmarthen. Eles se casaram e se instalaram em Port Talbot. Tiveram duas meninas. A primeira foi minha mãe, Muriel, nascida em 1913.

Eles perderam a segunda, Jenny, a favorita de meu avô, para a difteria, quando ela tinha 9 anos. Minha mãe tinha 12. Um dia no café da manhã eles ouviram um baque no andar de cima. O pai se levantou e foi até o corredor, e lá estava Jenny caída, encostada na balaustrada. Ele subiu as escadas correndo e a levantou nos braços. Estava morta.

Minha mãe disse que no dia do enterro da menina, enquanto o caixão era levado para o carro fúnebre, ela ouviu o pai chorando e soluçando impotente, desesperadamente na pequena passagem nos fundos da casa.

Mas no dia seguinte, como sempre, ele foi trabalhar como operador de guindaste na siderúrgica. Quando ofereceram uns dias de folga, ele não aceitou.

– Não posso trazer a menina de volta, não é? – disse. – Por que reviver tudo? Ela se foi. Depois que alguém morre, acabou. O passado morreu, não existe mais nada. E ele nunca mais tornou a falar da amada filha.

De volta ao Tio Eddie – Eddie James. Ele era adorado pela família, que falava sobre ele aos sussurros.

– Ele sempre vai a Londres. Sabe, negócios e tudo mais. Várias vezes toma café da manhã no trem com nosso ministro da saúde, Nye Bevan.

Tio Eddie era também editor do jornal *Western Mail* em Cardiff. Ele conhecia "gente importante" no conselho galês de educação. Em que isso podia me favorecer, eu não tinha a menor ideia.

Em uma tarde de domingo quente e sufocante, fomos convidados pela tia Patty para tomar chá com tio Eddie na casa dela, na Esplanade Avenue. Enquanto meu pai nos levava até a casa da tia Patty, minha mãe, sentada no banco do carona, se virou para me olhar. Eu estava largado no banco de trás. Ela mandou que eu me sentasse direito. "Espero que você não se sente assim na casa da tia Patty! Sente-se direito, comporte-se e pare de se remexer. E diga *por favor* e *obrigado* quando a tia Patty oferecer um pedaço de bolo. Não fique jogado na cadeira de qualquer jeito. E não fale para dentro quando o tio Eddie fizer uma pergunta."

Fiquei olhando pela janela do carro enquanto passávamos pela beira-mar, e minha mente se voltou para a última visita que tínhamos feito à família, em outra tarde agourenta de domingo. Estávamos todos reunidos, o clã Hopkins inteiro. Ou pelo menos era o que parecia. As duas irmãs do meu pai, Mimi e Lorna; o tio Billy; tio Jack e Bobby, meu primo-irmão – todos nós apertados como sardinhas na sala de estar bolorenta da casa do tio Davey Charles e da tia Nettie, na St. Mary's Street.

Pela milésima vez minha mãe me dissera para me sentar direito e dizer *por favor* e *obrigado* sempre que tia Nettie decidisse me oferecer um pedaço de bolo galês seco em um prato de porcelana delicado cheio de flores.

De repente um pensamento estimulante me ocorreu: *Por que você não se levanta – sim, agora – e fica completamente louco e insano como aqueles lunáticos de Bedlam? Sim, por que não? Enlouqueça agora e quebre este prato estúpido de porcelana florida na cabeça da sua querida tia Nettie.* Talvez essa tenha sido a primeira semente de vingança plantada no meu cérebro atrasado. A semente do caos e do perigo.

Enquanto estava sentado no carro relembrando aquela visita, notei meu pai me olhando pelo retrovisor. Vi seu rosto e notei, não pela primeira vez, quanto ele se parecia com o cantor americano Bing Crosby. Devolvi o olhar. Uma insolência estúpida. Que o deixava louco.

– Não sei o que vai ser desse menino. Fico preocupado pra cacete – disse ele à minha mãe.

– Ah, Dick, pelo amor de Deus, não fique falando nisso. E pare de falar palavrão. Não me vá falar assim na casa da tia Patty.

– Ah, pro inferno com a tia Patty! Tia Patty isto, tia Patty aquilo. São uns beatos hipócritas. Todos eles.

– Então por que estamos indo lá? Por que sempre vamos ver seu pai e suas irmãs?

– Por quê? Porque eles são ricos pra cacete, por isso! Ficamos lá esperando ganhar umas migalhas. Porcaria. É por isso.

Desgraça e Tristeza, os terríveis gêmeos galeses, estavam no carro conosco naquela tarde abafada de verão.

Finalmente estacionamos na casa da tia Patty à beira-mar.

Meu pai apertou a campainha. Sons distantes. Uma moça gorducha vestida de preto com uma touca de empregada na cabeça abriu a porta da frente. Dick fez uma careta para minha mãe como se dissesse, *Ah, desculpe-me por respirar, por favor, digníssimos. Tudo muito elegante.*

Fomos levados até a sala de estar e convidados a nos sentar, disseram para ficarmos à vontade; tia Patty viria nos receber em breve. Eu me sentei ao lado da minha mãe no sofá. Não sabia por que tinha que me sentar ereto, mas tentei. Meu pai ficou em pé, espiando pelas cortinas da janela os turistas de fim de semana que vinham de todo o País de Gales. As crianças pulando e gritando enquanto os pais cansados cochilavam no calçadão da Esplanade e à beira-mar, junto às pessoas solitárias dos vales. Todo mundo, ao que parecia, estava aproveitando aquela tarde miserável.

Meu pai estava agitado como sempre, mexendo na cortina, batendo no vidro da janela com a unha.

– Estranho, não é?

– O que é estranho? – perguntou minha mãe, cansada.

– Todas essas pessoas lá fora. O que elas estão fazendo?

– Estão se divertindo, Dick. É isso que as pessoas fazem. Pessoas normais fazem coisas assim. Por que você não se senta? Pare de bater na janela. Você parece uma pilha de nervos.

– Não quero sentar. Estou bem em pé. Que horas são?

– Não sei. Umas três horas.

Ouvi o toque delicado de um relógio distante. Tia Patty entrou na sala. Era uma matriarca vitoriana, pequena, atarracada e forte, com uma voz marcante de contralto.

Ela foi até meu pai, oferecendo a mão.

– Richard. Como você está?

– Olá, tia Patty. Estou muito bem, obrigado.

– Bom. Bom. Bom. Muito bom. – Tia Patty se virou para minha mãe. – É Marjorie, não é?

– Muriel – respondeu minha mãe.

– Muriel. Sim, claro. Muriel. – Ela então olhou para mim. – E este é o menino?

– Sim. Anthony.

– Anthony. Sim, claro. Anthony.

– Diga "Olá, tia Patty" – ordenou minha mãe.

Eu obedeci.

– Olá, tia Patty.

A majestosa e velha senhora me olhou de cima a baixo e depois tocou meu rosto.

– Então você é o garoto problema, correto?

– Sim, acho que sim – respondi.

Minha mãe ficou incomodada.

– Não é um garoto problema, tia Patty. Ele só é meio lento, só isso.

– Ser lento é um problema, você não acha? – rebateu tia Patty.

Fez-se um silêncio. Tia Patty me olhou novamente. Tocou minha gravata. Era preciso melhorar as coisas de alguma forma.

– Nosso Eddie disse que o Anthony precisa de ajuda para entrar em uma boa escola. O que aconteceu com a West Mon? – perguntou tia Patty.

– Ele estava muito infeliz lá – respondeu minha mãe.

– Ah, bem, felicidade não é tudo, sabe – respondeu tia Patty. – Alguma escola ele precisa frequentar. Que tipo de escola você busca, Richard?

– Queríamos colocá-lo na Cowbridge Grammar School.

Tia Patty espanou migalhas invisíveis da blusa.

– Cowbridge só aceita filhos de profissionais liberais, como médicos e advogados, entende? Já os filhos de comerciantes? Bem, a West Mon é melhor para os filhos de comerciantes. Você quer que Eddie mexa os pauzinhos. Correto?

– Se for possível – respondeu minha mãe.

Meu pai murmurou algo sobre ir embora.

Um silêncio constrangedor. As vozes das crianças na rua. Uma buzina de carro.

– Sim, bem – desconversou tia Patty. – Querem um chá?

Ela foi até a porta e chamou:

– Bessie, prepare o chá para as visitas. – E voltou. – Eddie vai chegar em breve. Ele precisa tirar uma soneca toda tarde. Sabe como é.

Meu pai não perdia uma oportunidade de ser sarcástico:

– Toda tarde? Por quê? Ele fica *cansado*?

Seu rosto era de perfeita inocência fingida. Minha mãe o olhou feio. Ela sabia do que ele era capaz.

– Bem, você sabe como é, Richard. Ele realmente tem muito trabalho pela frente. O cargo de editor no *Western Mail*, o Conselho Galês de Educação. Amanhã ele vai para Londres. Vai pegar o trem das sete horas em Cardiff. Tem uma reunião com o Sr. Bevan e...

– Ah, é sério? Ele conhece Nye Bevan? Ele tem amigos no alto escalão, não é?

Seu sarcasmo sutil não foi registrado por tia Patty.

– Sim, dá para dizer que sim, Richard. Ele nunca para.

Ela se virou para a porta.

– Eddie está chegando.

Entra Eddie James – Eddie, o Grande. Um homem imponente, abençoado com uma cabeça nobre coberta por uma cabeleira prateada e usando óculos pesados de aros pretos. Tio Eddie cruzou a sala até meu pai e o cumprimentou com um aperto de mão forte, de velhos amigos.

– Richard! Conheço bem seu pai. – Ele falava num tom educado galês, com vogais de barítono, como um cantor de ópera. – Meu caro Arthur Richard, como está o velho patife? Ainda ativo no Partido Trabalhista, imagino?

Meu pai ficou impressionado com o entusiasmo vibrante de tio Eddie.

– Bem, sabe como é, tio Eddie, ele está envelhecendo. Se aposentou dos negócios há alguns anos.

– Estamos todos envelhecendo, Richard. Indo ladeira abaixo, como se diz. – Tio Eddie se virou para cumprimentar minha mãe. – Sra. Hopkins.

– Muriel – corrigiu tia Patty.

– Muriel. É claro.

Tio Eddie, em sua afabilidade gigante, olhou para mim como se estudasse um espécime de outro planeta.

– E você, meu jovem, é você o lentinho? Certo?

Minha mãe sussurrou na hora.

– Levante, tire as mãos do bolso e diga "Prazer em conhecê-lo, tio Eddie".

Obedeci.

– Sim. Então sua mãe e seu pai estão preocupados com você, correto?

– Acho que sim – respondi baixinho.

– Fale mais alto. Não sussurre.

Tio Eddie desabou em uma poltrona.

– No que você é bom?

Em pé diante daquele super-homem professoral, de cabeça prateada, fiquei perdido.

Meu pai, de repente, me ofereceu ajuda.

– Conte para o tio Eddie sobre seu interesse em astronomia.

Tio Eddie olhou para mim como se estivesse reavaliando o menino miserável na frente dele.

– Astronomia, é? Meu assunto preferido. Me conte o que você sabe.

– Sei o nome dos nove planetas – murmurei.

– Fale mais alto. Não consigo te ouvir – disse ele.

– Sei o nome dos nove planetas – repeti.

– Vá em frente.

Eu recitei:

– Terra, Mercúrio, Vênus, Marte, Júpiter, Saturno, Urano, Netuno e Plutão. Mercúrio é o mais próximo do sol.

– Muito bom, parabéns.

Minha mãe murmurou em aprovação.

Tio Eddie me desafiou.

– O que mais?

– O Sol está a oito minutos-luz e meio da Terra, a 150 milhões de quilômetros de distância, e a galáxia mais próxima é Andrômeda, que está a dois anos-luz e meio de distância da Terra, e Galileu se encrencou por dizer que o Sol era o centro do Sistema Solar, e o coronel Fawcett desapareceu na Floresta Amazônica e o *Titanic* bateu em um iceberg em 1912, e o Empire State Building em Nova York é o prédio mais alto do mundo, com 371 metros de altura.

– Isso é impressionante – disse o tio Eddie. – Onde você aprendeu isso tudo?

– Na *The Children's Encyclopedia*, de Arthur Mee. Meu pai comprou para mim quando fiz 6 anos.

Aquele foi um dos melhores presentes da minha vida. Eu tinha ido ao dentista naquele dia e doeu. Quando chegamos em casa de tarde, vimos uma grande caixa nos degraus. Era tão pesada que o Sr. John da casa ao lado teve que ajudar minha mãe a colocar para dentro de casa e a subir a escada. Eles abriram o pacote sobre a mesa. Uma enciclopédia de 10 volumes. Dez livros azuis perfeitos, só para mim.

Apesar de ser um lindo dia ensolarado de verão, me colocaram na cama para descansar da consulta no dentista. Li todos os 10 volumes. Primeiro devorei as páginas sobre Beethoven e Mozart, depois as seções sobre a Via Láctea, e os artigos com títulos como "Natureza", "Terra", "Todos os países" e "Feitos épicos". Li os livros muitas vezes até as capas quase se soltarem, memorizando sem esforço listas dos maiores rios do mundo e a capital e a bandeira de cada país.

Impressionei a todos com minha recitação, mas continuei até que meu pai foi até mim, colocou a mão na minha cabeça e me disse para não cansar o tio Eddie.

– Acho que já é o suficiente.

Parei de falar, mas o tio Eddie disse para meu pai:

– Tudo bem, Richard. Deixe o menino falar. Ele parece ter muito a dizer.

Eddie olhou para mim, não com seriedade, mas de uma maneira amigável.

– E suas leituras, Anthony? Qual seu livro favorito? Você tem um?

– *O vento nos salgueiros*, de Kenneth Grahame; *Prester John*, de John Buchan; e *Oliver Twist* e *Grandes esperanças*, de Charles Dickens.

– *Grandes esperanças*? Céus! Charles Dickens, hein? E quem é seu personagem preferido? Pip?

– Não, o condenado, Abel Magwitch. E, em *Oliver Twist*, gosto de Fagin e Bill Sikes.

– Meu Deus. O Sr. Magwitch, é? O malvado. Muito bem, tenho que dizer. E Fagin. Ele é um personagem peculiar, não é? E Bill Sikes. E Shakespeare? Você gosta?

– Sim, *Hamlet*: "Ser ou não ser: eis a questão./ Acaso é mais nobre curvar a cabeça aos golpes/ Da ultrajante fortuna." De *Júlio César* gosto do monólogo "Ó poderoso César" de Marco Antônio e seu "Amigos, romanos, compatriotas".

Tio Eddie riu.

– Meu Deus, está bem, já é suficiente.

Triunfo. Houve uma pequena explosão de risadas na sala. Acho que até tia Patty riu.

O veredito do tio Eddie:

– Bem, Richard e Marj… desculpe, Muriel, acho que Anthony é um pouco sonhador. É isso. Um sonhador. Um belo dia ele vai chocar todos nós. Quem sabe? Ele escreve? Como é sua ortografia?

– Muito boa – respondeu minha mãe. – Acho que lê essas enciclopédias todos os dias, e é bom desenhista e toca piano. "Sonata ao Luar."

Eles compraram um piano para mim, para estimular meu interesse, e funcionou. Eu amava tocar piano e desenhar.

O tio Eddie concordou com a cabeça.

De repente ele se levantou da poltrona professoral.

– Bem, acho que ele precisa de *dedicação*. Aulas extras. Vou para Londres de manhã, bem cedo, na verdade, mas vou telefonar para o diretor de Cowbridge, o Sr. Idwal Rees, um homem esplêndido, de Cambridge, sabe. Isso, vou ligar para ele hoje à noite ou amanhã. Amanhã é melhor. Vou telefonar de Londres. Ver o que podemos fazer. Mas o menino precisa de aulas extras de aritmética e álgebra.

No caminho de volta para Port Talbot, minha mãe me disse que estava orgulhosa de mim. Meu pai me olhou pelo espelho retrovisor.

– Sim. Bom, vamos torcer para seu tio Eddie conseguir mexer os pauzinhos.

De fato, o tio Eddie conseguiu fazer sua mágica. Ele e Arthur Mee da enciclopédia me ajudaram a entrar em Cowbridge aos 13 anos, no verão de 1951. Eu tinha chegado. Ou achava que tinha.

três

O CORVO

O diretor de Cowbridge na época, J. Idwal Rees, era um renomado estudioso dos grandes clássicos, formado pela St. John's College, Cambridge. Ele dava aulas de grego e jogava rúgbi internacional pelo País de Gales. Era um disciplinador rigoroso e muito bem-vestido, sempre com um terno preto e um casaco preto. Ele deslizava pelos corredores da escola e por toda a propriedade. Eu o chamava de Corvo. Mesmo com tio Eddie James mexendo os pauzinhos para que eu entrasse na escola, não me senti bem-vindo.

Numa manhã de sábado, o Corvo, perto o suficiente para que os outros meninos do dormitório ouvissem, me disse o que achava de mim.

– Você é totalmente inepto. Alguma coisa acontece nesta sua cabeça enorme?

Palavra interessante!, pensei.

Um tapa curto acertou minha cabeça.

– E então? Acontece? Alguma coisa se passa neste seu cérebro inepto? Responda!

– Não. Não muito – respondi.

Outro tapa na cabeça.

– Não... o quê?

– Senhor.

– Diga.

– Não, senhor.

– Exatamente. E olhe as suas mãos. Mãos brutas.

Ele não estava errado. Eu derrubava e quebrava as coisas. Era forte, mas tendia a ser desajeitado, sempre aquele que se atrapalhava com um prato no refeitório ou arrancava a maçaneta da porta no corredor.

– Você quebra tudo que toca. É uma cavalgadura sem cérebro. Cabeça de elefante. Não é assim que te chamam?

– Sim.

– Sim... o quê?

– Senhor.

O tapa na cabeça não doía. Era uma marca, um risco na coronha do rifle. O comentário sobre a cavalgadura sem cérebro foi interessante. Quem poderia saber? Talvez a existência de uma cavalgadura seja preferível à de um estudante fracassado que é estapeado na cabeça o tempo todo.

Vovô Yeats dizia: *Esqueça. Esqueça a dor. Fique quieto. Fique de boca fechada. Nunca reaja.*

Era um bom conselho. Eu me fingia de bobo. E essa se tornou minha identidade. Eu era *inepto*. Meu novo distintivo de honra.

A biblioteca pública era meu lugar preferido. Eu sempre levava comigo o caderninho que vovô Yeats me dera para anotar pequenos fragmentos de informação. Na biblioteca, virei as páginas do dicionário *Webster* até o *I*, e lá estava no topo da página: *Inepto*. Dominei a página. E, olha só, ali estava eu, um retrato em definições e sinônimos: *Incompetente. Incapaz. Inadequado. Incapacitado. Inábil. Ineficiente.*

Meu problema havia sido diagnosticado pelos meus professores, colocado a tapas dentro da minha cabeça, como a marca de Caim, mas agora havia se tornado meu talento e minha bênção. Eu era assim. Bom. Agora eu sabia o que eu era. Achei que seria engraçado colar uma foto minha na página do *Webster*.

Eu era indiferente a esportes em geral. E esportes escolares, então, eram algo que eu detestava. Qual era o propósito ou objetivo de perseguir ou chutar uma bola estúpida por um campo estúpido com um monte de outros meninos estúpidos? Eles todos comemoravam e gritavam quando marcavam um gol. *Idiotas*, eu pensava. Logo me afastei de tudo. Eu não ia nem às minhas próprias festas de aniversário. Minha mãe fazia festas, mas eu ficava do lado de fora enquanto lá dentro de casa eles brincavam e comiam bolo.

Mas havia uma vantagem oculta nesse isolamento, uma recompensa confortável nesse novo jogo de identidade: sem esforço, eu podia me tornar uma vítima, um mártir. E aí eles se arrependeriam. Eu ia mostrar para eles.

Certa noite, fui chamado no gabinete do diretor. Era a segunda vez que eu era chamado pelo Corvo. A primeira foi por causa de um livro assustador que meu pai tinha, um livro ilustrado sobre os horrores da Primeira Guerra Mundial, com trincheiras, lama e carnificina. O livro se chamava *Aliança com a morte*. Ele me mostrou quando eu era pequeno, talvez com 5 anos, então levei para a escola e um dos professores me dedurou para o Corvo.

– Onde você arrumou esse livro? – perguntou ele.

– Meu pai me deu.

– Seu pai? Ele é louco? Esse livro é terrível. Ele não sabe que a guerra é gloriosa?

Esta foi a palavra que ele usou: *gloriosa*.

Usei meu número de insolência estúpida. Funcionou.

O Corvo ordenou que eu saísse do gabinete dele. E confiscou o livro.

Segundo round. Meu novo pecado foi ter sido pego lendo *A revolução traída*, de Leon Trotsky. Eu tinha pegado o livro emprestado na Biblioteca de Port Talbot e "esquecera" de devolver. Um dos malditos inspetorzinhos me denunciou.

Mais uma vez eu estava no gabinete sombrio do Corvo.

Do lado de fora, no gramado retangular, alguns meninos jogavam *croquet* ao pôr do sol. Uma lâmpada perto das estantes altas de livros quase não iluminava a sala. O Corvo estava sentado à mesa. Eu mal conseguia ver o rosto dele na penumbra. Sua mão ossuda estava sobre a capa do livro de Trotsky.

– Por que você está lendo isto? – perguntou. Ele parecia distante. – Você acredita no comunismo? É um comunista?

Silêncio.

– Sabe que estamos numa Guerra Fria com a União Soviética? Já ouviu falar em Stalin?

– Sim, senhor – respondi.

– Então por que está lendo este livro?

– Estou interessado na Revolução Russa. Meu pai me disse que Trotsky foi assassinado por Stalin – respondi.

O único som vinha de fora, a batida do taco na bola. Houve outro silêncio. O diretor se levantou da cadeira, andou até a janela e observou os meninos lá fora.

A luz de verão me deixava triste.

O Corvo falou baixo, sem nenhum tom de desprezo:

– Você não parece se importar com nada que ensinamos aqui. Acha difícil? O Sr. Evans me disse que você não se interessa por matemática ou química. Mas eis você aqui, lendo Trotsky. Seus pais sabem que você está lendo esse tipo de livro?

– Sim, senhor – respondi. – Meu pai sabe.

– Você já leu Marx?

– Tentei ler, senhor, mas é complicado.

– Precisamente. Eu li em Cambridge.

Pausa. Ele me observava como se examinasse um inseto no microscópio. Então voltou para a mesa e me devolveu o livro.

– Não vou confiscar isto. Além do mais, é um livro de biblioteca. Mas não quero que você leia em sala de aula. Pode ir.

Alguns dias depois, o Corvo chamou meus pais na escola para entregar seu relatório. O Sr. Rees foi leniente, dizendo que era provável que o filho deles fosse "diferente", um pouco lento e meio sonhador, a cabeça nas nuvens, esse tipo de coisa. Meus pais ficaram aliviados. Eles também me disseram que o rosto sério e estreito se contorceu num sorriso quando ele contou qual tinha sido minha resposta quando ele me perguntara havia algumas semanas por que eu não tinha visto a produção da escola de *Noite de Reis*. Minha resposta tinha sido: "Não achei o elenco muito bom." Ele disse que os professores deram boas risadas da minha precocidade.

Durante a aula de literatura inglesa, o Sr. Codling me convidou a ficar diante da turma e recitar um poema.

– Vamos ouvir nosso crítico residente, o jovem Mestre Hopkins.

Como é?

O Sr. Codling apontou para onde eu devia ficar.

– Acorde. Esta é sua oportunidade de nos mostrar como se faz.

Do que ele estava falando?

– Venha. Não temos o dia todo.

Não havia censura nem ameaça na voz dele. O velho Arthur Codling conhecia todos os truques dos meninos taciturnos; podia ver através de nossas máscaras e enxergar nossas ansiedades.

Relutante, eu me levantei, abri caminho até o lugar indicado ao lado da mesa do Sr. Codling. Ele me entregou um livro pesado, *Tesouro dourado*, de Palgrave.

Então, apontando para uma página, o velho Arthur Codling disse:

– Leia isto para a turma.

Foi a primeira vez que me pediram para me apresentar, representar ou recitar qualquer coisa diante de um monte de meninos taciturnos porque eu sempre me sentava no fundo da sala.

Abaixe a cabeça. Não se envolva. Não confie em ninguém.

O poema era "O vento oeste", de John Masefield, o celebrado poeta britânico.

Eu conhecia o poema "Cargas", escrito por ele. Mas este? Nunca tinha lido. Comecei, curioso sobre o que era:

> O vento oeste traz calor e canto de aves;
> Eu nem o ouço, mesmo assim choro suave.
> Pois sei que é vento do oeste, das colinas.
> E o vento oeste traz abril e flores lindas.
>
> O oeste é bom com corações que estão cansados,
> As macieiras vão em flor, ar perfumado.
> A relva é fria e oferece um bom repouso,
> E cantam tordos a voar, até seu pouso.
>
> "Você não vem pra casa, irmão? Faz tempo, e tanto,
> Já é abril, há flores, maio se faz branco;
> E o sol já brilha, irmão, a chuva desce quente,
> Você não vem pra casa, irmão, ver tua gente?"
> (...)
> Que leva aos corações amigos e ao cantar,
> Na bela terra, lá no oeste, o meu lugar.

Meninos não choram. Eu queria. Mas não chorei. Devolvi o livro para o Sr. Codling. Os meninos estavam em silêncio – sem sorrisinhos, sem gozações. O Sr. Codling olhou para mim.

– Obrigado. Muito bom.

quatro

DIA DA MENTIRA

Quatro anos mais tarde, depois de dois internatos e algumas pinceladas de isolamento social e notas ruins, cheguei à tenra idade de 17 anos.

Estava de pé com minha mãe e meu pai na cozinha atrás da padaria, um espaço pequeno e quadrado que também servia de sala de estar e de jantar. Estávamos prestes a sair para ver um filme no Plaza. Era nosso ritual de sexta à noite, mas, nessa sexta em particular, uma sombra pairava sobre nós. A sombra era meu boletim. Como sempre, esses relatórios chegavam durante minhas férias escolares em um envelope branco endereçado ao Sr. e à Sra. R. A. Hopkins, Commercial Road 19, Port Talbot, Glamorgan.

E ali estava a minha condenação por escrito, encostada no bule de chá estampado com folhas de salgueiro sobre o balcão da cozinha, esperando para ser aberto e lido. Por quê? Para lembrar minha mãe e meu pai da incrível estupidez de seu filho. Esses pequenos lembretes *sempre* chegavam no meio das minhas férias escolares, e os envelopes *sempre* ficavam ali, me deixando pensar por dias:

Por que não me deixam abrir essas penas de morte seladas?

E aí eu me lembrava:

Porque não é você quem tem que abrir, burrinho.

E aí eu respondia:

E se eu espatifasse o bule com folha de salgueiro na porcaria da bancada e assim mudasse toda a realidade do meu mundo? Causa e efeito. Sem bule, sem boletim, sem escola – sem mim. Não havia por que tentar adivinhar o conteúdo exato do envelope branco. Seria o mesmo velho refrão, mais um prego enferrujado no meu caixão.

Era hora de o machado cair nessa noite feliz de primeiro de abril, o Dia da Mentira.

Meu pai abriu o envelope e tirou o boletim dobrado com cuidado. Grampeada ao boletim havia uma carta. Isso nunca havia acontecido. Uma carta? Ele olhou por um instante para o boletim, seus olhos se movendo rapidamente pela minha lista de pequenos delitos, antes de seguir para a carta anexa. Ele leu devagar. Esquadrinhei o rosto dele em busca de um lampejo de reação. Nada. Sinistro.

– O que está escrito? – perguntou minha mãe.

Sou um fracasso. É isso. Não preciso que soletrem para mim.

– Caros Sr. e Sra. Hopkins, com certo pesar e decepção informo que as notas de Anthony estão abaixo do padrão educacional desta escola. Infelizmente, demonstra pouco ou nenhum interesse acadêmico nos assuntos ensinados aqui. Ele demonstra pouco ou nenhum interesse em oportunidades de práticas esportivas saudáveis em nossa instituição, sejam elas rúgbi, críquete ou qualquer outra atividade atlética. Além disso, ele tende a se isolar dos outros rapazes na escola. Atenciosamente, J. Idwal Rees, diretor.

O velho Corvo estava certíssimo. A escola realmente mantinha, como anunciado, "um alto padrão de educação e uma reputação incomparável". Todo mundo concordava – o problema era apenas o tolo em pé diante dos pais em sua cozinha pouco ventilada, com uma única janela com vista para o muro de concreto da loja vizinha.

Meu pai começou suas lamentações de sempre:

– Quem sabe o que vai acontecer com você? Isso me preocupa. Sinceramente, você é um caso perdido. Nunca vai chegar a lugar nenhum, nunca vai ser nada na vida do jeito que está indo. Só Deus sabe o duro que nós damos para lhe dar uma boa educação. Puro desperdício de dinheiro, na minha opinião. Qual é o seu problema? Você deveria fazer um exame de cabeça. Você não consegue fazer nada de útil? Você é completamente inútil. Não sei o que...

Na mosca, pai. Acertou no alvo. Sou completamente inútil.

Minha mãe interrompeu:

– Ah, deixe ele em paz, pelo amor de Deus!

Minha mãe aceitava a maioria dos meus defeitos e limitações. Ela era estoica. "O que tiver que ser será."

Mas meu pai, meu velho? Ele ficava chateado. Quando eu era menor ele me levava junto para entregar pães num carro que tinha A. R. HOPKINS AND SON, LTD. escrito na lateral; eu via só o perfil esquerdo dele. Às vezes eu temia ficar sentado ali, ouvindo o motor do carro, a mudança das marchas e o bater dos limpadores de para-brisa porque eu não conseguia deixar de imaginar que meu pai só tinha o lado esquerdo do rosto. Durante minha infância, tive sonhos nos quais ele não era real, só um perfil ambulante.

Sempre tive consciência das sombras pairando pela nossa casa porque tanto minha mãe quanto meu pai eram propensos à depressão e a humores sombrios. Eles brigavam e choravam. Meu pai bebia muito, o que apenas alimentava sua já intensa emotividade. Uma vez eu o ouvi chorando no quintal. Quando criança eu odiava o som de choro, especialmente vindo de um homem. Ele e minha mãe passavam dias sem falar um com o outro. Ele tinha uma quantidade enorme de energia que não ia para lugar nenhum.

– Padeiros são loucos – ele gostava de dizer.

Eu tinha algo do espírito do meu pai – uma vaga solidão ou tristeza, ou era medo? – que passei minha vida toda tentando apagar. Eu continuava a fugir dos meus pais, na direção de algo que não podia descrever, mas imaginava ser melhor do que tudo que eu conhecia.

Eu pensava em como meu pai brincava comigo quando eu era bem pequeno, provavelmente com 3 ou 4 anos. Ele me pegava e quase me jogava no ar. Eu sempre queria encostar no teto. Naqueles primeiros dias, nossa cidade, Margam, tinha luz a gás. Não havia eletricidade até o fim da guerra. Em suas brincadeiras, ele me segurava perto da luminária da lareira a gás. Eu pedia que ele me jogasse para o alto, na direção do gás, com força. Tentava alcançar o teto intocável.

No jardim da frente havia dois choupos e uma grade de ferro pintada de verde no topo do muro de tijolos aparentes. Na casa ao lado ficava a coleção orgulhosa de prímulas e tremoços do Sr. Jones. Eu passava a maior parte do tempo sozinho no quintal. Não fazia amizade com outras crianças, preferia minha própria companhia. Do outro lado ficava a casa da Sra. John e o marido, Bert. Eles tinham uma filha, Mary, e um cachorro branco com manchas pretas que eu adorava chamado Manchinha.

Nas noites de verão, meu pai gostava de conversar com Bert. Aquelas noites em 1944 eram perfumadas com o cheiro de ervas e folhas secas queimadas. Naqueles anos da guerra, o Ministério da Alimentação encorajava as pessoas a plantarem suas próprias hortaliças em jardins da vitória e o governo dava dinheiro para as pessoas terem lotes em fazendas.

Meu pai estava sempre com uma camisa sem colarinho; Bert John vestia o mesmo, mas usava um quepe. Eles fumavam pungentes cigarros Woodbine, que chamavam de *mata-rato*. Os dois cultivavam repolhos e feijão. O governo incentivava a cooperação; homens jovens deveriam oferecer a colheita de seus jardins para crianças e idosos. A desnutrição das crianças era uma preocupação, e a paralisia infantil era uma grande ameaça. Apesar da dureza daqueles dias de guerra e pós-guerra, a união de uma nação ficou muito marcada na minha memória.

Depois de cortar o pequeno trecho de grama ou colher batatas na horta estreita, meu pai parava para conversar com Bert, ambos acendendo seus Woodbines e olhando para o céu de fim de tarde, como dois filósofos:

– Sim. Mais um dia agradável amanhã. As noites estão ficando mais longas. Logo será outono.

– Quando será que essa maldita guerra acaba? Soube do Trevor Williams?

– Não, o quê?

– Morto.

– Não pode ser.

– É. Norte da África.

– Ah, certo, melhor ir dormir. Tenho que trabalhar cedo amanhã. Boa noite, Dick.

– Boa noite, Bert.

Eu ouvia esses diálogos e os decorava. Eu tinha muitas vozes de pessoas na minha cabeça e no entanto não tinha uma voz própria, por isso continuava em silêncio. Eu tocava piano, desenhava e vivia sozinho no meu mundo, silencioso exceto pelo som de música clássica. Eu acreditava que iria pregar uma peça em todo mundo ao me tornar autossuficiente. *Isso vai mostrar para eles. Qual o sentido de ser próximo de alguém? Você acaba despedaçado.* A morte estava sempre perto, e quando ela viesse para nós ou aqueles que amamos, deveria ser enfrentada com estoica aceitação.

A Srta. Thomas, nossa gentil e grisalha professora do primeiro ano, havia ensinado ao nosso grupo heterogêneo de garotos inquietos e maltrapilhos o pai-nosso e o Salmo 23. Ela nos incentivava a aprender as palavras que escrevia no quadro, apesar de muitos de nós não saberem ler. Eram poderosas, misteriosas, e apesar de não poder lê-las bem, de repente um dia as palavras coloridas no quadro vieram até mim, e fui capaz de aprender aquelas frases específicas rapidamente.

No dia seguinte, a Srta. Thomas me chamou inesperadamente a me levantar e recitar os versos de abertura do pai-nosso. Sendo um esquisitão do tipo tudo ou nada, recitei a oração e o salmo rapidamente, sem erros. A Srta. Thomas ficou satisfeita e naquela tarde, quando minha mãe foi me buscar para me levar de ônibus para casa, ouvi a Srta. Thomas contar para ela sobre meu desempenho.

Foi minha primeira crítica positiva!

Quando voltamos para casa, minha mãe pediu que eu recitasse os primeiros versos da oração. Novamente percorri o Pai-Nosso inteiro e *O Senhor é meu pastor,* falando rapidamente, no estilo papagaio, sem entonação nem expressão.

Minha mãe ficou supersatisfeita. Ainda havia um fio de esperança.

Depois ela pediu que eu fizesse o mesmo para meu pai.

– Pai Nosso, que estais no céu, santificado seja...

Meu pai zombou:

– Não acredite nesta bobagem. Esse conto de fadas sem sentido.

Minha primeira crítica negativa!

Ele era assim. Ele, assim como o pai, era ateu. Ele não fez por mal. Era isso. Viva e deixe viver.

◆ ◆ ◆

Naquela tarde do boletim escolar, enquanto o relógio do meu avô tiquetaqueava no canto, meus pais ficaram como que paralisados pela decepção. Não senti tristeza por mim, só por eles. Eles estavam em silêncio e derrotados. Não conseguiam olhar para mim; talvez não *quisessem* olhar para mim. Era quase como se eu fosse uma coisa morta.

Saí de perto deles e decidi mudar as regras do jogo fatal.

Uma voz suave, ponderada saiu da minha boca:

– Um dia vocês vão ver. Vou mostrar para vocês dois.

O momento de certeza fundiu duas partes minhas. Era isso. Um clique interno, um clique de prender o cinto de segurança. Um rapaz galês que era um caso perdido estava pronto para a ação. Que tipo de ação? Eu não tinha a menor ideia. Mas não importava. Senti como se uma mão poderosa e amigável tivesse se apoiado no meu ombro e uma voz interior tivesse dito: *Agora você sabe que sabe. Não tem volta. Você nunca foi parte deles. Não peça nada, não espere nada, aceite tudo.*

De repente até o mundo dos objetos parecia diferente. A sala pequena e atulhada, o velho relógio barulhento do vovô, os ornamentos de cobre e latão que minha mãe havia colecionado por anos organizados num lugar de honra nas prateleiras da velha estante galesa – nada parecia igual. A luz brilhou pelas janelas sujas como se elas tivessem acabado de ser limpas.

Meu pai me olhou de um jeito novo. Era um olhar de reconhecimento recém-descoberto, meu primeiro contato real com ele, com minha mãe e tudo em meu entorno. Ele rasgou ao meio tanto o boletim quanto a carta, amassou os dois e jogou na lareira apagada. Mais tarde eu peguei os papéis e os estiquei em um caderno que guardaria pelo resto da vida.

– Bem, espero que você realmente nos mostre – disse ele. – Espero que sim.

– Sei que você vai – disse minha mãe. – Nós dois sabemos que sim.

Meu pai tossiu, depois olhou para o relógio do vovô.

– Bem, estamos prontos? Vamos ao cinema ou não? Se vamos, é melhor a gente sair.

Estávamos indo ao Plaza para ver *O mundo é da mulher*, um daqueles clássicos épicos em CinemaScope produzidos pela velha Hollywood com estrelas como Lauren Bacall, Fred MacMurray e o suave e sofisticado Clifton Webb.

Passamos pela igreja de St. Theodore e pela Theodore Road, depois pela casa de chá italiano Salmi's na esquina com a Abbey Road, e seguimos pela Talbot Road, com suas lojas de móveis, escritórios de seguradoras e a Associação Cristã de Moços – a YMCA, onde eu era sempre pressionado a ir e me enturmar, mas nunca ia. Um cartaz na frente anunciava *A História da Páscoa*.

Enquanto caminhávamos pela cidade, minha mãe segurou o braço do meu pai.

– Por que você sempre anda tão rápido? – perguntou. – Não consigo acompanhar. Vá mais devagar.

– Eu sempre ando rápido – disse ele.

Ele andava mesmo. Cabia a nós conseguir acompanhar.

Tudo parecia brilhante, recém-lavado e colocado para secar ao sol. Algo havia mudado, um ajuste minúsculo. Olhei para meu pai e minha mãe, andando pela calçada, e de repente senti que não os conhecia mais. Eles estavam com a mesma aparência de sempre, falavam como sempre falaram. Mas agora éramos diferentes.

Port Talbot era nova mas familiar, como se eu já tivesse vivido nela antes, não em outra vida, mas nesta. Eu me senti um pouco fora de mim. Setenta anos depois, frequentemente me sinto assim, o que as pessoas descrevem como não estar bem da cabeça – não louco, mas um pouco afastado da realidade.

Meus pais também tinham episódios de esquisitice.

Numa manhã úmida de sábado em meados de setembro, quando eu era pequeno, minha mãe e eu andamos cambaleantes por uma trilha na encosta do monte que se elevava na Bracken Road para visitar a casa de palha de um agricultor, um lugar em ruínas. Um velho, o Sr. Williams, tinha morado ali por muitos anos, e dentro de sua cabana havia um monte de lixo – jarras de cobre e potes e pratos na mesa da cozinha, casacos e sapatos nas cadeiras, e uma pilha de jornais num sofá arruinado. Uma galhada de cervo estava pendurada na parede perto da porta de entrada e, na parede oposta, uma pintura a óleo emoldurada de um lago e montanhas cinzentas.

Minha mãe deu ao Sr. Williams seis xelins pelos chifres e dois pela pintura. O Sr. Williams deu de graça um disco de cobre no qual uma alça preta de aço havia sido soldada. Minha mãe tinha talento para encontrar lixo e transformar. Ela pendurou a pintura em cima do piano de parede em nossa sala de estar e a galhada no hall de entrada. (Ainda tenho o objeto plano de cobre com alça de aço e até hoje não sei o que aquilo deveria ser – uma frigideira? Uma chapa de grelhar?)

Naquela tarde, depois de comprar a galhada e a pintura, caminhamos de volta pelo campo úmido até a trilha da fazenda, e, pouco antes de chegar à ponte de madeira na Ty-Fry Road, minha mãe parou e me fez uma pergunta: "O que você faria se eu fosse embora e você nunca mais me visse?"

Olhei para ela. Seu rosto estava contraído e pálido enquanto olhava para o nada através dos campos. O dia estava nublado. Havia nuvens pesadas de chuva. O que ela estaria olhando? E por que estava me perguntando aquilo? Se ela fosse embora, a culpa seria minha?

Eu me senti como um cachorro ou gato deve se sentir quando o dono sai, sem saber quando ou se aquela pessoa vai voltar. As palavras dela caíram no meu cérebro de lata e ficaram lá, guardadas como numa poupança.

Quando chegamos de volta em casa, minha mãe mandou eu me sentar e ler *João e Maria* em silêncio, sem ficar me mexendo. Eu não queria ler. Até fiquei sentado, mas ficava me mexendo. Queria correr e brincar. O relógio alemão na lareira tiquetaqueava. Era um som deprimente, o som de silêncio e quietude, tudo parado, quase congelado. Senti como se estivesse sendo vigiado.

Quando ergui os olhos, minha mãe, ainda usando o casaco de chuva e o chapéu marrom, estava em pé no corredor. Por que ela estava me vigiando? Ela estava prestes a fugir, sair pela porta da frente e nunca mais me ver? Fui tomado por uma sensação de vazio, como aqueles contornos de animais de fazenda nas páginas de um livro infantil de colorir onde dá para pintar uma vaca de verde, um cavalo de azul e colocá-los em um campo vermelho.

Meu pai achou que ela era louca por comprar a galhada e a pintura.

– Você devia estar meio mal da cabeça. Que desperdício de dinheiro. Quanto?

– Seis xelins pela galhada – respondeu ela.

– Por que uma galhada? Não serve para nada. E isso? O que é isso?

– O que você acha? É uma pintura. Paguei dois xelins por ela.

– Uma pintura? Você chama isso de pintura? Eu podia pintar melhor.

Eu queria dizer para ele não falar com ela assim, senão ela ia fugir, mas fiquei em silêncio.

Dali em diante, eu sempre me perguntaria se ela estava prestes a ir embora.

◆ ◆ ◆

Mesmo quando sofria com a lição de casa, eu me refugiava na arte e desenhava com lápis e giz de cera. Eu não sabia nada sobre pintura, mas uma vizinha nossa, Bernice Evans, era artista e às vezes ia a nossa casa. Bernice vivia com os pais na esquina da Margam Road. Ela era uma menina gentil, de fala mansa, que anos mais tarde me lembraria a atriz de origem galesa Glynis Johns; ela tinha a mesma voz.

Uma tarde, Bernice veio até a nossa casa para falar com a minha mãe. Eu estava deitado no carpete da sala de estar, desenhando no meu caderno. Bernice disse à minha mãe que queria fazer um retrato meu a lápis. No domingo seguinte, chegou na nossa casa carregando uma pequena bolsa de lápis e giz e uma pilha de papel de desenho. Ela logo terminou o retrato, e ficou incrivelmente parecido.

Alguns anos depois, em agosto de 1947, Bernice me disse que queria me dar aulas de desenho no pequeno ateliê dela em cima dos Correios de Port Talbot, na Station Road. Eu tinha 9 anos, e ela devia ter 19 ou 20. Eu ia até o apartamento dela nas noites de sexta depois da escola. Uma noite cheguei, e ela me disse que só podia ficar meia hora porque o namorado iria levá-la ao Plaza para ver *Condenado*, um filme com James Mason e Robert Newton. Como exercício, ela sugeriu que eu pintasse um pirata em pé no convés de seu navio. O exercício era minha primeira tentativa de pintura de pôster em papel de alta qualidade. Meu pirata usava uma bandana de bolinhas vermelhas e botas de couro marrom.

Eu me concentrei nas botas do pirata e no mar atrás dele. Bernice foi muito paciente comigo. Logo depois, a campainha tocou. Ela foi atender e pediu que o namorado subisse. Um rapaz entrou, olhou para meu desenho e então para mim.

– Gostei das botas dele – comentou.

Os olhos azuis do homem cintilavam.

Bernice o apresentou:

– Este é o Richard. Ele é ator de teatro em Londres.

Foi meu primeiro encontro com o ator Richard Burton.

Burton era o 12º de 13 filhos. Sua mãe morreu logo depois de dar à luz o irmão caçula dele, e por isso os dois irmãos foram criados por uma irmã, uma senhora adorável chamada Cecilia, conhecida como Cissy, na Caradoc Street em Port Talbot. Fiquei fascinado por ele. Depois de se tornar famoso, ele voltava para ficar com Cissy. Uma vez, quando ele estava de visita, fiquei sabendo na padaria porque as meninas estavam em polvorosa. Pedi a alguém que me levasse lá para pedir um autógrafo a ele. Quando cheguei, ele e a esposa, Sybil, estavam terminando o café da manhã.

– Você é o filho de Dick Hopkins, não é? – disse ele. – Eu trabalhava na sapataria do outro lado da rua. Você fala galês?

– Não – respondi.

– Então não é um verdadeiro galês! Você deveria saber galês. – Ele me deu um autógrafo e disse: – Bem! Vamos para o jogo!

– Qual jogo? – perguntei.

– Como assim, qual jogo? – disse ele. – Rúgbi! Gales contra a França! Aberavon em Cardiff Arms Park! Você não sabe de nada?

– Richard, pare! Não implique com o menino – disse Sybil, e eles foram embora num Jaguar.

Enquanto ele se afastava, pensei: É isso que eu quero ser.

cinco

TERRAZZO. TERRAZZO. TERRAZZO.

Jack Edwards, o dono do mercado a duas lojas da nossa padaria, era um membro veterano da YMCA. Todo mundo na vizinhança gostava de Jack porque ele era tranquilo e generoso. Era um bom administrador na YMCA, organizando partidas de tênis de mesa para os meninos, treinos de rúgbi nos sábados de manhã e festivais de teatro amador que aconteciam durante todo o verão no Festival Trecynon-Aberdare.

Meu pai pediu a Jack que me levasse à YMCA.

– Qualquer coisa para tirar ele de casa. Apresente ele para outros meninos – disse meu pai. – Ele não tem nenhum amigo. Isso me preocupa. O último boletim dele foi horrível. Vai acabar passando fome em um sótão qualquer. Fica vagando pela montanha. Vive num mundo de sonhos. Não sei o que vai ser dele.

Jack riu.

– Você se preocupa demais, Richard. Anthony vai achar um caminho.

Minha mãe simpatizava com Jack. Ela gostava dele porque era um pouco bonachão.

– É o que sempre digo a ele – disse minha mãe. – Dick se preocupa demais. Ele se preocupa com tudo.

– Ah, sim. Falar é fácil – reclamou meu pai. – Alguém tem que se preocupar; não podemos viver nas nuvens, não é? Sonhando e tocando piano o dia todo, aquele maldito "Sinatra ao Luar" de novo e de novo.

– *Sonata*. Não *Sinatra* – corrigiu minha mãe, rindo.

– O quê? Quem? Sim. Bem, isso aí. Não sei. Beethoven. Por isso que o homem ficou surdo. E louco, porra.

– Pare de xingar – ralhou minha mãe.

– O que você precisa é de uma boa guerra – disse ele para mim. – Do jeito que as coisas estão, você nem sabe que nasceu.

Às seis horas na noite seguinte, Jack foi me buscar.

– Vamos caminhando, ok? – propôs Jack. – Não é longe. Vinte minutos. Vamos tomar um pouco de ar fresco.

Jack tinha idade para ser meu pai. Eu nunca havia confiado em adultos ou em qualquer pessoa, na realidade, mas sempre gostei de Jack. Ele era engraçado, sempre sorridente, e também parecia gostar de mim. Gostava de todo mundo. Com ele não haveria broncas, rosnados, humilhações nem tabefes na cabeça.

Foi estranho caminhar pela velha Talbot Road com Jack Edwards como se fôssemos velhos amigos em uma noite cheia de luz da primavera.

Chegamos à YMCA.

No hall estreito, Jack me apresentou para um senhor idoso, frágil.

– Sr. Nicholas, este é o Anthony. Ele vai se tornar membro.

O homem não mostrou um pingo de entusiasmo. Eu podia muito bem ser o Homem Invisível. Quando estiquei a mão para cumprimentá-lo, em vez de pegá-la, ele a encarou e grunhiu. Ocorreu-me que esse velho poderia ser um adepto da velha máxima de que as crianças devem ser vistas, não ouvidas. O Sr. Nicholas devia ser um membro importante do conselho da YMCA e portanto viver ocupado com o peso das responsabilidades. Jack disse:

– Sim, Sr. Nicholas. Obrigado, Sr. Nicholas.

O Sr. Nicholas puxou Jack para o lado:

– Temos um problema, Jack. Confidencial. É sobre o treino de rúgbi de sábado. Reclamações de moradores de Bay View. Palavrões de alguns dos meninos mais velhos.

– Ah, meu Deus, verdade? Isso não é bom. Vou investigar.

Enquanto os dois murmuravam e resmungavam baixinho, eu não tinha nada que fazer além de contar os quadrados pretos e brancos do chão do hall. Então comecei a contar os pequenos quadrados do piso do curto corredor que levava a algum santuário interior depois das portas verdes duplas. Isso me dava algo para fazer.

Estatísticas e detalhes frequentemente me acalmavam. O chão da YMCA devia ter centenas desses detalhes. Aquilo era chamado de piso terrazzo. Esse chão da YMCA era semelhante ao da cozinha da primeira casa dos meus pais em Margam.

Minha mãe tinha orgulho de sua cozinha terrazzo. Sempre que uma vizinha – fosse a Sra. Griffiths, a Sra. Jenkins, a Sra. Hanford ou a Sra. Quem-quer-que-fosse – vinha até nossa casa para fofocar, comentava:

– Que cozinha adorável, Sra. Hopkins.

Ela dizia, altiva:

– O piso é terrazzo, sabe. *Terrazzo.*

A lembrança me fez repetir a palavra:

– Terrazzo. Terrazzo. Terrazzo.

Depois de longos cinco minutos, Jack me cutucou.

– Ei, você. Tudo bem?

– Sim.

– Ótimo. Venha, vamos para a sala de jogos.

Enquanto subíamos as escadas, Jack se virou e olhou para o Sr. Nicholas.

– Encontro o senhor em 10 minutos na sua sala, Sr. Nicholas. Só vou mostrar o lugar para o Anthony antes.

Então, em um sussurro para mim, confidenciou:

– Ele é um sujeitinho miserável. Um grande de um carola.

Jack Edwards era agora meu maior herói e meu primeiro amigo de verdade.

Ouvi uma barulheira de meninos falando alto, gritando e rindo. Chegando a uma área pouco iluminada no topo da escada, eu me senti nervoso. *Não quero estar aqui! Por que estou aqui?* Pensei. Ouvi o tap-tap-tap da bola de pingue-pongue e das raquetes e congelei. *Meu Deus, vão me fazer aprender a jogar sinuca.*

– Terrazzo – sussurrei para mim mesmo. – Terrazzo. Terrazzo. Terrazzo. Terrazzo. Terrazzo.

Jack olhou para mim.

– O quê?

– Terrazzo – repeti.

– Terrazzo?

– Sim. O piso lá embaixo é terrazzo.

Jack pareceu confuso.

– Você é engraçado.

Estávamos nos aproximando da bagunça do pingue-pongue.

– Aqui estamos. Esta é a sala de jogos e recreação.

Era uma sala grande. Havia algumas cadeiras encostadas numa parede. No centro, dois meninos estavam jogando uma partida barulhenta de tênis de mesa. Nos fundos da sala havia uma mesa de sinuca. Reconheci o menino de 17 anos debruçado na mesa verde, o taco pronto para encaçapar a bola. Era Donald Price. Nunca havíamos conversado. Ele era popular demais, relaxado demais para alguém como eu. Mas agora ele ergueu os olhos.

– O que está fazendo aqui?

– Assistindo – respondi.

Ele encaçapou a bola em uma única tacada.

– Oi, Donald – disse Jack. – Conhece o Anthony?

Donald Price deu de ombros.

Sentindo minha relutância em me juntar aos meninos aparentemente ensandecidos do pingue-pongue ou ao taciturno Donald Price em sua mesa de sinuca, Jack me disse que ia encontrar o velho Sr. Nicholas na sala dele lá embaixo para conversar sobre o escandaloso treino de rúgbi e sobre o problema do linguajar inadequado.

– Volto daqui a 15 minutos. Tudo bem?

– Tudo bem – respondi.

– Ótimo. Não se meta em confusão.

Ele saiu e desceu as escadas. Eu me sentei em uma das cadeiras para assistir os dois meninos espancando a pequena bola branca de um lado para o outro, por cima da rede.

Logo me entediei e saí andando. Fora da sala de jogos o corredor era silencioso. Andando pelos corredores achei o lugar meio vazio e triste. Onde estava Jack Edwards? Eu queria ir embora. Não havia nada ali para mim. Procurando uma saída, desci as escadas. Ouvi vozes atrás das portas duplas no fim do corredor.

Abri uma das portas e olhei para dentro. Era uma sala grande, mais como um hall. Devia ter sido uma espécie de ginásio algum dia. Havia um palco com cortinas verdes. Três pessoas segurando páginas estavam em pé no palco. Um homem que parecia supervisionar o que quer que estivesse acontecendo estava em pé no meio da sala. Ele parecia estar dirigindo usando o manuscrito nas mãos dele. Notei que Jack Edwards estava do outro lado do hall, sentado junto do Sr. Nicholas.

O Sr. Nicholas fez sinal para eu sair, mas o homem no comando, o maestro, se virou e me viu. Ele veio até a porta e disse:

– Sim? O que deseja?

– Estou só assistindo. Só isso. Desculpe – respondi e comecei a sair.

Jack se aproximou.

– Está tudo bem, Cyril. Ele está comigo. Acabou de entrar para a YMCA.

Cyril olhou para mim.

– Bem, entre então, e se sente ali. – Ele apontou para uma cadeira perto da porta. – Qual seu nome?

– Anthony.

– Ele é o filho do Dick Hopkins. Hopkins, o padeiro, da Commercial Road, em Taibach. Você conhece a loja dele – explicou Jack.

– Bom, sente-se ali. Estamos ensaiando – disse Cyril.

As três pessoas no palco haviam parado o que quer que estivessem fazendo. Estavam esperando seu maestro.

Sentei perto de Jack. Do outro lado do hall, o velho Sr. Nicholas caiu no sono. Ninguém parecia ansioso por acordá-lo.

Cyril talvez pudesse vir a se tornar outro amigo, porque não fez careta para mim nem me expulsou. Ele usava calças de veludo cotelê verde e um casaco de tweed Harris marrom que devia pinicar.

Sussurrei uma pergunta para Jack:

– Quem são essas pessoas?

– São os atores da YMCA. Estão ensaiando.

– O que estão fazendo?

– Acabei de dizer. Ensaiando.

– Ah, desculpe.

– Estão ensaiando *A História da Páscoa*. Para o próximo domingo.

– Quem era esse homem que falou comigo?

– Cyril Jenkins. É o produtor. Ele escreveu a peça. Aquela é a filha dele ali, sentada perto do palco. Aquele é Bob Ace, marido dela.

Outras seis pessoas entraram pelo lado esquerdo do palco. Uma delas era um homem alto que reconheci como o inspetor sanitário do conselho da cidade. O nome dele era Duncan Miles. Ele saía para beber (e sem dúvida beber, beber, beber e beber) com meu pai no bar do The Grand Hotel. Duncan começou a falar numa voz encorpada cheia de paixão vibrante e de cerveja também, provavelmente:

– O lugar da caveira, como o chamam. Gólgota...

Cyril interrompeu:

– Não tão rápido, Duncan. Dê mais peso. Assim: "O lugar da caveira, como o chamam." Depois pare, olhe em torno, espere que Geraldine se aproxime. Então, quando ela chegar ao centro do palco, vire-se para o público e diga "Gólgota", mas com uma intenção profunda – *Gólgota*. Faça de novo.

– Certo, Cyril. Sem problema.

– Vamos lá, Duncan, com seriedade.

– Sempre faço tudo com seriedade. Nunca de outro jeito.

Aparentemente, atores eram assim. Eles brincavam. E ainda assim estavam trabalhando duro. O ensaio continuou por mais meia hora, apesar de, para mim, parecer que foram meros segundos.

Jack perguntou se eu tinha gostado.

– Sim, muito obrigado. Gostei.

Estávamos prestes a sair quando Cyril se aproximou. Ele perguntou meu nome.

– Anthony Hopkins – respondi.

– Gostaria de participar também?

– Participar do quê? – perguntei.

Eu realmente era meio lento. Irritava as pessoas. E ainda assim, incrivelmente, não irritava *essas* pessoas. Eles pareciam gostar de me ter por perto.

– Da peça. Gostaria de participar? Precisamos de mais um homem. Para ser um santo. Apenas uma fala.

Jack olhou para mim e disse:

– Bem, aqui está sua chance.

– Sim, por favor – respondi. – Gostaria, sim.

– Ótimo.

Cyril apertou minha mão.

– Vamos nos apresentar por três noites, começando no próximo domingo. Vou te dar o roteiro. Vamos ensaiar novamente na terça de noite, depois de novo na tarde de sábado antes da apresentação. Pode perguntar para sua mãe se podemos pegar um lençol emprestado? Minha filha vai transformá--lo em uma túnica e chapéu. Ela que faz o figurino.

– Sim, vou pedir.

Cyril chamou Marilyn. Ela estava arrumando uns papéis.

– Marilyn, este é o... Como é seu nome mesmo?

– Anthony.

– Anthony. Anthony Hopkins. Ele vai se juntar a nós. Dê as páginas com as falas dos santos para ele.

Marilyn tinha um sorriso agradável. Ela voltou para seus papéis, retornou e me deu duas folhas, cópias em carbono.

Cyril apontou para uma fala.

– Leia agora. Para eu poder ouvir.

Olhei para o papel.

– Qual?

– Essa, a que estou indicando. "Bem-aventurados os mansos." – Ele parecia um pouco intrigado ou talvez estivesse se divertindo, mas não bravo. – Vá em frente, leia. "Bem-aventurados os mansos..."

– Bem-aventurados os mansos, porque eles herdarão a terra.

Breve pausa.

– Isso foi adorável – disse Marilyn. – Ele tem uma voz adorável, pai.

– Sim. Não foi ruim, mas não queremos deixá-lo arrogante, não é? – Então se virou para mim: – Muito bem. Já atuou antes.

– Não – respondi.

– Você vai ser o próximo Richard Burton – disse Marilyn. – Vai longe.

– Meu pai disse que vou longe em um ônibus de dois andares – completei.

Meu novo amigo Jack Edwards caminhou comigo de volta para casa.

Ele me perguntou como eu me sentia. Pensei sobre tudo que tinha visto naquele dia.

– Eu gostei – disse a Jack. – Será que vou ficar nervoso diante do público?

– Não, claro que não. É só uma fala. Mas é um começo. Teu pai e tua mãe vão ficar felizes.

– Espero que sim.

– Vão, sim. Eles querem o melhor para você. E você vai ficar bem. Sempre digo isso para o teu pai: "Ele vai ficar bem!" Você vai ficar bem.

As palavras dele ecoaram durante anos: *Você vai ficar bem. Eu vou fi-*

car bem. Você vai ficar bem. Eu vou ficar bem. Você vai ficar bem. Eu vou ficar bem.

Caminhando de volta para casa com Jack naquela noite por ruas conhecidas, vi as casas iluminadas e as lojas fechadas, o barulho dos carros e os ônibus noturnos silenciosos com seus passageiros olhando pelas janelas. Tudo isso não era mais minha vizinhança ou mesmo uma cidade real. Tudo parecia o cenário de um espetáculo.

◆ ◆ ◆

A História da Páscoa se aproximava.

– Talvez você seja famoso um dia – disse minha mãe. – Nunca se sabe.

Meu pai também estava satisfeito, mas por força do hábito conseguiu jogar um pouco de água fria na boa notícia.

– Ele não vai ganhar dinheiro nenhum como ator. Vai ter que arranjar um emprego quando sair da escola.

– Dick, você não precisa ser tão duro – disse Muriel.

– É tudo muito lindo, vivendo nas nuvens – disse ele.

– Você sempre diz isso – respondeu minha mãe. – Mude o disco, pelo amor de Deus. – Para mim ela disse: – Quem você vai representar?

– Um dos santos. Tenho que dizer "Bem-aventurados os mansos, porque eles herdarão a terra".

– Ah, bem, nunca se sabe – disse meu pai. – Talvez a próxima parada seja Hollywood.

Eu era o mais novo no elenco. E apesar disso, talvez pela primeira vez na vida, não me sentia nervoso.

A peça era uma série de cenas e quadros em torno da crucificação. Doug Rees era Herodes. Duncan era José de Arimateia. Cyril havia assumido o papel de pastor do Gólgota, testemunha da crucificação. "O lugar da caveira, como o chamam. Gólgota." Os ensaios eram completamente confusos. Cyril nos dividia em grupos. Eu não sabia o que estava acontecendo. Mas, peça por peça, tudo se encaixou: uma apresentação de 75 minutos.

No ensaio com o figurino, ouvi pela primeira vez a trilha sonora: o prelúdio de *Lohengrin*, de Wagner. Cyril havia entremeado a música com as primeiras falas da peça, e de repente o efeito das palavras ficou mais forte. As poderosas luzes do palco se acenderam e eu pisquei ao ver os holofotes.

A iluminação e os acordes de abertura de Wagner haviam transformado o teatro improvisado em um palácio. Cyril estava em pé nos bastidores perto da vitrola. Eu fiquei em pé ao lado dos outros santos.

O figurino era artesanal. Cyril estava vestido de pastor; Geraldine, no papel de Maria, estava envolta numa túnica azul; e Bob, o marido dela, vestia uma roupa igualmente angelical. Minhas vestes eram feitas de lençol e um chapéu com uma estrela dourada.

O sábado chegou. Houve o ensaio geral com figurino e então chegou a hora do espetáculo.

Minha mãe e meu pai, meu avô e minha avó Yeats chegaram. Eu os espiava por uma fresta na cortina. Os quatro estavam sentados juntos, nos fundos da sala, meu pai lendo o programa. Meu avô acendeu um cigarro, parecia nervoso. A sala se encheu. A peça estava prestes a começar.

Cyril:

– Silêncio. Baixar as luzes da casa. Música.

As luzes da casa diminuíram. *Lohengrin.* As luzes do palco aumentando...

Cyril entrou no palco e disse as falas de abertura:

– O lugar da caveira, como o chamam. Gólgota.

Pelo buraco na cortina espiei meu pai. A boca meio aberta. Estava admirado? Quem sabe? Ele nunca falava de sentimentos. Será que a cena – a iluminação, a música, a atmosfera criada magicamente por Cyril Jenkins, pairando sobre um disco arranhado – tinha causado no velho a mesma impressão que causara em mim?

Entram os santos.

– Bem-aventurados os misericordiosos, porque eles alcançarão a misericórdia.

– Bem-aventurados os pobres de espírito, porque deles é o reino dos céus.

Era minha vez de falar:

– Bem-aventurados os mansos, pois eles herdarão a terra.

A peça acabou e nós, os atores da YMCA, ficamos de pé numa linha reta e nos curvamos diante das 120 pessoas na plateia. Cyril deu um passo à frente para receber sua parte dos aplausos.

E foi isso, meu primeiro trabalho como ator.

Naquela noite, de volta à mesma cozinha escura atrás da loja onde, no Dia da Mentira, eu havia ouvido que era um inútil, minha mãe me disse algo que nunca esqueci.

– Seu pai chorou quando você disse sua fala – contou ela. – Eu não o via assim há anos.

O velho chorou? Isso vai para os anais!

– Quem chorou? – perguntei, querendo ter certeza de ter ouvido direito.

– Seu pai – respondeu ela, irritada. – De quem você acha que eu estava falando? Ele chorou.

– Sério? – falei, tentando não deixar transparecer minha surpresa.

– Ele está orgulhoso de você. Eu também.

– Que bom.

– Seu avô e sua avó também. Você gostou? De estar lá no palco?

– Sim, foi bom – respondi.

Meu pai entrou pela porta dos fundos. Tinha ido trancar a garagem.

– Foi bom – disse ele.

– Sim. Vamos ver de novo amanhã – completou minha mãe. – E na terça.

– Quando você foi se trocar, vi Duncan Miles – contou meu pai. – Ele acha que você foi muito bem e também o... como é o nome dele? Jenkins?

– Cyril Jenkins.

– Ele fez o pastor, não é?

– Sim, e escreveu a peça.

– Ele te achou muito bom. Olha só. Nunca se sabe.

◆ ◆ ◆

Certa noite, pouco antes de eu precisar voltar para a escola para meu último semestre, eu estava na padaria ajudando meus pais na limpeza quando alguém bateu delicadamente na vitrine. Eram seis da tarde. A loja estava fechada. Os funcionários tinham ido embora. Meu pai estava fechando o caixa. Minha mãe estava juntando os pães não vendidos para vender no dia seguinte como farelo. Ao ouvir a batida na vitrine, meu pai ergueu os olhos e viu um homem olhando pela janela.

– Estamos fechados! – gritou meu pai, mas o homem insistia em bater.

Minha mãe foi até a porta. O homem lá fora era indiano, vestido com um longo sobretudo preto. Usava um turbante na cabeça. Não havia muitos indianos no sul de Gales na época, embora eles estivessem começando a viajar da Ásia para a Europa, principalmente para a Inglaterra. Alguns ganhavam dinheiro vendendo bugigangas, ornamentos, gravatas e lenços. Parecia uma vida difícil e solitária. Minha mãe, sempre caridosa e receptiva a estranhos, abriu a porta da loja e o deixou entrar. Ele tinha uma pequena mala.

– Obrigado, senhora. Será que eu poderia comprar um pouco de pão?

– Loja fechada. Nada de pão – disse meu pai ao homem. Então, virou-se para minha mãe: – Por que deixou ele entrar? Ele vai querer vender alguma porcaria.

Minha mãe olhou para ele de cara feia e o mandou ficar quieto. Ela perguntou ao viajante de que ele precisava.

– Queria comprar pão, por favor – respondeu o homem.

Minha mãe embrulhou um pão numa sacola de papel e em outra sacola colocou algumas rosquinhas. O homem se ofereceu para pagar.

– Não precisa. São para você.

– Obrigado, moça – disse ele. – Você é bondosa. Vai ser recompensada.

– Lá vamos nós! – exclamou meu pai. – Quem vai nos recompensar? A maldita Receita Federal?

– Fique quieto – disse minha mãe, perdendo a paciência.

O viajante abriu sua pequena mala e a colocou no balcão. Dentro havia uma coleção de gravatas e echarpes e uma coleção de pequenas joias e bugigangas de metal. Minha mãe olhou para todas aquelas cores brilhantes.

– Foi você quem fez essas gravatas e echarpes? – perguntou ela.

– Sim – respondeu o viajante. – Minha mãe me ensinou quando eu era menino. Também faço as joias, os elefantes de prata. São sagrados.

Minha mãe escolheu duas echarpes, duas gravatas e uma miniatura de elefante de prata. Ela foi até o caixa e pegou duas notas de uma libra. Meu pai assistiu à transação desconfiado.

– De onde você é? – perguntou ele ao viajante.

– Senhor, sou do Punjab, na Índia. Entrei na Inglaterra por Bristol e estou viajando por aqui faz muitas semanas.

Ele sorriu para meu pai e depois para minha mãe, que lhe deu as notas de libra. Ele segurou a mão dela.

– A senhora é bondosa. Muito generosa. Mas deve estar preparada para uma doença. A senhora vai ficar doente, mas vai se recuperar e ficar bem. Vai viver por muitos anos.

– Que ótima notícia! – murmurou meu pai.

O viajante, ainda segurando a mão da minha mãe, olhou para meu pai e sorriu:

– O senhor é um homem solitário em sua própria prisão e está triste. Se não acredita, então a vida acabará em breve.

Depois ele olhou para mim. Eu não percebi que ele tinha me notado.

– Você, jovem, tem olhos de cobra, problemático, mas um dia será muito conhecido em todo lugar e logo estará vivendo em um grande castelo.

– Ele deve estar bêbado – zombou meu pai. – Um castelo?

Outro olhar mortal de minha mãe, mas o viajante apenas sorriu ao ouvir o comentário de meu pai.

– Anote minhas palavras, senhor, elas vão se realizar. Você saberá. – Ele largou a mão da minha mãe, fez uma reverência com a cabeça para nós, ergueu a mão. – Bênçãos da minha terra no Punjab.

Ele partiu. Nunca mais o vi. Mas pensei nele quando minha mãe ficou gravemente doente com peritonite e foi levada às pressas para o hospital de Port Talbot. Ela quase morreu, mas foi salva por um jovem cirurgião, Dr. Sabir. Ele era do Punjab.

Todos os eventos previstos pelo viajante se realizaram. Inclusive o castelo.

seis

INSOLÊNCIA ESTÚPIDA

Minha mãe cortou um quadrado do jornal *Western Mail* e o entregou para mim dizendo:

– Por que você não se candidata?

Era um aviso de seleção para a Bolsa Prince Littler na Faculdade de Música e Artes Dramáticas de Cardiff.

Fiz a inscrição. Uma semana depois, fui convidado para uma audição no Castelo de Cardiff. Esperei na entrada principal. Depois de 10 minutos, me levaram para o estúdio B, onde conheci o Sr. Raymond Edwards, diretor da faculdade. Para competir pelas "40 libras por ano da Bolsa Prince Littler", eu dera tudo de mim para memorizar o discurso que Otelo faz antes de matar Desdêmona: "Esta é a causa, minha alma. Oh! Esta é a causa..."

Eu não tinha nenhuma técnica; apenas uma boa voz e um instinto para o drama.

Quando terminei, o Sr. Edwards sorriu e perguntou se eu queria me sentar.

– Sim. Muito bom. Muito bom. Gosta de Shakespeare?

– Sim, mas não conheço muito. Posso fazer "Ser ou não ser: eis a questão".

– Bom, muito bom. Bem, obrigado, Anthony. Nós logo entraremos em contato.

Ele parecia impressionado.

Duas semanas depois chegou um aviso dizendo que eu estava numa *lista menor* de três finalistas e que seria entrevistado pelos diretores da escola às 11 horas do dia 30 de julho, na prefeitura de Cardiff.

Eu achava que lista menor se referia à minha altura.

– Não é sua altura, estúpido. Significa que você é um dos três escolhidos entre todos os outros candidatos – explicou meu pai.

Fui até o Regent naquela noite para ver *20 mil léguas submarinas*, um filme estrelado por Kirk Douglas, James Mason e Peter Lorre. Sentado no escuro do pequeno cinema, senti, pela primeira vez em 17 anos, um tipo de esperança no futuro.

A padaria dos meus pais estava indo bem. Minha mãe era a salvadora do meu pai. Sua determinação em arriscar venceu a cautela do meu pai. Quando se tratava de correr riscos, ele se preocupava com tudo, mas minha mãe não tinha tempo para isso.

– Você tem medo da própria sombra – dizia ela. – Não podemos viver para sempre no passado. Precisamos seguir em frente.

Quando ela avisou que iam colocar um telefone na padaria, ele protestou:

– Não vamos nos precipitar!

Uma semana depois, o telefone foi instalado: Port Talbot 105.

Então ela disse para ele comprar um carro novo.

– Livre-se dessa velharia. Está sempre quebrando.

Ele comprou um novo Rover. A placa era EU 6600. Neste novo símbolo de status, ele me levou até a prefeitura no centro cívico de Cardiff para minha entrevista para a bolsa. O cheiro dos bancos de couro e o brilho da novidade do carro aumentaram minhas esperanças. A prefeitura era enorme. Pilares e estátuas. Meu pai entrou no enorme prédio comigo para ter certeza de que eu não ia me perder.

No pequeno saguão do lado de fora da sala de entrevista, vi duas jovens, Anne Holmes e Sandra Sheffield. Eram as duas outras candidatas na lista, ambas meninas simpáticas. Alguém saiu do santuário. Hora da minha inquisição. Meu pai me desejou sorte.

Três homens sentados atrás de uma grande mesa – Dr. Hines, reitor da faculdade; Raymond Edwards, o diretor; e o vereador Llewellyn Heycock – me encaravam.

Fizeram perguntas sobre minha educação. Eu ia bem na escola?

Pensei: *Ok, lá vamos nós. Não vou entrar neste lugar de jeito nenhum. Acabou. Dado meu histórico escolar, bem, muito obrigado e tchau.*

Fugi da pergunta.

Dr. Hines era um senhor idoso. Parecia afável. Raymond Edwards ficava escrevendo num pequeno caderno. O vereador parecia pesado e sinistro.

Depois de cinco minutos, o Dr. Hines me agradeceu e me mandou esperar do lado de fora.

Dez minutos depois, Raymond Edwards, seguido pelo doutor e o vereador de sobrancelhas grossas, veio até o pequeno saguão e fez o seguinte anúncio:

– A bolsa vai para o rapaz.

Escutei que era pra gente ficar em paz.

Meu pai me cutucou.

– Parabéns.

– O quê?

– O rapaz. É você.

– Ah, achei que ele tinha dito pra gente ficar em paz. Que eles iam avisar.

– Você é burro igual a uma porta mesmo.

Todo mundo riu; até o vereador sorriu.

Meus pais estavam orgulhosos. De volta à padaria, todo mundo comemorou.

Sábado, dia 1º de outubro, meu pai trouxe para casa o jornal noturno.

– Ei, veja você. Seu nome está no jornal. Você é famoso – disse ele, apontando para a primeira página do *Post*. – Olhe isto. – Em um pequeno quadrado estava esta manchete: – Anthony Hopkins, filho de Richard Hopkins, padeiro, de Laibach, Port Talbot, foi escolhido para a Bolsa Prince Littler da Faculdade de Música e Artes Dramáticas de Cardiff.

– Maravilhoso! – balbuciou minha mãe. – Parabéns!

– Sim. Obrigado – respondi, evitando mostrar qualquer entusiasmo. Pensei no poema de Tyutchev, "Silentium", em que o poeta recomenda guardar seus sonhos e sentimentos para si mesmo.

– Próxima parada Hollywood – brincou meu pai de novo.

Dava para ver que ele estava satisfeito. Então minha mãe apontou para outra chamada na mesma página:

– Mas vejam isto. Não é triste? "Ator James Dean, 24 anos, morto em acidente de carro no norte da Califórnia".

◆ ◆ ◆

Para celebrar minha bolsa, meu pai conseguiu dois ingressos para ver a produção de *Júlio César* da companhia de teatro Old Vic no Empire Theatre em Swansea. Os atores eram Paul Rogers como Bruto e John Neville como Marco Antônio. Wendy Hiller era Pórcia. Era uma boa produção. Quando John Neville começou seu discurso sobre o corpo de César assassinado, meu pai me cutucou, porque era o monólogo que eu aprendi.

Oh poderoso César! Por que tão baixo?

A peça terminou e demos a volta no palco para pegar autógrafos. Eu ainda tinha o caderno que meu avô me dera. John Neville assinou, assim como Paul Rogers.

Meu pai disse a eles quanto tinha gostado da peça. E acrescentou:

– Meu menino vai ser ator.

– É mesmo? Ótimo – disse John Neville.

Paul Rogers e Wendy Hiller educadamente disseram:

– Obrigado. Que bom que você gostou da peça.

A mulher que fez Calpúrnia passou correndo pela porta do palco. Meu pai ergueu o caderno e perguntou educadamente se ela daria um autógrafo "para o menino".

Ela o dispensou com um gesto, como se fosse um inseto. Parece trivial, mas aquele momento ficou comigo.

Ele ficou se sentindo meio derrotado.

– Ah, desculpe.

No carro, voltando para casa, meu pai disse:

– Ela tem o rei na barriga. Muito bem.

No outono do mesmo ano eu estava morando nos aposentos dos zeladores do Castelo de Cardiff. O Sr. e a Sra. Donne eram o casal residente de governanta e zelador. Eles tinham permissão para alugar dois quartos grandes para seis estudantes por 30 xelins por semana.

◆ ◆ ◆

Fiquei na Faculdade de Música e Artes Dramáticas de Cardiff por dois anos e provavelmente era jovem demais para aprender tudo. Eu era indisciplinado, desajeitado e raivoso. Havia outros dois estudantes homens: Ron Edwards e Charles Bryce. Ambos eram meninos de Cardiff. June Griffiths ensinava história do teatro. Rudi Shelly, um austríaco que ensinava movimento, me disse que eu tinha a postura de um camelo. Ele estava certo.

Mas consegui levar os dois anos do curso. Os boletins de fim de semestre dos poucos professores eram ligeiramente encorajadores. Eu tinha potencial, era o veredito, mas precisava trabalhar a técnica. Técnica. Técnica. Técnica. Tentei entender, mas não conseguia captar o que era exatamente. A principal influência de muitos atores na época era o falecido James Dean. Todo mundo queria ser ele.

Em 1957, a universidade montou duas produções. Em *Bodas de sangue*, de Federico García Lorca, consegui, para minha surpresa, o papel principal de Leonardo. A outra produção era *The Skin of Our Teeth*, de Thornton Wilder, e, em outra surpresa para mim, consegui o papel de Henry Antrobus, o filho da família Antrobus. A peça, que ganhou um Prêmio Pulitzer em 1943, é um estudo dos seres humanos, mais especificamente de como eles são abençoados com a capacidade de criar arte e tecnologias grandiosas, mas amaldiçoados com a capacidade catastrófica de destruir tudo. Henry era o símbolo do poder de destruição.

A produção fez uma turnê pelo Norte de Gales, chegando inclusive ao Teatro Vanbrugh, que era ligado à Real Academia de Arte Dramática em Londres. A produção foi um sucesso. Alguns jornais de Londres publicaram boas críticas. *The Daily Telegraph* fez uma boa crítica especificamente do meu trabalho. Meus pais foram assistir. Meu pai gostou, mas se sentiu mais uma vez na obrigação de dar o recado de sempre, de que teatro não dava dinheiro.

Pouco antes de ir para a faculdade de teatro, fui ao Bristol Old Vic para ver *Look Back in Anger*, de John Osborne. Jimmy Porter era interpretado por um ator incrível chamado Peter O'Toole. Ele era brilhante. Um gênio. Eu nunca tinha ouvido falar dele. Saí da Faculdade de Música e Artes Dramáticas de Cardiff em julho de 1957, nunca ousando esperar que eu fosse tão bom quanto O'Toole ou Richard Burton, mas esperando conseguir um emprego, qualquer emprego, que me mantivesse no jogo.

Me ofereceram um emprego na companhia de teatro do Conselho de Artes de Gales como assistente de palco; eu também fazia papéis pequenos. As duas peças eram *Look Back in Anger* e *She Stoops to Conquer*. Eu era completamente inútil como assistente de palco. Como era fisicamente forte e robusto, era bom em trocar cenários, carregar lonas pesadas, mas o trabalho simples de colocar adereços no palco, qualquer coisa que fosse quebrável, esqueça. Eu tinha raiva da minha própria incompetência.

A companhia era composta de 15 pessoas. A turnê pela Inglaterra durou quatro meses, os quatro meses mais miseráveis para se fazer uma turnê: setembro, outubro, novembro e dezembro. Nós viajamos em um ônibus por várias cidades – Huddersfield, Oldham, West Hartlepool, Wigan, Derby, Durham, Newcastle. Chuva, neblina, sapatos molhados e solidão.

Em Newcastle, peguei gripe asiática, por causa de uma pandemia global de influenza que surgiu na China e se espalhou pelo mundo. Na época eu não tinha ideia de que era perigoso, mas reportagens subsequentes me disseram que o vírus podia ser letal, e não eram relatos vagos, feitos só para fomentar o pânico. Entre 1957 e 1958, mais de 1 milhão de pessoas morreram da doença em todo o mundo. Eu nunca tinha me sentido tão doente. A Sra. McMurray, dona da pousada na Lovaine Street, chamou o médico. O nome dele era Dr. Waheeda. Ele me examinou (eu estava com 39 graus de febre) e prescreveu alguns remédios. Eu tinha 19 anos e era resiliente. Ou simplesmente tive sorte. De qualquer forma, sobrevivi, mas perdi peso e força muscular depois de uma semana sem comer.

O Sr. Sneath, nosso gordo gerente da companhia, me acusou de fingimento. Ele reteve uma semana do meu pagamento. Entreguei o atestado do Dr. Waheeda. Ainda assim o gorducho não me pagou.

Mas minha confiável amiga, a insolência estúpida, saiu vencedora: não peça nada, não espere nada, não diga nada, só encare todo mundo sem medo.

Posso rir agora, porque sei que não era um jeito normal de viver, deixar de falar com as pessoas como uma forma de vingança. Que vingança? As pessoas não estavam me fazendo mal. Qual era o meu problema?

Bom, fosse o que fosse, descobri que alguns drinques ajudariam. Normalmente eu bebia cerveja. *Não muito*, eu dizia para mim mesmo, *só o suficiente para me sentir relaxado.*

A turnê continuou durante o início de dezembro. Na hora do almoço em um pub de Middlesbrough – tínhamos chegado na noite anterior e estávamos nos preparando para montar o cenário para o espetáculo –, peguei um uísque, que estava se tornando minha refeição preferida, e me sentei no canto perto da porta. Os outros estavam no bar pedindo drinques e sanduíches. Joan Knight estava falando. Frank Dunlop, o diretor, conversava com Michael Friar, o eletricista. O lugar estava agitado, cheio de clientes, pessoas dos escritórios da região. O barulho das vozes. A jukebox estava tocando.

A maioria dos atores naquela turnê era grã-fina demais. Para mim, pareciam inteligentes demais e formavam uma panelinha. *Querido* isso, *querido* aquilo. Eu não aguentava. Tinha que ir para longe de todo mundo.

Tomei o uísque rápido. Depois, para dar sorte e me manter aquecido, tomei só mais um. De repente, senti que tudo estava bem. Todo mundo parecia amigável. Não havia nada de errado comigo. Voltei para o bar, peguei outra dose – a terceira –, engoli rápido e depois saí para voltar ao teatro.

Íamos começar a montar o cenário para o espetáculo daquela noite, *Look Back in Anger*. *Vou mostrar para eles*, pensei. *Vou montar o palco todo sozinho*. Carreguei as chapas flexíveis e molduras representando as paredes, janelas e portas. Com minha força física, a raiva contida e a atitude de *Dane-se tudo*, consegui trabalhar rápida e furiosamente.

Quarenta e cinco minutos depois, o cenário estava pronto. Todos os pesos do palco estavam presos; a mobília montada e colocada precisamente nas marcações.

Às 2h15, Joan Knight e os outros voltaram do pub.

O ator Patrick O'Connel olhou para o set.

– Caramba!! O que aconteceu?

Os outros assistentes de palco e Frank Dunlop pareciam impressionados. Eles conferiram o cenário para garantir que tudo estava bem preso. Joan Knight olhou para mim.

– Você que fez isso? – perguntou ela.

Dei de ombros.

– Como?

– Não sei. Só fiz. Está tudo certo?

Patrick olhou para mim.

– Você é maluco. Sabia? Maluco.

◆ ◆ ◆

Nas três últimas semanas da turnê, não falei com ninguém. Eu me recusava a responder um simples sim ou não. Acabei com qualquer vestígio de reação. Eu sabia que não estava louco. Era calculado. *Pegue-me se for capaz.*

Eu achava que era um jeito ótimo de viver, de me vingar dos outros punindo a mim mesmo. Quando a turnê acabou, nem mesmo esperei meu salário da última semana do roliço Porcino Sneath. Eram seis libras por semana, que naquela época era um salário decente. Não queria nada mais de ninguém. Infelizmente, no fim das contas, meu país queria algo de mim.

sete

APRESENTE-SE OU ENFRENTE AS CONSEQUÊNCIAS

Na segunda, 3 de fevereiro de 1958, me alistei no Serviço de Sua Majestade, o Exército Inglês. Era o último suspiro do serviço obrigatório de dois anos estabelecido após a Segunda Guerra Mundial. Durante esse período me mostrei completamente inútil marchando, então me mandaram para a escola de serviços administrativos. Também na área administrativa me saí terrivelmente mal.

E, no entanto, acabei com o melhor emprego possível, datilografando no escritório do regimento. De vez em quando o sargento-mor passava a mão na minha nuca e dizia:

– Corte o cabelo!

Às vezes ele via o trabalho ruim que eu fazia datilografando, me expulsava da cadeira e terminava a tarefa enquanto eu fazia chá para ele.

Numa segunda-feira de novembro, em 1959, fui chamado pelo Capitão Michael Witte. O Capitão Witte, adjunto do 16º Regimento em Bulford Camp em Wiltshire, era um cavalheiro decente, bem-educado, justo e imparcial. Falava com um sotaque da classe alta, quase ininteligível. As consoantes eram ausentes. Eu gostava dele. E nesse dia descobri que o bom capitão interveio para me poupar de uma acusação séria. Fiquei em pé diante de sua mesa, estoico e em silêncio. Depois de alguns momentos, ele pegou uma folha de papel datilografada de sua mesa. Discretamente me contou os detalhes.

– Um civil em Amesbury fez uma reclamação alegando que você se tornou meio brigão, que fala alto e vive bêbado. Você se envolveu em duas brigas com alguém chamado Gallagher, um soldado de outro regimento. É verdade? – perguntou o Capitão Witte.

– Sim, senhor.

– Por quê?

– Não consigo lembrar exatamente – respondi. – Gallagher era soldado na Guarda Negra. Eles gostam de brigar. Ele me provocou.

– Sim, certo, evidentemente você também gosta de brigar. Não vou te denunciar, Hopkins, mas vou cancelar seus passes de fim de semana por quatro semanas. Você parece um rapaz inteligente. Por que iria querer causar tantos problemas?

– Não sei, senhor. Parece que eu simplesmente causo problemas. Sou meio estúpido.

Na verdade, eu estava começando a gostar de brigar. Era sempre a mesma coisa. Nos pubs, eu ficava sozinho. Pode ser que ficar quieto e isolado provoque hostilidade nos outros. Quem sabe? Minha velha insolência estúpida provavelmente causava essa reação. Eu só queria que me deixassem em paz e queria evitar problemas. Mas quando cheguei a meus 20 e poucos anos, esse jogo parou de funcionar. E as brigas e socos explodiam nos estacionamentos dos pubs.

A noite em que me meti em um problema de verdade foi em Amesbury. No pub, um sujeito de Glasgow chamado Gallagher, um cara alto e grosseiro, começou a me provocar:

– Ei, você, Taffy,* seu cavalo galês maldito. Me paga uma bebida.

Eu estava sentado no canto do pub tomando cerveja, olhando para a tapeçaria que cobria as paredes, repleta de cenas de caçadas e paisagens do campo, os ornamentos de cobre e latão sobre o bar. Ignorei a exigência.

Gallagher se aproximou da mesa.

– Ei, você, Taffy, me paga uma bebida.

Tática da insolência estúpida. Rosto inexpressivo.

– Você vai me fazer o favor, Taffy?

– Pague você – respondi.

Levantei e saí do bar. Não queria brigar. Gallagher foi atrás de mim.

– Não me deixe falando sozinho.

---

* Forma ofensiva usada para se dirigir a pessoas naturais do País de Gales. (*N. da E.*)

Ele me empurrou contra a parede. Bati a parte de trás da cabeça. Isso me fez lembrar de um valentão da minha escola, quando era pequeno, que também batia minha cabeça contra a parede. Em uma fração de segundo, uma imagem surgiu na minha cabeça. A memória do valentão na escola apareceu na minha frente. Senti uma onda de ódio e raiva. Dei uma cabeçada nele e acertei o nariz dele tão forte que ouvi o osso quebrar.

Essa raiva era uma forma de insanidade. Foi horrível. E teve consequências. Nunca soube que fim levou Gallagher, mas não apenas fiquei confinado no quartel por quatro semanas, como também tive que dar dois plantões no escritório. Para matar tempo, fiz um curso de filosofia moderna por correspondência da Ruskin College. Minha primeira leitura foi *Tratado sobre os princípios do conhecimento humano*, de George Berkeley.

> *MENTE-ESPÍRITO-ALMA. Mas, além de toda essa interminável variedade de ideias e objetos do conhecimento, existe também algo que os conhece ou percebe e exerce sobre elas diversas operações, como desejar, imaginar, lembrar. Este ser perceptivo e ativo é o que chamo de MENTE, ESPÍRITO, ALMA ou EU MESMO. Ao usar essas palavras não denoto nenhuma das minhas ideias, mas algo completamente distinto delas, ONDE ELAS EXISTEM, ou, o que é a mesma coisa, por meio das quais são percebidas – pois a existência de uma ideia consiste em ser percebida.*

Reconheci algo que havia me incomodado por anos: o sentimento de irrealidade, a sensação de não fazer parte da minha própria vida. Eu vivia com uma sensação de limbo, de esperar pelo próximo capítulo da minha vida. Talvez seja por isso que o teatro me atraiu. Quando eu estava atuando, não tinha mais que ser eu. Podia fingir ser outra pessoa. Muito mais fácil.

Me deparei com uma pintura de Magritte de espelhos e nucas e me vi nela. Foi uma experiência estranha, todas aquelas cabeças olhando para longe de mim, rumo ao futuro. Parecia que estávamos voltando no tempo. Eu andava por aí me fazendo perguntas como *Será que morremos e vamos voltar para o útero?*

O capitão Michael Witte havia me alertado gentilmente, apesar de não ser realmente um alerta. Era um conselho bem-intencionado: eu deveria me acalmar.

Finalmente fui libertado e transferido para Wiltshire, e num fim de semana peguei carona até Pewsey. Era um lindo sábado, e o vilarejo estava silencioso. Caminhei por lá e tomei alguns drinques num pub chamado Moonrakers. Naquele pub tive uma estranha sensação de familiaridade, algo como um déjà-vu.

Não entendo nada sobre o mecanismo no cérebro que cria essa sensação, mas realmente me senti como se já tivesse estado lá antes, como se tivesse vivido naquele vilarejo silencioso em outro momento. Na cultura popular, as pessoas de Wiltshire são conhecidas por sua inocente simplicidade. O nome do pub vinha de uma história de dois agricultores que, depois de uma noite na cidade, ambos bêbados e quase sem conseguir ficar em pé, olharam para o reflexo da lua no lago da vila e resolveram resgatar a lua antes que ela se afogasse arrastando-a para terra firme.

Havia algo no serviço militar que me interessava. Era a disciplina e a precisão da vida. Havia pouco espaço para divagações da imaginação. Era preciso estar presente, se apresentar ou aguentar as consequências.

Em 8 de fevereiro de 1960, depois de dois anos de serviço, fui despachado para a vida civil. Eu podia reclamar, suponho, que o exército tinha sido uma perda de tempo, mas não foi. Não fiz muita coisa como assistente do secretário-chefe do 16º Regimento de Artilharia Antiaérea, mas eu gostava da rotina morta dos dias. Gostava do fato de não esperarem nada de ninguém exceto que obedecessem às ordens. Agora, livre para fazer o que quer que quisesse, voltei para Gales. Trabalhei por um breve período como subcontratado na loja de ferramentas da Companhia Siderúrgica de Gales. Era um trabalho simples, organizar ferramentas e pedaços de tubulação, mas eu não conseguia e fui demitido. De novo, saí sem pegar meu salário da última semana.

O que restava que eu soubesse fazer? Atuar? Era tão ridículo. A ideia de me sustentar dessa forma parecia absurda. E apesar disso... Talvez atuar pudesse ser minha salvação, uma maneira de viver. Eu queria me tornar outra versão de mim mesmo. Peguei o trem para Bristol para ver o Old Vic, pensando em talvez pedir um emprego.

◆ ◆ ◆

Do lado de fora da bilheteria do Old Vic, analisei as fotografias dos atores em cenas da peça atual, *A rainha e os rebeldes*, de Ugo Betti. Todos pareciam atores de verdade, intensos e sérios, muito no controle de si mesmos. Fui até o saguão e dei uma espiada dentro do teatro. Havia um ensaio em andamento, uma mulher no palco proclamando algo.

Um homem me abordou. Estava teatralmente vestido com uma camisa verde-escuro e uma gravata-borboleta amarela.

– Está à toa? – perguntou.

– À toa? Não, estou procurando trabalho. Como ator.

– Você deve ser louco. Não pode simplesmente aparecer e pedir um emprego. Tem alguma experiência?

– Fiz uma turnê com o Conselho de Artes, com Colin Jeavons e Pat Healy em 1957.

Ele me deu alguns conselhos e me disse para mandar cartas para os diretores dos teatros. Escreveu em um pedaço de papel *Manchester – Library Theatre. Nottingham Playhouse.* Ele me desejou sorte.

Segui seu conselho e escrevi algumas cartas para companhias de teatro. Estava tateando em um deserto desconhecido, mas, para minha surpresa, houve uma resposta de alguém chamado David Scase, diretor da Companhia do Library Theatre, em Manchester. Eu deveria viajar para Londres na semana seguinte para uma audição.

◆ ◆ ◆

Eu me vi no coração da cidade, perto de Cambridge Circus. Outros atores esperavam no teatro. Depois de uma hora, fui chamado à lateral do palco. Uma jovem disse meu nome para alguém na plateia.

Voz fora do palco:

– Ok, pode chamar.

Entrei no palco. O auditório estava escuro. Um homem se aproximou. Era David Scase.

Ele tinha uma personalidade única, um robusto ex-marinheiro mercante. Havia nele algo amigável, de uma pessoa que não fazia rodeios. Parecia um boxeador, duro e direto. Fumava como uma chaminé, inalações profundas de fumaça e nicotina. Ele parecia não se importar com nada. Esse cara não tinha nada de artístico. Revigorante.

Ele foi até a beira do palco, se apresentou, e trocamos um aperto de mão firme.

Meu texto para o teste era da peça de Maurice Maeterlinck, *Monna Vanna*. O diretor pareceu impressionado, não tanto comigo, mas com a minha escolha.

– Monna quem? – perguntou ele, rindo.

– *Monna Vanna*, de Maurice Maeterlinck – respondi. – Um poeta simbolista.

O Sr. Scase sorriu.

– Ah, simbolista. Ok. Se você diz. Certo. Quando estiver pronto.

Ele voltou para seu assento e esperou que eu começasse. Andei até o centro do palco, tomei fôlego algumas vezes e comecei meu teste. Uma trilha sonora no meu cérebro mantinha um comentário fixo ali: *Quem você pensa que é? Desista.*

Eu não sabia como fazê-la parar, mas consegui fazer o monólogo mais apaixonado e canastrão naquela audição.

Era como se eu tivesse mergulhado as mãos num fluxo de água, e as retirasse brilhando com luz, iluminadas por confiança e sinceridade. E parecia para mim que os homens haviam mudado, que tudo o que eu pensava até então estava errado. Acima de tudo, senti que estava mudado, emergindo finalmente de uma longa prisão, os portões se abrindo, flores e folhas se enrolando nas grades; a neve derretendo no horizonte distante e o ar puro da manhã entrando em minha alma e respirando sobre meu amor!

Não consigo lembrar por que escolhi essa peça ou este monólogo.

Houve um breve silêncio no auditório. Um isqueiro se acendeu e o diretor, inalando massas de fumaça como um dragão ao contrário, voltou à beira do palco. Ele olhou para mim. Fez que sim com a cabeça.

– Certo. É isso. Nada mau. Nada mau mesmo. Maeterlinck? Simbolista? É isso que ele era?

– Simbolista belga. Ele também escreveu *O pássaro azul*.

– Preciso me lembrar disso – comentou. – Qual seu nome mesmo? Anthony? De Gales, certo? Como Richard Burton. Seja como for. Sim. Bom. Entramos em contato em breve. Temos seus dados, seu endereço, etc. Tudo certo, pode ir, Sr. Maeterlinck.

David Scase era um dos homens mais bondosos que eu conhecia. Ele me passou uma sensação de confiança. Mas a voz interior se recusava a se calar. Peguei o trem seguinte na Paddington Station de volta para Port Talbot.

Duas semanas se passaram. Então um curto bilhete chegou pelo correio. Estava assinado por David Scase. Sim. Eu tinha conseguido um emprego de assistente de palco e teria papéis ocasionais.

◆ ◆ ◆

Cheguei a Manchester numa tarde fria de domingo em setembro. O lugar onde eu ia morar ficava em Wythenshawe, a cerca de 10 quilômetros de Manchester.

Apreciei toda a viagem no ônibus de dois andares até Wythenshawe no andar de cima. Eu iria longe de ônibus de dois andares – era o que meu pai havia previsto. Enquanto o ônibus saía da estação e passava por Piccadilly, no centro de Manchester, notei um grande painel anunciando *Psicose*. Tinha ouvido dizer que era um filme muito assustador.

Quarenta e cinco minutos depois, cheguei em Wythenshawe. A Sra. Hale, a dona da casa alta e escura, era a típica senhora bondosa e grisalha de Manchester. Ela me mostrou meu quarto. Eu ia dividi-lo com um sujeito alto chamado Adrian Talbot. Ele também seria assistente de palco. Eu o vi brevemente. Um oi rápido. Depois pensei em *Psicose* e voltei para Manchester para ver o filme.

No saguão do cinema havia um totem em tamanho real do grande Alfred Hitchcock. Uma gravação da voz suave de Hitchcock, cheia de desdém, saía de várias caixas de som, repetindo-se sem parar: "Boa noite. Aqui é Alfred Hitchcock falando." O Sr. Hitchcock então fazia um alerta para cada membro da plateia: "Você não pode, sob nenhuma circunstância, revelar o fim do filme. Fazer isso resultará numa punição terrível. Algo indizível." Os cinemas se recusavam a deixar qualquer um entrar depois do início do filme. Placas com fotos de Hitchcock diziam coisas como "Se você não consegue guardar um segredo, por favor fique longe das pessoas depois de ver *Psicose*".

Era uma grande jogada publicitária que só Hitchcock poderia ter imaginado.

Naquela noite de domingo o destino deve ter sorrido para mim, porque consegui comprar um ingresso sem precisar ficar na fila. Esperei pacientemente próximo das portas do cinema vigiadas por seguranças enquanto a sessão anterior terminava. Sons fracos vinham de dentro. Murmúrios e risadas, silêncio e depois gritos.

Outros cinco minutos se passaram. Depois as portas se abriram. O público começou a sair, rindo de uma maneira que beirava a histeria. Era um dos maiores filmes de suspense de todos os tempos. Assustador. Hitchcock tinha uma percepção incomum do inconsciente humano. O bicho-papão no topo da escada. A sensação de desconforto que se esconde nas sombras da nossa vida.

Depois do filme, voltei para meu quarto na sombria casa eduardiana. O hall de entrada era escuro. Havia uma escada assustadora. Será que Norman Bates estaria no topo, segurando uma enorme faca, esperando por mim?

Na manhã de segunda eu estava no Library Theatre para me apresentar ao diretor às 8h30 em ponto. Havia quatro assistentes de palco. O diretor era John Franklyn-Robbins, que também era o ator principal da companhia. Achei que ele se parecia com um pássaro. Não era para ser uma comparação cruel. Eu simplesmente tendia a ver animais no rosto de humanos, e este homem parecia um abutre desgrenhado de pé num poleiro.

Ficamos no escritório do Homem Pássaro e ouvimos um sermão sobre regras de comportamento. Era o chamado protocolo de produção. Nós nunca deveríamos chamar os atores pelo primeiro nome, apenas como Sr. e Sra. Ai daquele que infringisse as regras.

Era como estar de volta ao exército. Eu devia ter endoidado, achando que podia ser ator. Um pequeno micróbio enrolado nas entranhas do meu cérebro me convencera de que eu poderia me sustentar atuando.

Quando o sermão terminou, meu primeiro impulso foi fugir. Meu pai, meu velho, entrou na minha cabeça. Ele via tudo como uma grande piada. Pensava que tanto o pessimismo quanto o otimismo eram inúteis. Ambos eram bobagens a ser evitadas.

A primeira peça era chamada *The Man*, do dramaturgo americano Mel Dinelli. Para meu choque e surpresa, David Scase me deu o papel de um menino de recados chamado Howard. John Franklyn-Robbins era o personagem principal, um assassino psicopata.

Então veio *The Quare Fellow*, de Brendan Behan. Fiquei com o papel de Mickser, um bandido no pátio da prisão. Havia um momento em que eu tinha que brigar com outro personagem e o jogar no chão. Depois, em *Como gostais*, fiz Charles, o experiente lutador da corte. Fui mal nos dois papéis porque não conseguia dominar a arte de combate de palco e em vez disso me envolvia em combates *reais*.

– Você quase matou aquele pobre ator! – disse Scase uma noite, depois que joguei meu parceiro de cena no palco. – Você é um ator poderoso, mas é desconcentrado e isso é perigoso.

As festas de fim de ano chegaram. A Sra. Hale fez um grande jantar de Natal para mim.

– Você precisa comer para continuar forte – disse ela.

O Ano-Novo despontava no horizonte.

Uma noite de sexta, me disseram para procurar o Sr. Scase depois da apresentação.

Só podia ser má notícia. Minha insolência estúpida entrou em ação. Eu sabia que a farsa tinha acabado. E daí? Grande coisa! Nada me abalava.

Depois que a cortina desceu, fui até o escritório do diretor. Scase se levantou da mesa quando entrei.

– Desculpe, mas vamos ter que demitir você – disse ele.

– Ok – respondi.

– Só ok?

– Sim, eu entendo.

Scase estava se divertindo. Achava que eu era excêntrico.

– Você só vai dizer ok?

– Sim. Não sei o que mais poderia dizer.

Eu me sentia apático e a velha letargia entrou em ação. O que mais eu podia dizer?

– Estou te demitindo porque você parece meio sem noção. Você tem uma presença forte no palco, e isso é bom, mas não tem técnica. Você é perigoso. Podia ter machucado o coitado do John naquela cena de *The Quare Fellow* e na cena de luta nesse espetáculo. Você quase quebrou o pescoço do Rick! Você é um pouco brigão, não é? Meio encrenqueiro?

– Não quero ser encrenqueiro – afirmei.

– Tudo bem – disse o Sr. Scase. – Acho que o problema é a falta de experiência. Você precisa ir para uma daquelas escolas grã-finas de teatro em Londres, RADA ou LAMDA, algo assim.

– Ok – concordei.

– Treino e disciplina. Talvez possamos trabalhar juntos de novo. Quem sabe? Você tem alguma coisa, dá pra ver, mas agora simplesmente não está pronto. Ok?

– Obrigado, Sr. Scase. Desculpe ter causado problemas.

Ele balançou a cabeça – um pouco confuso, ou talvez se divertindo com o jovem brigão de Gales do Sul.

– Ok. Sr. Maeterlinck? Aceite um conselho meu. Entre numa daquelas faculdades de teatro. Você vai ficar bem. Acho que pode ser um bom ator. Sem mágoas?

– Sem mágoas.

Ele me deu um abraço. Isso foi estranho. Naquela época, os homens raramente se abraçavam; só se cumprimentavam com apertos de mão. Abraços? Nunca.

Naquela mesma noite de sexta, paguei o aluguel para a Sra. Hale, deixando o dinheiro em um envelope junto com um bilhete agradecendo pela hospitalidade e contando que eu estava deixando Manchester.

Guardei minhas poucas coisas numa mala pequena e, na noite de sábado, depois da última apresentação de *Como gostais*, fui embora mais uma vez sem meu último salário. Não precisava da merda do dinheiro deles. Não queria estar em dívida com eles. Me despedi de Charles, o Lutador, escapei dos aplausos finais, não falei com ninguém, coloquei meu sobretudo, peguei minha mala, saí discretamente pela porta do palco e corri até a estação. Estava chovendo.

E agora?

Fiquei sem saber para onde ir. Me senti como um pássaro de gaiola escapando da prisão. Gostava da ideia de ser um fugitivo; me trazia uma grande sensação de liberdade.

Na estação, ouvi uma voz pelas caixas de som: "Trem para Nottingham saindo da plataforma três em 20 minutos."

Lembro daquela noite como se eu estivesse fazendo um papel num filme. *Sou um condenado em fuga. Nunca vão me pegar. Não, senhor*. Comprei uma passagem só de ida para Nottingham, e 20 minutos depois o trem, comigo a bordo, estava a caminho, tocando o apito, sem paradas até a próxima cidade. Eu tinha uma mala com algumas roupas e 10 libras no bolso. Outra aventura.

Não queria que soubessem em Gales. Estava tentando decidir o que fazer. Não podia ficar na casa dos meus pais. Eles me ajudariam, mas eu não queria a ajuda deles. Haveria um preço: a decepção do meu pai e da minha mãe. A última coisa que eu queria era ser responsável por tristeza e decepção.

Então lembrei de uma conversa que tivera meses antes com um sujeito chamado Stan, um guarda penitenciário aposentado. Quando estávamos ensaiando *The Quare Fellow*, o Sr. Scase convidou Stan para falar à companhia sobre a pena de morte e seu efeito sobre os outros detentos. Depois da conversa, Stan e eu saímos para tomar umas cervejas no pub Tommy Ducks em Manchester. Ele olhava para mim com um jeito de avô porque eu não sabia que horas eram.

Stan me disse que tinha trabalhado como vigia noturno na Prisão Strangeways, em Manchester. Quando um homem ia ser enforcado no dia seguinte, ele e outro guarda passavam a noite na cela do sujeito. O dever deles era levá-lo até o cadafalso pela manhã. Na história que Stan me contou, o homem condenado tinha 19 anos. Stan descreveu seu choque quando viu o jovem cair pelo cadafalso rumo à morte. A eficiência calma do famoso carrasco inglês Albert Pierrepoint devastou Stan completamente.

– Aquilo mudou a minha vida – disse Stan. – Eu era jovem naquela época. Achava que sabia das coisas. Sabe como é? Mas naquele momento, vendo aquele cara novo cair daquele jeito, foi quando cresci.

Ouvindo Stan falar, pensei na linda tarde de verão em que Brian Moore, um menino loiro de 8 anos da Margam Road, me disse que todos morreríamos um dia. Lembro do lugar exato em que estava quando recebi essa notícia chocante. Estávamos em pé na esquina da Beechwood Road com Margam Road. Dava para ouvir os sons do riacho Arnallt borbulhando atrás da parede de tijolos do jardim.

Um menino havia sido recentemente esmagado por uma pedra em Margam Wood, e outro se afogara na Betsy Pool em Margam Moors. Toda vez, as mulheres da nossa rua, minha mãe e as vizinhas, choravam enquanto o carro fúnebre carregando o pequeno caixão passava pelas casas a caminho do cemitério.

– Morremos? Nós *todos* morremos? – perguntei a Brian Moore.

– Sim, *todos* nós morremos.

Ouvir esta notícia numa tarde quente de verão me transformou. Eu tinha 4 anos. Aquele pensamento esmagador, de que todos desaparecemos no fim ou a qualquer momento, de que realmente desaparecemos inesperadamente, indo rumo ao nada de onde viemos, como se nunca tivéssemos existido, foi uma martelada na minha cabeça, o grito da *banshee* em seu lamento. Parecia impossível que todo o esplendor da vida pudesse se dissolver na escuridão, mas era assim.

Stan me disse que eu deveria usar essa consciência da mortalidade como inspiração.

– Quando você sai de casa, você sai de casa. Você está percorrendo o seu caminho. Não tem volta. Agora você está no grande mundo voraz e tem que nadar ou se afogar. O que quer que você queira desta vida, meu filho, só se apegue a este pensamento e faça o seu melhor. Se não funcionar no final, azar, que seja. Uma coisa que não falha é a morte.

oito

DE PASSAGEM

O trem chegou a Nottingham por volta da meia-noite. Havia grandes latões de leite sob o relógio da estação e encontrei um banco escondido atrás deles. Fiquei sentado lá, dormindo, acordando e dormindo – tendo sonhos estranhos – e de repente era domingo, 6h15 da manhã.

Procurei na lista telefônica um lugar com banheiro e chuveiros públicos. Lembrei de ter usado um em Birmingham na turnê de 1957 com o Conselho de Artes de Gales.

Meu vô Yeats me disse uma vez:

– Quando jovem, antes de conhecer sua avó, eu trabalhava na ferrovia. Nas noites de sábado nas cidades maiores como Swindon e Reading, os banheiros públicos com chuveiros eram os únicos lugares onde dava para se lavar. Um pedaço de sabão carbólico por um centavo era suficiente para você se limpar e se arrumar, lavar as roupas, depois cantar um pouco no pub ao som de um piano barato e dançar com sua namorada e pronto! Bons tempos.

Um banho quente custava cinco xelins. Isso bastaria para mim. Havia uma casa de banho perto da estação. Parecia vitoriana ou eduardiana: paredes de azulejos brancos. Canos de latão. Depois de ficar mergulhado na banheira quente por uma hora e fazer a barba, me senti um novo homem. Sim, o cheiro pungente de sabão irritou meus olhos, nariz e garganta porque usei sabão carbólico de roupas por engano, mas o sol estava brilhando e havia esperança.

Eu tinha um exemplar da revista *Contacts*. Isso era essencial para atores. Os teatros de repertório da Inglaterra eram registrados. (Se você estivesse "trabalhando com repertório", significava que tinha que aprender uma peça em uma semana e ter dois ou três espetáculos prontos a qualquer momento. Você podia aparecer como extra numa peça de Shakespeare numa noite e como detetive em um caso de assassinato misterioso escrito por Agatha Christie na noite seguinte. Eu era perfeito para o trabalho, pois aprendia rápido.) Marquei as páginas com o endereço de alguns teatros e anotei os nomes dos diretores.

Fui ao Nottingham Playhouse. O teatro, um prédio triangular, ficava na esquina da Goldsmith com a Talbot. A porta para o saguão estava aberta e o lugar parecia deserto. Dava para ouvir aspiradores no andar de cima. Havia fotografias nas paredes perto da bilheteria, retratos e nomes de atores da companhia.

Reconheci o rosto de Robert Lang numa das fotografias. Quatro anos antes ele tinha interpretado Tony Lumpkin em *She Stoops to Conquer*. Meu Deus, que turnê interminável com o Conselho de Artes! Eu não acreditava que tinha me envolvido naquele pesadelo.

Um homem entrou no saguão. Seu rosto não era nada encorajador.

– O que você está fazendo aqui? Posso ajudar?

– Só estou vendo as fotos – respondi.

– Sim, até aí eu entendi, mas a bilheteria está fechada, então você precisa sair.

– Desculpe.

Voltei para a rua. O homem trancou as portas atrás de mim. Os sinos começaram a tocar em alguma igreja distante. Eu estava sentindo um pouco de calor com meu sobretudo militar do exército, mas ao mesmo tempo orgulhoso por tê-lo achado num brechó em Manchester. Tinha sido uma pechincha por cinco libras, mesmo com algumas queimaduras de cigarro na manga direita.

Estava com fome. Era hora do almoço. Andei sem destino até encontrar uma pequena lanchonete Wimpy. Entrei e pedi um cachorro-quente. Foi o primeiro e último cachorro-quente que tentei comer. Tentei roer a salsicha de borracha enquanto decidia o próximo passo da minha vida, mas não tinha a menor ideia do que fazer nem para onde ir.

Enquanto eu contemplava as profundezas da minha desesperança, um grupo de gente de teatro – três mulheres e quatro homens – entrou em cena.

Eles escolheram uma mesa e se sentaram para conversar. Reconheci os dois homens: Robert Lang e Morgan Sheppard.

Tentando não deixar transparecer que sabia quem eles eram, observei o grupo e ouvi suas vozes vibrantes de atores. Robert Lang olhou brevemente para mim. Respondi com uma versão modificada e atenuada da insolência estúpida. Ele baixou o olhar para seu café, franziu a testa e olhou para mim de novo.

– O que você está fazendo aqui? – perguntou. Ele parecia tentar descobrir de onde me conhecia.

Alguns dos amigos dele viraram para ver com quem ele estava falando. Eles me deram uma olhada e retomaram a conversa.

O rosto do Sr. Lang não expressava o menor calor humano, mas fiquei surpreso que ele se lembrasse de mim depois de quatro anos. Eu tinha sido um humilde assistente de palco. Assistentes deviam ser vistos, não ouvidos.

Levantei para sair do restaurante e, a caminho da saída, parei na mesa deles e disse:

– Bom ver o senhor novamente, Sr. Lang. Nós nos conhecemos na turnê do Conselho de Artes em 1957.

– Sim, eu sei. Por que você está aqui? Vai se juntar à companhia?

– Sim. Quer dizer, não tenho certeza. Estou procurando trabalho. Mas sim.

O Sr. Lang parecia a um só tempo confuso e interessado. Ele notou minha mala.

– Parece um pouco vago. Sim, não e talvez. Estamos ensaiando hoje. E justo em um domingo.

– Obrigado, Sr. Lang – falei, apesar de não saber por que estava agradecendo.

Quando eu estava prestes a sair do pequeno e claustrofóbico bar, o Sr. Lang fez outra pergunta:

– Você acabou de chegar a Nottingham?

– Estou só de passagem, na verdade – respondi despreocupadamente.

– Ah, é mesmo? Só de passagem. Ok.

Uma das mulheres me olhou de cima a baixo e sorriu. Ou debochou de mim.

– Você não está com calor com esse casaco? – perguntou ela.

Dei de ombros.

– E o que você tem nesta mala? – insistiu ela.

– Ele está só de passagem – brincou o Sr. Lang.

– Ah, verdade? Só de passagem. Que fascinante.

Fantasiei sobre virar a mesinha deles, mas tomei a decisão sensata de não arrumar confusão.

– Vejo vocês por aí – falei.

Sorri e os deixei ilesos.

Do lado de fora, na calçada, eu não sabia para onde ir. De pé na frente daquela lamentável lanchonete naquela tarde quente de domingo em 1961, sozinho em uma cidade estranha do norte, cozinhando no meu casaco militar queimado de cigarros e segurando minha mala de tesouros, percebi que eu era uma causa perdida.

– Para onde agora, homenzinho? – perguntou uma mulher.

Tomei um susto com a voz dela e dei um pulo.

– Ei, você. Está tudo bem? – perguntou a voz.

Me virei e vi em pé, ao meu lado naquela calçada solitária, a mulher com um sorriso no rosto que havia me perguntado o que eu levava na mala.

– Sim, obrigado – respondi. – Estou bem. E você?

– Robert me disse seu nome. Anthony? É esse seu nome? – perguntou ela.

– Sim. Anthony. Exato, Anthony.

– Só Anthony?

– Sim. Anthony. Sim. E… sim, Hopkins. Anthony Hopkins.

– E você está só de passagem. Certo?

– Estou atrás de emprego. Em algum lugar. Eu estava em Manchester, mas acabei vindo parar em Nottingham.

Por que ela estava me interrogando? Eu era um criminoso? Peguei minha mala.

– É melhor ir andando – falei. – Foi bom conhecê-la, muito bom.

Ela insistiu no interrogatório.

– Você tem onde ficar? – perguntou.

– Não. Mas vou começar a procurar. Anúncios nos jornais locais. Vou encontrar alguma coisa. Bom, é melhor eu ir andando.

Ela deu um puxão de leve na manga do meu casaco.

– Olhe, não é da minha conta, Anthony, mas acho que você não sabe o que está fazendo. Desculpe por ser intrometida.

Ela tinha razão.

A pergunta seguinte:

– Você é ator?

– Bom, meio que sou. Tenho uma carteirinha do sindicato – respondi.

– Meio que sou? Com uma carteirinha do sindicato? Ok. Você está procurando trabalho, certo? – Eu estava enfiando a mão no bolso do casaco para mostrar a ela a carteirinha. – Não precisa me mostrar sua carteirinha. Acredito em você. Mas você está procurando emprego. É isso?

– Sim, acho que sim. Mas não sei por onde começar.

– Ok. – Ela não ia desistir. – Você acha que está procurando emprego, mas não sabe onde começar.

Aquilo no rosto dela era um sorriso ou deboche? E por que ela ficava repetindo minhas respostas como se eu fosse um caso perdido, meio burrinho?

– Não. Eu pensei em vir até Nottingham para procurar.

Ela continuava me olhando. Depois sorriu para mim novamente, mas com bondade.

– Meu nome é Beth. – Ela estendeu a mão para me cumprimentar. – Agora, ouça com atenção, Anthony. Sou diretora de palco no Theatre Royal. Sei que eles precisam de mais APs no Playhouse. Assistentes de palco. Sabe? Bom. Vá até a entrada do palco e diga ao porteiro, Frank, que você quer falar com Roy Battersby. Roy está dirigindo uma produção de *The Winslow Boy*. Diga ao Frank que a Beth do Theatre Royal mandou você. Roy vai estar na oficina a essa hora. Eles estão construindo os cenários.

Ouvi com atenção. Mas Beth queria garantir que eu tinha entendido.

– Ok, agora repita o que acabei de dizer.

– Dizer ao Frank que a Beth do Theatre Royal me mandou até lá para falar com Ray Battersby.

– Não é Ray. É Roy. Roy Battersby. *Roy*.

Ela escreveu o próprio nome num pedaço de papel e me deu.

Agradeci, peguei minha mala e me arrastei de volta para o Nottingham Playhouse.

Encontrei o diretor, Roy Battersby. Ele me fez algumas perguntas e por alguma razão me deu o emprego de assistente de palco e me escalou para o papel do irmão em *The Winslow Boy*.

Roy Marsden e Valerie Bland eram os outros APs. Roy tinha acabado de se formar na Real Academia de Arte Dramática, mais conhecida como RADA. A diretora, Janet, me perguntou onde eu estava hospedado. Eu disse que ainda não tinha encontrado nada. Ela perguntou a Roy Marsden se havia algum quarto disponível na pensão dele. Ele respondeu que sim, havia um quarto extra no prédio.

E pronto, graças à bondade de uma mulher que nunca mais vi, eu tinha um emprego e um lugar para morar.

Os ensaios para *The Winslow Boy* começaram alguns dias depois. Após os ensaios veio uma turnê de ônibus por faculdades e escolas. Nos apresentamos no Nottingham Playhouse apenas uma semana.

Um dia, do nada, Roy Marsden me perguntou se eu tinha formação como ator. Eu não sabia o que ele queria dizer. Ele perguntou se eu sabia alguma coisa sobre a Real Academia.

– Não – respondi.

– Imaginei.

Ele não mediu palavras. Não ia dourar a pílula. Ele me disse que eu era indisciplinado e parecia não saber o que estava fazendo. Fiquei completamente inibido. Era o sentimento de ausência que me causava mais ansiedade. Eu estava empacado, e esse era o pior dos sentimentos.

Não sei por quê, mas Marsden pediu uma ficha de inscrição da RADA para mim e perguntou quando seriam os testes do outono. Ele sugeriu que eu preenchesse os formulários, que preparasse algo para as audições e me desejou boa sorte.

O período no Nottingham Playhouse chegou ao fim. Voltei para Gales. Em algum momento, acabei enviando a inscrição para a Real Academia. Uma semana se passou, e veio a resposta. Disseram para levar duas peças para o teste – um texto de Shakespeare e outro moderno. Em meados de julho, peguei o trem para Londres para as audições.

Pensei em tentar um vilão de Shakespeare, Iago. Ele era uma pessoa fascinante de se analisar – um monstro que não era grande e assustador, mas pequeno e quieto. Homens maus como ele nunca olham as pessoas nos olhos, e no entanto veem tudo que há para ver.

Qual motivação levou Iago a destruir Otelo? Ciúme? Inveja? A inveja era o sentimento mais corrosivo. Não o ciúme. O ciúme tem um objeto. A causa estava fora, era externa. Mas a inveja vive no fundo da alma como uma morte silenciosa. Senti, pela primeira vez, a capacidade de entender a motivação de um personagem. Eu acreditava que o objetivo de Iago (o "honestíssimo" Iago) era destruir tudo e todos.

E quanto mais ela se esforçar,
mais haverá de perder o crédito junto ao marido.
Transformarei sua virtude em piche,
e com a própria bondade tecerei a rede,
que há de enredar a todos.

Iago é incapaz de explicar sua compulsão por destruir Otelo e todos ao seu redor, assim como não consegue descrever o vasto deserto interior. Na cena final, tendo transformado o mundo em caos, Iago responde a pergunta de Otelo sobre por que fez o que fez:

Não me perguntem nada; o que sabem já sabem.
Não direi, de agora em diante, nem uma palavra mais.

Eu amava a maneira como essas palavras soavam saindo da minha boca. Eu as dizia repetidamente.

As audições foram em meados de julho – no Dia da Queda da Bastilha, o que vi como um bom presságio – no teatro Vanbrugh, que fazia parte da academia.

Cheguei à Estação Paddington, em Londres, e peguei o metrô até a Goodge Street no distrito boêmio de Fitzrovia, onde George Bernard Shaw já havia morado. Eram 11h45 da manhã, um dia quente, ensolarado, cheio dos barulhos e cheiros de Londres. Segui para o teatro Vanbrugh. Eu tinha tudo planejado. Primeiro iria para o teste, depois iria ao Marlborough Arms para um drinque.

Vinte minutos depois, tendo me identificado para um atendente uniformizado na entrada principal da RADA, fui levado aos bastidores do Vanbrugh.

No palco, um ator muito emotivo estava declamando os versos de *Henrique V*. Ele falava como se cada frase terminasse com uma exclamação.

Este é o dia de São Crispiniano:
Quem sobreviver e voltar para casa a salvo
Se elevará bem alto ao ouvi-lo ser mencionado
Contagiado pelo nome Crispiniano

Quando ele terminou o monólogo, fez uma boa imitação da versão de Laurence Olivier. Vi de relance enquanto ele saía pelo lado oposto do palco. Parecia muito confiante.

De repente, a velha voz odiosa na minha cabeça reapareceu: *Por que você está aqui? Perdeu a cabeça? Pegue suas coisas. Você não tem futuro nesse negócio. Nunca vai ser nada porque não faz nada direito...*

Chamaram meu nome. Olhei para a saída e pensei em fugir. Mas, em vez disso, com um suspiro, eu me virei e andei até o palco. O auditório estava às escuras exceto por algumas luzes nos assentos no centro.

Uma voz muito elegante de mulher me pediu os títulos das peças que eu tinha escolhido para o teste.

– *Monna Vanna*, de Maeterlinck – sussurrei. – E Iago, de Shakespeare.

– Desculpe, não consegui ouvir. Quais são as peças?

– *Monna Vanna*, de Maeterlinck!

– Maeterlinck? Ok. E a peça de Shakespeare?

– *Otelo*. Iago.

Ela fez uma anotação. Já dava para ver que suas expectativas não estavam altas.

– Obrigada. Quando estiver pronto.

O monólogo de Maeterlinck foi bem. Eu havia memorizado tão bem que já era parte de mim.

Murmúrios no auditório. Só entendi uma palavra: "Interessante."

– Obrigada, Sr. Hopkins.

Ah, então agora eu sou Sr.*! Parece um bom sinal.*

– E agora, qual Shakespeare? – perguntou ela.

– Iago.

Ela assentiu.

Respirei fundo, relaxei e algo se acendeu na minha cabeça. Duas partes de mim se juntaram. A ansiedade que eu sentira minutos antes era algo que, de repente, eu sabia ser universal. Eu não era o único. Não estava sozinho em minha obsessão egoísta. Todo mundo experimentava ansiedade e vazio. Iago também sentia isso. Era por isso que ele agia como agia. O comportamento humano ia além do bem e do mal. Nada era preto ou branco. E assim eu iria representar uma das figuras mais cruéis de Shakespeare sem um traço de más intenções.

O monólogo era um aparte para o público. O público já conhece seu plano diabólico, por isso não é necessário dar dicas. Faça a cena falando baixinho, numa imobilidade perfeita. Encontre alguém na plateia e diga os versos iniciais para essa pessoa. Inexpressivos. Claros. *Razoáveis.* No palco, pela primeira vez na vida, eu de repente sabia como interpretar um vilão diabólico. *Isso*, pensei, é o que assusta mais. Não a fúria, mas a apresentação de um plano com uma lógica direta, tornando cada membro da plateia, um a um, seu confidente, depois compartilhando com eles, frase por frase, seu argumento perfeitamente racional para o terror.

Quem poderá dizer que eu represento papel de vilão,
Se o conselho que dou é honesto e leal?

Falei o mais baixo possível sem ser inaudível, e não havia nenhum outro som em todo o teatro.

Quando cheguei ao fim do monólogo – "e com a própria bondade tecerei a rede, que há de enredar a todos" –, olhei para o público. Nada de murmúrios dessa vez. Nenhuma reação. Ah, tanto faz. Que se danem todos! Eu tinha que ir beber. Saí do palco.

– Sr. Hopkins! – chamou a voz da senhora elegante. – Espere.

O diretor de palco me parou.

– Aonde você está indo? Eles querem falar com você.

Voltei para o palco, mas fiquei na lateral.

Um homem saiu da escuridão do auditório para as luzes do palco.

– Qual a pressa? Precisa pegar um trem? – perguntou ele.

Ele tinha uma voz rouca, como se o som ficasse preso em algum lugar dentro de seu terno marrom. Também parecia estar se divertindo, mas era bondoso.

– Não – falei. – Achei que fosse só isso.

O homem se apresentou:

– Sou John Fernald, o diretor da academia. Só queremos confirmar suas informações. Endereço, etc. Você é galês? Dá para notar um sotaque.

– Sim – respondi. – De Gales do Sul.

– Muito bom. Olha, devo dizer que você foi muito bem. Nunca vi Iago interpretado assim. Muito bom.

Ele era um inglês muito simpático. A mulher saiu da escuridão e fez elogios. Seu nome era Judith Gick. Ela era professora na academia. Uma mulher alta e glamourosa, alguém do mundo do West End.

– Muito bem – disse ela. – Bem assustador.

Passei meus dados para o diretor.

– Você vai receber o resultado pelo correio – avisou.

Apesar de tudo, parecia encorajador. Talvez as coisas tivessem mudado. Eu não tinha sido dispensado. Mas a falta de confiança ainda rondava minha mente. Estava na hora daquela cerveja no Marlborough Arms.

O pub estava cheio, com muita fumaça e barulho dos trabalhadores de escritório almoçando. Reconheci o ator de *Henrique V.* Ele estava em pé, encostado numa tela que dividia o pub entre o bar e o salão. Confiante, dei parabéns pela atuação. Ele me agradeceu. Seu nome era Geoffrey Hutchings. Outro jovem veio se apresentar. Alex Henry. Ele era de Leeds, em Yorkshire. Éramos três candidatos cheios de esperança. Nós bebemos muito.

Depois, Alex e eu, como não tínhamos nada melhor para fazer, fomos até o Pavilion Cinema em Piccadilly para ver um tolo filme britânico pastelão, *The Night We Got the Bird*. Quando acabou, Alex me desejou sorte e cada um seguiu seu caminho.

Não peguei o trem de volta para Gales. Deitei num banco de parque perto da Edgware Road. Algo havia mudado. Aquela voz sussurrando na minha cabeça dizendo que eu não servia para nada havia silenciado, embora eu não soubesse se era por causa da bebida ou do *muito bom* do diretor. Qualquer que fosse a razão, naquele banco duro de parque no meio da cidade, dormi profundamente a noite toda.

nove

UM ANDARILHO

Era uma tarde de sábado em setembro, no Grand Hotel. Eu estava no bar bebendo com meu avô Yeats. Tinha 23 anos. Jovem e despreocupado. Indiferente. Tinha coisas importantes para fazer. Não sei o que era tão importante, mas aos 23 anos tudo parece importante.

Eu me sentia inquieto porque sabia que meu avô Yeats estava doente. Vi seu olhar abatido. Sabia que ele ia morrer; senti isso. Disse a ele que precisava ir.

– Qual a pressa? – perguntou ele.

– Vou para Londres amanhã.

– Sim, eu sei. Vai começar a faculdade, não é?

Eu estava irritado.

– Não é faculdade. Chama-se RADA. Real Academia de Arte Dramática.

– Desculpe. RADA. Mas por que você não vem para casa comigo? Estou com um belo hadoque de Londres aqui. – Ele pegou uma sacola de compras de um banco próximo. – Acabei de comprar. Está fresco. Achei que você ia gostar de comer antes de partir.

Típico de velho, sempre falando em hadoque de Londres. Ele sempre falava dos bons tempos com uma piscadela e uma cutucada. Era como Joe Gargery em *Grandes esperanças*: "Vamos fazer muitas travessuras, Pip, meu velho."

Eu tinha coisas mais importantes para fazer. Estava velho demais para toda essa bobagem infantil. Pensei: *Por que ele me trata como se eu fosse criança?*

– Não, tenho que ir.

– Sua avó quer te dar uma coisa.

– Não posso. Tenho que ir. Já disse.

Isso magoou meu avô.

– Ok. Se você precisa ir, precisa ir.

Saímos do bar. Na calçada que levava à Oakwood Lane, ele me perguntou outra vez:

– Tem *certeza* que não quer ir lá em casa? Sua avó quer te dar uma coisa.

Não. Eu tinha que me afastar dele. Ele me olhou, depois sorriu e deu de ombros.

– Tudo bem. Se você tem que ir, tem que ir. Até logo. Não se esqueça de escrever.

Ele estendeu a mão. Era ossuda e frágil. Eu o senti colocar ou pressionar algo na minha. Era uma nota de 10 xelins.

– Obrigado – agradeci, pensando apenas: *Por favor, Deus, não deixe que ele fale no hadoque de novo.*

– Bem, melhor você ir, e boa sorte na faculdade. Beba alguma coisa por minha conta.

– Obrigado – repeti. – Obrigado pelo dinheiro.

Fui embora na direção do cinema Plaza. Foi um alívio. Eu me virei e o vi, meu velho e frágil avô em pé na calçada. Ele estava segurando sua sacola de compras com o maldito hadoque fresco. Ele acenou. Acenei também. Tinha coisas importantes diante de mim.

Foi a última vez que o vi. Ele morreu semanas depois. Câncer de pulmão.

Quando meu pai me contou pelo telefone, quase não consegui respirar. Tinha que sufocar esses sentimentos. Nada de lágrimas. Nada de luto. Nada. Agonia demais. Quando você tem 23 anos, não há tempo para nada disso.

Minha mãe achava que eu tinha me tornado um substituto para a filha mais nova dele, Jenny.

Quando eu era mais novo, dissera a ele que queria ser um andarilho. Ele tinha dado risada e dito: "Um andarilho? Bem, por que não? Você só precisa de uma faca e um pedaço de corda. A estrada aberta. Manter o sorriso no rosto."

No filme *A força do carinho*, um andarilho anda pelas vastas e solitárias planícies do Texas. Ele é um bêbado, está acabado. Passa duas noites em um hotel de beira de estrada dentro de um posto de gasolina e se envolve numa briga com outro homem. Na manhã seguinte, ele pergunta à proprietária, uma jovem viúva, se pode fazer alguns serviços no imóvel dela por alguns dólares. Ele promete não beber. A viúva lhe oferece abrigo e ele começa a se estabelecer. Ela tem um filho pequeno, Sonny. O marido morreu no Vietnã. O andarilho faz os serviços, fica longe da bebida e depois de um tempo se casa com a viúva. Tudo parece bem até que ocorre uma tragédia. A filha mais nova dele morre em um acidente de carro no norte da Louisiana.

Há uma cena quase no fim do filme. Ele está roçando um trecho de grama. A mulher, sua nova esposa, pergunta se ele está bem. Ele se pergunta por que um vagabundo inútil como ele, um bêbado e que só causa problemas, seria tratado com gentileza, seria acolhido e receberia abrigo, quando sua filha inocente tinha sido morta num acidente de automóvel. Por quê? Por quê? Não há resposta. O grande ator Robert Duvall faz a cena com uma simplicidade de cortar o coração:

– Está vendo, eu não confio na felicidade. Nunca confiei e nunca vou confiar.

Frequentemente me pergunto por que fui embora naquela tarde de sábado, sabendo que meu avô, o homem mais bondoso que conheci, ia morrer. Mas fui. Eu não conseguia tolerar o luto. Eu o escondi. Por que deveríamos nos apegar? Tudo termina em lágrimas.

Naquele mesmo mês, setembro de 1961, comecei como estudante na Real Academia de Arte Dramática. Meus primeiros dias foram confusos. Eu tinha que fazer aulas como psicologia do movimento e voz e discurso. Aprendi esgrima, dança, dicção. Carregava por Londres o *Minha vida na arte*, de Stanislavski, como se fosse a Bíblia.

O sistema Stanislavski, que ele desenvolveu no início dos anos 1900, levava o ator a buscar motivos íntimos na hora de realizar determinada tarefa. Seu método exigia que nós atores explorássemos nossas próprias memórias e nos fizéssemos sete perguntas sobre todo personagem que interpretássemos: *Quem sou eu? Onde estou? Em que época estou? O que quero? Por que quero? Como vou conseguir o que quero? O que preciso superar?*

Segundo uma interpretação, o sistema – o Método de Atuação – envolvia quatro processos: relaxamento, concentração da atenção, imaginação e memória da emoção. Nunca aderi completamente ao Método no sentido de me manter no personagem por dias a fio, mas essa versão me atraiu.

Acabei descartando grande parte do que aprendi ao longo dos anos e desenvolvendo meus próprios métodos, mas aquele pontapé inicial me deu a disciplina que me faltava e também um mapa para abordar um texto com grande seriedade.

Uta Hagen sempre disse que quando está cruzando o palco, você deve ter um objetivo físico. Sempre atravesse o recinto por alguma razão, talvez para pegar um copo ou vestir um casaco. Nenhum movimento deve ser gratuito. Stanislavski falava sobre objetivo, superobjetivo e resistência. O superobjetivo de Hamlet é vingar seu pai. A sua resistência é que ele é assolado pelas dúvidas. Todas essas maneiras de pensar sobre roteiros podem ser úteis para que um ator prepare um papel, mas no fim você precisa encontrar seu próprio caminho para um texto.

Aos poucos criei meu próprio método para memorizar falas. A chave é que eu relia o material várias vezes, centenas de vezes, marcando as páginas enquanto as decorava. Quando decorava completamente uma página, ela ganhava uma estrelinha. Tenho certeza de que, para os outros, as coisas que eu escrevia pareciam delírios de um louco, mas garanto que é um sistema muito preciso, que funciona para mim.

◆ ◆ ◆

Na Real Academia eu estava desenvolvendo minha abordagem e encontrando meu caminho. Toda manhã eu pegava o trem do apartamento onde estava morando, o porão de uma casa eduardiana alta em Westbourne Grove. Os donos da casa eram Marjory e Frank William. Um velho de East London, pai de Marjory ("o velhote", como Frank chamava o sogro), vinha de Whitechapel para o almoço de domingo, que normalmente era um assado com legumes.

Um domingo, Marjory me convidou para me juntar a eles. Por quê? Acho que ela sentia pena de mim porque eu não comia muito. Ela me disse que eu parecia não estar muito bem. Eu afirmei que estava bem, sim. Menti – eu estava faminto. Não morrendo de fome, só faminto. Eu gastava a maior parte do meu dinheiro em pubs. Pensava frequentemente em roubar comida em mercados. De qualquer forma, nesse domingo sombrio, fui convidado para o almoço com o velhote, Albert. Ele tinha enviuvado recentemente. Usava sua boina de pano dentro de casa, sentando-se rigidamente em sua cadeira na mesa. Ele parecia sujo. Estendi a mão para cumprimentá-lo, mas ele só me encarou duro como pedra com seus olhos azul-claros. Perguntou o que eu estava fazendo em Londres.

Não tive coragem de dizer que tinha esperança de me tornar ator. Murmurei algo sobre ser estudante. Acho que ele não ouviu.

– Você tem idade para lembrar da última festa de arromba, filho? – perguntou ele.

– Ah, pai, não vai começar a falar da guerra de novo – retrucou a filha.

– Por que não? Vocês, jovens, tiveram uma vida bem confortável. Todos vocês!

Ele era um cretino briguento. Marjory foi para a cozinha para terminar o almoço. Frank se juntou a ela – para ajudar ou fugir. E essa foi a deixa para o velho começar a me agraciar com sua história:

– Eu estive na Batalha do Marne, um matadouro cheio de crateras e cadáveres em decomposição.

Ah, isso vai ser animado, pensei.

Ele me contou sobre os tiros de metralhadora, o horror da morte.

– Eu era menino – continuou ele. – Um garoto, e estava completamente apavorado. Projéteis e metralhadoras. Você ficava paralisado de terror. Mas essa noite foi a pior. Explosões iluminando o céu como se fosse dia. De repente peguei meu rifle e corri. Podia ser atingido por correr. De qualquer forma, levantei e saí correndo como um coelho. Não fui longe. Caí numa cratera cheia de lama. Muita gente se afogava nesses buracos. Muitos dos meus companheiros morreram assim. Seja como for, lá estava eu, só um garoto.

"De repente, notei outro cara ali comigo. As explosões iluminavam e depois a escuridão voltava. O cara, um pouco mais velho que eu, era um Jerry – um soldado alemão. Ele tinha o rifle dele e eu tinha o meu. Ambos estávamos aterrorizados. Eu não sabia o que fazer. Então o jovem alemão colocou a mão no bolso do casaco, tirou algo e ofereceu para mim. Peguei e ele sumiu. Ele tinha me dado uma foto. Depois, quando veio a luz do dia, olhei a foto e eram a esposa e a filhinha do pobre coitado.

"Guardei aquela foto por anos depois que a droga daquela festa já tinha acabado. Só Deus para saber quem ele era ou quem eram sua esposa e a filha. Ele era como eu. Senti raiva por muitos anos. Todo aquele desperdício. Por quê? Quando voltei, passei um tempo no hospital. Muitos de nós, 50 ou 60 de nós, fomos convidados a ir ao Palácio de Buckingham. Não para ganhar uma medalha, mas para conhecer o rei e a velha rainha Mary. Estávamos todos lá na propriedade. A maioria tinha sido baleada. Eu só tinha estilhaços nas pernas. Esperamos, mas ninguém apareceu. Nenhum rei nem nada assim. Ocupado demais, nos informou um escudeiro uniformizado, assistente pessoal do rei. Ele entregou a cada um de nós um pergaminho ou algo assim. Sua Majestade dissera ao escudeiro para nos transmitir seus mais sinceros parabéns. Joguei o meu no Tâmisa quando cheguei à Ponte Waterloo. É, grande glória da guerra uma ova. Mas nunca esqueci aquele cara, o Jerry."

Homens como aquele ficavam na minha cabeça. Fico pensando agora se ouvi-los com tanta atenção como eu ouvia, memorizando sem esforço suas palavras e cadências, explica em parte como fui capaz de interpretar personagens tão diferentes no decorrer dos anos. À medida que você repete as palavras várias e várias vezes, elas se assentam em você e se tornam parte do seu inconsciente. Aprender falas envolve trabalho, mas também mágica.

◆ ◆ ◆

Estudei na Real Academia por dois anos, de 1961 a 1963. Havia alunos notáveis por lá quando entrei: John Hurt, Ian McShane, David Warner, Simon Ward. Mas era aquela velha história: eu não me encaixava. Tentei, mas meu distanciamento me mantinha numa bolha. Eu ficava quieto e fechado. Tinha meu próprio plano secreto. Eu sabia que quando as visões secretas eram reveladas, elas se desfaziam. *Fique de boca fechada.* Esse foi o conselho que meu avô Fred Yeats me deu. E uma coisa que tornou minha solidão mais fácil foi a bebida. O álcool estava começando a tomar conta da minha vida e isso me serviu perfeitamente. Isso me ajudou a me comprometer com o papel de solitário que estava interpretando.

Como resultado do meu afastamento social, perdi quase completamente o alegre frenesi da Londres dos anos 1960. A agitada década dos anos 1960, o surgimento dos Beatles e dos Rolling Stones, a Carnaby Street e as mulheres bonitas – tudo isso é nebuloso para mim. Era uma época de amor livre, minissaias e passeatas políticas, e o Reino Unido se tornou rapidamente, por incrível que pareça, o lugar mais legal do mundo. Diversão, diversão e mais diversão. E eu não experimentei nada disso. Apesar de estar acontecendo à minha volta, podia muito bem estar acontecendo na lua, que não faria a menor diferença.

Eu gostava de andar por aí. A Edgware Road. O Arco de Mármore. Hyde Park. Há um banco de praça do outro lado do Hotel Dorchester, na Mayfair, onde Burton e Taylor costumavam ficar. Eu me sentava e me imaginava cruzando as portas giratórias.

As chaves, por favor, eu me imaginava dizendo. *Um dia,* pensei. *Um dia.*

Eu não tinha tempo para o pessoal do amor livre. Preferia as pessoas que gerenciavam lojas. Havia Georgie Dennis, um perfeito londrino de East London, ou seja, alguém que nasceu ao alcance do som dos Bow Bells, os sinos da igreja de St. Mary-le-Bow, no Cheapside, em Londres. George tinha uma floricultura na Waterloo Road, em frente ao Old Vic. Eu aparecia e ele me preparava um chá.

Um dia, George me contou uma história sobre Richard Burton quando estava interpretando Hamlet.

– Ah, sim, eu tinha pena dele – disse George. – Fazia uma boa xícara de chá para ele e um belo e grande sanduíche de queijo. Perguntava se estava conseguindo pagar as contas. Estava disposto a lhe dar algumas libras. Um dia Richard me diz: "Aqui, Georgie, deixa eu te mostrar uma coisa." Ele me levou lá fora, na porta da frente, apontou para o outro lado do Old Vic. "Está vendo aquele Jaguar cinza, Georgie? Lá? É meu. Gastei 5 mil libras nele. Vou te levar para passear um dia." Ele sempre foi um homem bom. Agora está com aquela lá. Como é mesmo o nome?

– Elizabeth Taylor.

– É. Veja bem, eu gostava da Sybil, a primeira esposa. Sempre muito querida. Muito. Mas hoje é tudo oi-tchau-e-um-dia-a-gente-se-vê. Foi Hollywood que fez aquilo com ele. Agora é assim. Esses novos caras. Os Beatles. Todas as meninas gritando. Minha velha mãe ia se revirar na cova.

Eu tinha um apartamento em Randolph Terrace. Trinta xelins por semana. No último andar. O mínimo espartano. Gostava. Tinha uma lareira a gás e uma pequena cozinha. Mas eu nunca cozinhava. Tomava café perto do Old Vic. Enquanto isso, à minha volta, os *mods* estavam mexendo em suas vespas, os homens em ternos bem cortados, as meninas com minissaias e botas, eu chegava ao teatro com sapatos molhados e roupas molhadas.

Paletó barato, calças de veludo cotelê, gravata da Marks & Spencer, camisa branca de nylon. Eu estava longe de impressionar alguém.

Eu tinha algumas namoradas aqui e ali. Nenhum apego – só oi e tchau. Não consigo nem lembrar o nome delas. Meu primeiro amor de verdade foi uma colega na Real Academia que era de Spokane, Washington. O som do nome daquela cidade na época era tão exótico para mim quanto qualquer destino tropical: *Spo-kane, Washington*. Podia muito bem ser El Dorado. Então, seis meses depois de começarmos nosso relacionamento, ela foi para casa no feriado do Natal de 1962 e, quando voltou, me dispensou. Eu tinha 25 anos e pensei: *Nunca mais vou amar ninguém. Dói demais.*

Eu me imaginava um Alan Ladd em *Os brutos também amam*, um faroeste de alguns anos antes. Ele galopava para longe no deserto do Wyoming enquanto um menino gritava, "Volte, Shane!". Eu não voltaria. Tinha prometido ficar sozinho no vasto e solitário oeste dali em diante.

Eu me joguei nas minhas aulas. Aprendi a interpretar o oposto do que estava na página – fazer um monólogo triste de maneira animada, dar peso a falas leves –, porque você sempre pode voltar atrás e reduzir, mas é bom sentir a amplitude. E passei a acreditar que tudo tinha que ser encorpado e forte. Sem sussurros. Ir fundo. É o mesmo caso, sempre é possível reduzir. Atuar é um processo de eliminação, revelação, descoberta e descarte. Comece no ápice e vá tirando as folhas e ervas daninhas aos poucos, até chegar a um lugar limpo que pareça correto.

Dois grandes professores – o dançarino sueco Yat Malmgren e Christopher Fettes, que havia nascido no Castelo de Edimburgo – deram aulas por um breve período na Real Academia. Mais tarde eles fundaram o Centro Dramático de Londres. Com eles aprendi a teoria do movimento que Michael Chekhov chamava de gesto psicológico; era baseado nas teorias de Rudolf Laban e Stanislavski. A ideia era encontrar um movimento que nos permitisse incorporar o personagem, talvez curvar os ombros para sugerir uma atitude defensiva ou estufar o peito para demonstrar confiança.

Malmgren e Fettes não eram os professores mais felizes lá. Eram capatazes, supercríticos. Podiam facilmente acabar com você. Mas me sentia atraído por eles. Assimilava suas técnicas com muita rapidez. Eu parecia ser, na época, o único aluno disposto a assimilá-las. A Real Academia era uma academia de verdade, focada na excelência técnica, por isso muitos estudantes pensavam que qualquer coisa que envolvesse psicologia era bobagem. E, no entanto, comecei a prestar mais atenção nas minhas próprias percepções, passadas e presentes, e na maneira como o meu corpo se movia.

Quando cheguei à Real Academia, eu tinha aquilo que chamavam de "estresse de peso". Eu me movia como um jogador de rúgbi galês. Yat disse – com um pesado sotaque sueco que fazia seu conselho parecer um prognóstico médico:

– Você precisa desenvolver o sistema mais *introvertido*, o sistema nervoso. Caso contrário vai se tornar *extrovertido*, e isso é muito chato.

Pensei, *Do que diabo ele está falando?* Mas gradualmente comecei a desenvolver a quietude e a autoconsciência que ele nos encorajava a levar para o palco.

Familiarizar-se com um roteiro era como pegar as pedras de uma rua de paralelepípedos, uma a uma, estudá-las e depois colocá-las no lugar apropriado. Só aí era possível olhar para a estrada e conhecer cada centímetro que havia diante de mim. Só então eu poderia navegar aquela rota em qualquer clima, mesmo de olhos fechados.

◆ ◆ ◆

As histórias de guerra contadas pelo pai de Marjory me fizeram lembrar minha experiência de infância com aquela "festa de arromba", como ele chamava.

Em junho de 1944, um verão idílico repleto de som e calor, soldados americanos estavam alojados perto de nós no Castelo de Margam, em preparação para a invasão da Europa: o Dia D. Eles viviam passando pelo pátio da nossa escola em seus veículos verde-camuflagem. Certa manhã nós, crianças, brincávamos do lado de fora da escola quando um soldado gritou para nós do caminhão. Ele jogou um pacote embrulhado no pátio, mas por acaso a Srta. Humphries, uma professora do quarto ano, estava de plantão no parquinho e conseguiu pegá-lo rapidamente. Nunca descobrimos o que havia no pacote – provavelmente chiclete e doces.

Num domingo, num fim de tarde quente no verão de 1944, saí para uma caminhada perto do castelo com meus pais. Eles estavam caminhando, olhando para a floresta, em busca do rouxinol que conseguíamos ouvir cantando por perto. Eu pedalava meu pequeno triciclo pelo caminho estreito. Era um desses triciclos de criança com os pedais presos na roda da frente. Meu avô tinha construído para mim com sucata e peças de madeira. Ele usou grandes pedaços de borracha para os pneus e pintou o triciclo de vermelho brilhante.

Dois soldados caminhavam na nossa direção. À medida que se aproximavam, um deles, um homem alto, corpulento, perguntou ao meu pai se podia ajudá-los. Eles queriam chegar a Swansea, disseram, e será que era tarde demais para pegar o ônibus? E se fosse tarde demais para o ônibus, havia algum lugar para alugar cavalos?

Descobrimos que o nome deles era tenente-coronel Cooney e capitão Durr, e depois de explicar as opções que os dois tinham, meus pais os convidaram para o jantar no domingo seguinte. Durante aqueles dias difíceis, as famílias eram incentivadas a receber soldados americanos em casa, no espírito de hospitalidade, cooperação e amizade. Quando aqueles que tiveram essa sorte conseguiam voltar para sua família nos Estados Unidos, muitos mandavam pacotes de comida para as famílias inglesas.

O tenente-coronel se voltou para o soldado que estava de guarda apoiado em seu posto de sentinela e disse:

– Ei, soldado, tem um lápis?

O soldado procurou no bolso da jaqueta.

– Claro, tenho sim. – E o jogou para Cooney.

Os britânicos faziam piada sobre a indolência dos soldados americanos, que descreviam como "bem pagos, bem sexualizados e bem aqui". Os americanos pareciam não ter formalidade entre eles, o que causava um contraste forte com a sufocante correção do exército britânico. Cooney colocou o pé sobre a roda da frente do meu triciclo para poder escrever nosso endereço no bloquinho de notas apoiado sobre seu joelho.

Ele olhou para mim e piscou.

– Que carro incrível você tem aí, rapaz.

No domingo seguinte, ouvi o Jeep estacionar e torci para que todas as outras crianças na rua estivessem vendo, especialmente Peter Jones da casa ao lado e Peter Murray do outro lado da rua. Eu estava deitado no chão da sala desenhando, com lápis preto e vermelho, imagens de aviões britânicos e americanos bombardeando a Alemanha e aviões alemães caindo do céu seguidos por chamas feitas a lápis vermelho.

Ouvi o barulho do portão da frente e depois uma batida na porta. Meu pai os deixou entrar e alguém me chamou do corredor:

- Olá!

Essa era a saudação do capitão Durr toda vez que vinha nos visitar nas semanas seguintes.

Depois ouvi:

- Cadê o menino?

A porta da frente se abriu e ambos entraram.

- Levante e diga oi! - disse minha mãe. - Não seja grosseiro.

Cooney, do Texas, disse:

- Não, tudo bem. Deixe ele.

Durr, do Oregon, se abaixou na minha frente e colocou um lenço vermelho e branco no chão. Ele o desamarrou e dezenas de bolinhas de gude se espalharam. Eram as bolinhas mais lindas que eu já tinha visto - redemoinhos de amarelos e verdes brilhantes, azuis e vermelhos vivos, laranja, roxos e violeta.

- Diga *obrigado* - instruiu minha mãe. - Não é maravilhoso? Diga *muito obrigado* educadamente.

Eles vieram nos visitar várias vezes, às vezes juntos, às vezes sozinhos. Durr me ensinou a jogar bolinhas de gude e a fazer uma jogada de efeito, o que ele chamava de *twister*.

Certa noite, Durr veio nos visitar e permitiram que eu ficasse acordado depois do meu horário de dormir. Ele estava sentado numa poltrona tomando uma xícara de chá, e eu estava deitado no sofá entre minha mãe e meu pai. Eu estava começando a cair no sono, e ouvia de longe os adultos conversando, as vozes entrando e saindo da minha consciência.

Ouvi meu pai comentar sobre Cooney:

- Ele é um homem temperamental, não é? Muito quieto às vezes; quase não fala nada. Não sabemos o que achar dele.

- Ele tem medo de nunca mais ver a esposa e o filho pequeno. Acha que não vai conseguir voltar para casa - disse Durr.

Meu pai perguntou a Durr se ele se sentia da mesma maneira.

- Ah, claro, sinto medo também. Temo nunca mais ver minha esposa e meus dois filhos. Um tem 5 anos e o outro, 3. Sabemos que algo grande está para acontecer, em breve, acho... é... não sei, não sei dizer. Vai ser um grande tiroteio, acho. Em algum lugar. Tento me manter animado e com um sorriso no rosto. Tem que ser assim ou a gente enlouquece. Todo mundo está assustado.

Meio dormindo, vi mentalmente os varais nos jardins dos fundos da Wern Road, e imaginei Durr dizendo isso enquanto estava deitado sob os lençóis brancos esvoaçantes, olhando para o céu azul brilhante.

Por dias fiquei pensando no "algo grande" que estava para acontecer. Eu tinha visto James Cagney e Humphrey Bogart em um grande tiroteio no fim de *A lei do mais forte*, e isso também se misturava, entrando e saindo da minha consciência enquanto eu caía no sono.

Não muitos dias depois, Cooney, Durr e outro soldado jovem abriram o portão da nossa casa. Eles me viram de triciclo perto da janela da frente. O "olá!" veio como um trovão. Eles entraram, depois saíram em cerca de 10 minutos, seguidos pela minha mãe e pelo meu pai. Todos apertaram as mãos, e os soldados foram se encaminhando para a rua. Então Cooney se voltou para mim e disse:

– Você fique atento nessa máquina, jovenzinho, e se cuide. Vamos embora em breve e só viemos nos despedir e agradecer.

Eles entraram no Jeep e partiram. Meus pais e eu ficamos no portão vendo enquanto eles desapareciam na esquina com a Stallcourt Road, no fim da nossa rua.

Não muito depois disso, na adorável cidadezinha de veraneio de Porthcawl, cruzamos com soldados americanos extraindo minas. Eles diziam, "Ok, para trás!" Depois: "*Boom!*" Depois: "Ok, continuem." Eu não me cansava desses soldados. Podia assistir àquilo o dia todo.

Nosso vizinho Bert e meu pai derrubaram parte do muro do nosso jardim para que, se necessário, ele e sua esposa, Claire, pudessem chegar mais facilmente ao nosso pequeno abrigo antiaéreo. Bert e meu pai trabalharam por uma semana, cavando um buraco profundo na extremidade do jardim que ficava encostada na parede do jardim do Sr. Thomas, que era professor. O Sr. Thomas reclamou, e meu pai disse para ele cuidar da própria vida. Sobre o buraco profundo, Bert e meu pai colocaram três folhas de aço corrugado em forma de U, de acordo com o que instruía um manual do Ministério da Guerra, chamado: *Construa seu próprio abrigo*. Eram chamados de abrigos Anderson. Simples de construir, mas provavelmente não muito úteis se atingidos diretamente por uma bomba alemã.

Quando essa parte ficou pronta e segura, Bert e meu pai cobriram o teto corrugado com trechos de grama e alguns vasos de flores. Em algumas noites, meus pais me levavam para o quarto para dormir entre eles. Quando as sirenes de ataque aéreo começavam a soar, meu pai me pegava no colo e me levava pelo jardim até a engenhoca Anderson. O Sr. e a Sra. John se juntavam a nós com a filha deles, Mary, e o cachorro, Manchinha. Uma vez dentro do abrigo, Bert acendia uma lamparina de querosene e ficávamos lá sentados, espremidos naquele pequeno esconderijo úmido, esperando pelo som da sirene que anunciava que estava tudo bem.

Às vezes ouvíamos o barulho dos pedaços de projéteis antiaéreos ou estilhaços caindo no telhado de grama. As sirenes soavam nessas áreas quando a Luftwaffe fazia um bombardeio. Port Talbot tinha uma siderúrgica e um porto que poderiam interessar ao alto comando alemão, mas nunca fomos bombardeados. Ainda assim, o primo da minha mãe, Bert Williams, morreu voando para a Armada Real. E frequentemente ouvíamos o *vrum* da Luftwaffe alemã voando.

A Luftwaffe alemã bombardeou Swansea, lar do poeta Dylan Thomas, em 1941, matando 250 pessoas. No domingo seguinte, meu pai nos levou até lá para ver o estrago. Vimos mangueiras de incêndio nas ruas, prédios destruídos, os móveis das pessoas pelas calçadas.

Eu era novo demais para assimilar os detalhes da guerra, mas era acordado pelas sirenes de ataque aéreo, via Hitler no boletim de notícias do cinema e o ouvi uma vez numa transmissão de rádio direto de Berlim, repleta de chiados.

Um amigo do meu pai, o Sr. Ridgewell, de Neath, que morava a poucos quilômetros de Port Talbot, era representante da United Yeast Company e gostava de mim. Para fazer graça, ele me perguntava o que faria com Hitler caso o encontrasse. Sentado na mesa de sovar massa na padaria, eu dizia:

– Eu ia torcer o pescoço dele! – e imitava o estrangulamento com as mãos.

Aplausos e vivas do Sr. Ridgewell, que me presenteava com uma pastilha para garganta.

Por volta dessa época meu pai estava entregando pão numa loja italiana em Margam, a Casa de Chá Conti. O Sr. e a Sra. Conti vieram para Gales nos anos 1930 e haviam estabelecido um pequeno negócio de chá e doces italianos. Nesse dia, alguns vizinhos estúpidos decidiram que o Sr. e a Sra. Conti eram o inimigo e tomaram para si a responsabilidade de transformar a vida deles num inferno. Esses ignorantes pintaram nas vitrines da loja os dizeres: *Voltem para a Itália. Vão embora.*

Enquanto fazia as entregas, meu pai reconheceu os vândalos que atacavam a loja. Ele saiu da van e disse:

– Sei o nome de vocês, de todos vocês! Malditos hipócritas! Essas pessoas não fizeram nada de errado!

Meu pai era obrigado a continuar entregando as rações de pão para essas famílias, mas fazia isso sob protesto e nunca falou com nenhum deles.

O marido da minha tia Lorna, tio Billy, e meu pai foram recrutados para o Royal Observer Corps. A contribuição deles ao esforço de guerra era detectar e identificar aeronaves – movimentos de voo britânicos e alemães – e reportar o que viam ao quartel-general em Cardiff. Aprendi a reconhecer um bombardeiro Junkers 88, o bombardeiro britânico Lancaster, o bombardeiro leve Mosquito e o bombardeiro gigante americano Flying Fortress. Às vezes me levavam até os correios nas tardes de domingo.

– Hoje à noite Liverpool vai ser esmagada – disse meu pai um dia.

Ele comprou binóculos para mim. Quando não havia aviões, eu os usava para olhar a lua.

Mesmo menino, eu sabia que aquelas vozes dos tempos da guerra estavam entrando em mim, me transformando. Eu me plantava na frente do rádio. Gostávamos da sátira da Rádio BBC *It's That Man Again* (normalmente abreviado para ITMA), com Tommy Handley, que zombava das dificuldades e da burocracia da guerra. "Tommy nos ajudava a seguir em frente", as pessoas diziam. Meu pai ficava sempre mexendo no botão do rádio, impaciente com os intervalos entre os programas.

Ouvi os Julgamentos de Nuremberg. Os acusados eram do círculo mais próximo de Hitler: Hermann Göring, Rudolf Hess, Joachim von Ribbentrop e outros. Ouvi as reportagens sobre a captura e prisão de William Joyce, o traidor americano conhecido como Lord Haw-Haw que começava todas as suas transmissões com "Aqui é a Alemanha chamando. Alemanha chamando". Ele foi julgado e depois executado.

Um dia quando minha mãe chegou em casa, eu a cumprimentei dizendo:

– Göring se suicidou na prisão. Tomou cianeto para não ser enforcado.

– Meu Deus, como você sabe disso? – perguntou ela. – Que mórbido! Você tem 9 anos. Não deveria estar ouvindo as notícias.

Tudo aquilo me cativava, assim como as vozes que me levavam para as notícias. Eu ouvia o programa de Jean Metcalfe na tarde de domingo:

– Boa tarde, ouvintes. Aqui é Jean Metcalfe apresentando outra rodada das favoritas das famílias na rádio das Forças Britânicas. "With a Song in My Heart", Rodgers e Hart.

Nos cinemas, o segmento de notícias British Movietone News dava a todo mundo a sensação de estar bem-informado: fanfarra de trombeta. Os comentaristas Leslie Mitchell, Geoffrey Sumner, Donald Gray e Huw Thomas contavam as últimas novidades. Suas vozes muito britânicas ficaram comigo.

O mesmo pode-se dizer da sensação de perigo. Milhões de pessoas foram aniquiladas. Só a Rússia perdeu 24 milhões. A Europa ficou completamente destruída. E então, em maio de 1945, acabou. Na noite do Dia da Vitória na Europa, meu pai e o tio Billy arrumaram fogos de artifício, foguetes e sinalizadores, enchendo o ar com o cheiro de pólvora. Houve festa nas ruas, com fogueiras e mesas de cavalete, com limonada e manjar branco para as crianças. Meu pai me levou junto numa viagem até Londres. Ficamos no Regent Palace Hotel e o encontramos cheio de soldados americanos barulhentos, esperando para voltar para casa ou temendo precisar viajar para o Pacífico e lutar na guerra contra o Japão.

Não muito depois desse dia, do lado de fora de um pub em Newnham, Gloucestershire, numa tarde quente de domingo, minha mãe, meu pai, os pais da minha mãe e eu estávamos fazendo um pequeno piquenique de sanduíches de agrião murchos com garrafas térmicas de chá com leite quente. Meu pai e meu avô estavam apoiados no carro, os canecos de cerveja do pub no capô. Ouvi meu avô ler alto uma manchete do *Daily Express* sobre as bombas atômicas caindo no Japão.

Num dia de junho de 1945, minha mãe e eu estávamos sentados num ônibus de dois andares, voltando para Margam. Estava chovendo, caindo o mundo, e o ônibus parou na praça para pegar um passageiro, um soldado americano. Ele estava usando uma capa impermeável sobre o uniforme, içou uma bolsa volumosa até um assento lateral e se sentou na nossa frente. O motorista, Marion, conhecido dos estudantes da região, veio coletar a passagem dele, seis pence. O soldado não sabia contar o dinheiro. Segurou algumas moedas na palma da mão estendida.

– Margam Post Office, por favor. É essa a parada para o castelo?

– Desculpe, não vamos tão longe – disse Marion. – Você não precisa pagar.

– Gostaria de ir para casa conosco? – perguntou minha mãe. – Meu marido vai chegar às cinco. Pode dar uma carona até o castelo.

O soldado voltou para casa conosco. Pendurou a capa no cabideiro do vestíbulo. Minha mãe fez chá para ele e o convidou a se sentar na poltrona de couro do meu pai. Quando meu pai chegou em casa, o soldado disse:

– Oi, meu nome é Sam Arrut. Sua esposa me convidou para uma xícara de chá. Eu tenho que me apresentar no Castelo de Margam.

Descobrimos que a missão de Sam era reunir o máximo de placas de identificação de soldados para manter fidedignos os registros de guerra. Ele registrava quem tinha sido morto ou ferido. Meu pai perguntou sobre a brigada de tanques à qual Cooney e Durr tinham sido destacados, para a Batalha das Ardenas.

Sam nos deu a notícia com a maior delicadeza possível.

– Foi aniquilada. Eles provavelmente nunca voltaram para casa.

Eles nunca voltaram para casa.

Que tragédia. Que desperdício. Recebemos uma carta da Sra. Cooney, que dizia:

– Obrigada pela hospitalidade.

Aqueles dias foram cheios de perdas e do som de Vera Lynn cantando "We'll Meet Again" e "When the Lights Go On Again".

Aos poucos tudo voltou à antiga rotina, os anos cinzentos e monótonos do mundo do pós-guerra. Em 1946, meu pai assumiu a padaria do pai dele, e eles fizeram uma troca. O vovô Hopkins e minha avó, Nanny, se mudaram para nossa casa em Margam e nós nos mudamos para a casa deles no centro de Port Talbot. A padaria ficava no quintal, um grande bloco de pedra cinza e tijolos aparentes. Os céus estavam sempre cinzentos.

Eu sentia saudade do subúrbio de Margam, onde tinha morado desde que nasci, na véspera do ano-novo em 1937. Margam era uma região de terras agrícolas e charnecas havia séculos. Tinha um mosteiro cisterciense, a Abadia de Margam, fundada em 1147. Cada casa tinha um pequeno jardim frontal com muro e grades ou cerca viva. Meus pais compraram nossa casa, na Wern Road, por 250 libras. Morávamos numa extremidade, no número 77, e a irmã do meu pai, Miriam, e meu tio Jack moravam na outra, no número 39. A rua seguinte era a Bracken Road, onde, no número 12, moravam tia Lorna e tio Billy.

Aos domingos minha mãe e meu pai me levavam aos parques, campos e florestas próximos à Castle Drive. Eu colhia amoras na Star Lane com meu pai enquanto caminhávamos rumo ao Brombil Valley. Quando nos mudamos para a cidade, para Port Talbot, eu me senti afastado de tudo que conhecia, mesmo que não fosse muito longe. Eu ansiava por voltar a Margam ou, se não desse, queria ir para qualquer outro lugar.

Num feriado de 1947, descobrimos um vilarejo chamado Willersey, no condado de Gloucestershire. Era idílico, como um poema de John Betjeman. Meu pai nos levou de carro – minha mãe, o pai e a mãe dela e eu (fiquei apertado no banco traseiro entre a vovó e a minha mãe). Era o começo de uma tarde de domingo num feriado de verão. Paramos no estacionamento do hotel Lygon Arms, em Broadway Village. Minha mãe tinha feito sanduíches de pepino, que eu odiava. Eles me davam vontade de vomitar. O início da tarde parecia um sonho árcade: silêncios estranhos e um murmurar distante de vozes. Atemporal. Meu pai e meu avô entraram num bar para comprar cerveja e voltaram para o carro. Meu avô sempre me deixava tomar um gole.

Vovó dizia que ele não devia me incentivar a beber:

– Ele vai acabar como o seu irmão, Jim. Um bêbado.

Ouvi um relógio de igreja tocar uma hora. Ficamos sentados no carro por uma hora. Então meu pai disse:

– Hora de voltar.

Silêncio.

Meu avô sugeriu que a gente desse uma volta pela região.

– Por que a pressa de voltar?

Saímos da Broadway e seguimos por campos de pasto e prados até chegarmos ao vilarejo de Willersey, no distrito de Cotswold. Eu tinha a sensação de já ter estado lá antes. De alguma forma conhecia o lugar. Era apenas uma dessas sensações. Meu pai parou o carro perto do lago do vilarejo. Havia uma casa no fim da rua. O New Inn ficava em frente. Parecia familiar. Havia uma placa no jardim informando que era uma pensão.

Então perguntei se podíamos passar a noite lá. Meu pai ficou confuso.

– Você quer ficar *aqui?*

Sim. Meu avô disse:

– Por que não? Bem, vamos ver se há vagas.

Havia dois quartos disponíveis. Passamos a noite. Minha maior diversão foi quando meu pai disse para meus avós:

– Por que vocês não passam a semana aqui? Vamos para Gales e voltamos para cá no próximo domingo.

Foi o primeiro feriado naquela casa de fazenda. O Sr. e a Sra. Ingalls eram donos da casa. Pessoas caladas. A Sra. Ingalls lavava as roupas numa grande banheira de cobre.

Três alemães que foram prisioneiros de guerra trabalhavam lá, limpando o jardim principal e alimentando os dois porcos na área cercada de madeira. Um deles era um homem ruivo de 20 e poucos anos que tinha vindo de Düsseldorf. Ele me ensinou a levantar peso usando pedaços de metal que tinha juntado.

– Você vai crescer forte, *ja*?

Passei dois feriados naquela casa de fazenda com meus avós; as músicas de Vera Lynn, da época da guerra, ainda soam em meus ouvidos.

... I know we'll meet again some sunny day.

dez

A RAPOSA GALESA ASTUTA

Quando me preparava para deixar a Real Academia, perguntei para meu professor Christopher Fettes:

– O que faço depois disso?

– Bom, você aprende com a experiência – disse ele. – Apenas continue a aprender, siga em frente. Não se preocupe. Só vá. Saiba que você nunca vai ser perfeito. Só faça o melhor que puder.

Levei suas palavras a sério, tanto na vida pessoal quanto como ator. Até hoje acredito no movimento, em avançar. *Vamos simplesmente seguir em frente* é minha resposta para muitos problemas, e costuma funcionar bem.

Em 1963, na última semana do semestre escolar, me inscrevi para uma audição no teatro de Leicester. Recebi uma carta em resposta: "Audições na St. Giles Square." Lá conheci o diretor, e ele me contratou na hora. E assim comecei meu primeiro trabalho profissional e real como ator no Phoenix Theatre, em Leicester, sem a exigência de trabalhar como assistente de palco primeiro.

Me recomendaram um quarto que ficava a mais ou menos 3 quilômetros do centro de Leicester, e não era muito ruim pelo preço baixo do aluguel. Era um quarto com uma cama, uma poltrona, um espaço atrás de uma cortina para pendurar roupas. E também uma lareira a gás. Era uma engenhoca útil para esquentar o quarto ou acabar com tudo num momento de depressão.

O Phoenix era um estabelecimento recém-construído, membro do Midland Group, uma companhia de repertório quinzenal. Não era ruim para um menino galês de 25 anos saído de Port Talbot. Nosso teatro era um prédio público novo, um edifício moderno, de vanguarda, com 250 lugares e um palco de semiarena, intimista o suficiente para peças de Harold Pinter e Arnold Wesker.

A produção para a grande inauguração do Phoenix foi *A casamenteira*, de Thornton Wilder, uma farsa sobre uma fofoqueira chamada Dolly Gallagher Levi. (Mais tarde a peça foi transformada em um musical mais conhecido, *Alô, Dolly!*) Ganhei o papel de um dos garçons do restaurante Harmonia Gardens, um papel que envolvia muitas cenas de pastelão.

Durante os ensaios, o diretor, Clive Perry, de repente se tornou hostil e passou a desdenhar de mim. Quando eu dava bom-dia ou oferecia qualquer cumprimento simples, não recebia resposta. Numa manhã de quarta, ele me deu o bote como um gato faria com um rato:

– Qual é o seu problema? Pelo amor de Deus, seja engraçado! É para ser uma comédia. Você não passa de um bronco.

Planejei a ruína dele.

Durante um intervalo para o café, enquanto eu estava sentado a uma mesa no saguão do teatro, um sujeito, um dos atores, se aproximou. Presumi que fosse mais uma pessoa em quem eu não deveria confiar.

Ele colocou a bandeja sobre a mesa.

– Posso? – perguntou.

– Como quiser – respondi, dando de ombros.

Depois de alguns minutos, ele se apresentou:

– David. David Swift. É Tony, não é?

– Anthony Hopkins.

Ele perguntou sobre mim. De onde eu era?

Eu me animei e nós conversamos. Então, do nada, David me aconselhou a não me importar com o diretor.

– É o jeito dele. Diretores gostam de escolher alguém para atormentar. Faz com que se sintam importantes. Mas *eu* acho que você está engraçado naquela cena. Não deixe isso incomodá-lo.

Depois do intervalo, voltamos ao palco.

Enquanto passávamos a cena outra vez, o diretor se levantou do assento no auditório e começou a berrar comigo:

– Quantas vezes eu...

Fui até a beirada do palco e o encarei com a minha insolência estúpida: *O quê?*

– Você não consegue fazer direito? Qual é o seu problema? – gritou ele.

A voz baixa que usei para fazer meu pai parar naquela noite, oito anos antes, saiu lenta e comedida:

– Cala essa boquinha nojenta.

Uma risada nervosa de alguém. Desci do palco e saí do teatro.

Aqui vamos nós outra vez, pé na estrada. Para onde agora?

O diretor me seguiu até a cafeteria do saguão. Havia alguns visitantes vespertinos tomando capuccinos espumados.

– Aonde você pensa que vai? – exigiu saber.

– Para onde estou indo? Estou indo embora. – E fui saindo. – Arranje outro idiota para aguentar você!

– Como se atre...?

Parei e me virei.

– O que você disse?

O gerente de operações do teatro, Leslie Twelvetrees, saiu de sua sala e veio, querendo saber o que estava acontecendo. Sua aparência combinava com seu nome – um cavalheiro confuso e desengonçado gesticulando com os braços, indignado, chocado e envergonhado com o fato de estarmos discutindo na frente dos clientes da cafeteria.

– Como se atreve a falar assim comigo?

O rosto do diretor ficou vermelho como uma beterraba.

Espero que ele caia morto, pensei.

– Enfie sua pecinha e seu precioso teatrinho no rabo.

O Sr. Twelvetrees interveio e começou a tentar evitar uma pequena crise de relações públicas:

– Por favor, Tony, seja razoável.

David Swift saiu do auditório e foi até o saguão. Ele me pegou pelo braço.

– Vamos, Tony, não vale a pena. Deixe pra lá.

O diretor parecia assustado. Ótimo. Sabia que ele não ia se meter comigo de novo. Eu gostava de arranjar confusão.

Hora do almoço. Voltar às duas.

O pub Bowling Green, na mesma rua, era o lugar onde eu almoçava. Um daqueles edifícios de enxaimel, com ferraduras de latão nas paredes. O senhorio e a senhoria, sempre alegres, eram presença constante atrás do bar. Todo dia eu tomava dois *pints* de cervejas Newcastle Brown e comia um sanduíche de queijo.

Depois do almoço naquele dia, voltei ao teatro. Não sabia se tinha sido demitido. Não me importava. Havia algumas coisas minhas no camarim, um livro e um cachecol. Não ia deixá-los lá.

David Swift e Anthony Morton ainda estavam no café. Anthony fez cara de assustado e acuado:

– Taffy, o terrier galês! Não me bata, por favor!

Ambos riram porque, no fim, eram engraçados, minha raiva e meu espírito briguento galês.

Parecia que não iam me demitir afinal.

Enquanto voltávamos para o auditório, Morton tocou meu cotovelo.

– Muito bem, menino. Nunca aceite isso. Lembre-se: *Illegitimi non carborundum.*

– Nil o quê? – perguntei.

– *Non. Non carborundum.* É latinório falso para dizer "Não deixe os bastardos abusarem de você". Você vai ficar bem. Me dê um abraço.

Ele me deu um abraço rápido.

Isso ainda era novo para mim, a familiaridade, a camaradagem, os abraços e beijos carinhosos.

Pensei que meu velho, Dickie Boy Hopkins, ia achar ruim.

Quando voltei ao auditório e ao palco, o clima havia mudado. Silêncio total. Os ensaios continuaram. Nem sinal dos berros.

Ao longo dos anos pensei com frequência na frase em falso latim, e a vi aparecer em músicas e na boca de políticos. Literalmente significa "Ninguém deve ser triturado por ilegítimos". Latim ruim, mas um bom conselho. Embora minhas explosões repentinas de raiva defensiva me arranjassem problemas às vezes, também impediam os outros de tirar vantagem de mim.

O prefeito de Leicester na época, Harold Heard, chegou à inauguração com todos os paramentos do cargo. A prefeita eleita, Constance Elizabeth Jackson, estava lá também. Era tudo elegante e formal. Depois que a cortina desceu, alguns vereadores fizeram discursos. Havia canapés no café do teatro depois. Champanhe para todo mundo. Uh-lá-lá! Todo mundo estava lá, enfeitando-se e brilhando com autoaprovação cintilante. Não compareci a nada disso e fui para o pub Bowling Green.

Fiquei completamente bêbado naquela noite, quase sem conseguir andar. Não lembro como voltei para o meu canto. Na manhã seguinte, apesar da ressaca pesada, consegui ir ao teatro. Havia uma reunião da companhia agendada. Provavelmente era uma sessão para comentar o espetáculo da noite anterior.

Fui para o corredor do camarim. Havia um papel verde pendurado no quadro de avisos do teatro. Eu ia ser demitido? Mas não. Era a lista do elenco para *Major Bárbara.*

Hilary Hardiman - Bárbara Undershaft
Mary Griffith - Lady Britomart Undershaft
David Swift - Adolphus Cusins
Anthony Hopkins - Andrew Undershaft

Era um papel importante, uma grande promoção. Visitei a livraria Foyles em Tottenham Court Road e comprei um exemplar da peça.

Quando li tive certeza de que o diretor havia cometido um erro. Andrew Undershaft? Era um homem de 60 anos. Como eu podia representá-lo? Eu tinha 25! *Mas dane-se*, pensei. *Vale a tentativa!* Wilfred Pickles, a personalidade da Rádio BBC, tinha um programa chamado *Vale a tentativa*. Esse se tornou meu mantra pessoal.

Voltei a Gales para ver meus pais. Nesse período, comecei a ler a peça com seriedade, e vi algo de mim mesmo no papel de Andrew Undershaft. Era uma versão do meu pai e do pai dele - um realista durão e cético, um fanático, intransigente. Era um grande papel.

A essa altura eu havia desenvolvido minha técnica para decorar os textos: repetir, repetir, repetir. Li a peça tantas vezes que sabia todas as minhas falas e as de todos os outros atores também. Noite após noite, li e reli o texto até saber cada sílaba. Depois que você domina o texto, ninguém pode detê-lo. As palavras são o combustível que você coloca no tanque, seja Shakespeare, Seán O'Casey ou Tennessee Williams. Você as coloca no seu motor e é capaz de ir a qualquer lugar. Eis o poder da palavra. E é aí que você pode se divertir. Esse método de preparação me acompanhou durante toda a minha vida de ator. Você se torna um grande boxeador apenas fazendo intermináveis exercícios para melhorar o jogo de pernas. Eu repasso o texto milhares de vezes até chegar ao ponto em que o conheço tão bem quanto meu nome.

No dia 1º de novembro, uma segunda-feira, começamos os ensaios na

YMCA de Leicester. Conferi a lista do elenco a semana toda, só para garantir que não havia sido um erro. Mas sempre dizia a mesma coisa:

Anthony Hopkins – Andrew Undershaft

A companhia de teatro havia se instalado num grande salão. Quatro mesas tinham sido posicionadas no centro, formando um grande quadrado. O texto foi colocado diante de todos os assentos, em torno do quadrado, com um lápis de madeira amarela em cima. Às 10 da manhã o elenco estava reunido. Hillary Hardiman, Gillian Edison, Richard Kay, Mary Griffith, David Swift e outros. Era tudo muito formal, mas descobri que a formalidade era estranhamente reconfortante; significava que algo importante estava em andamento. Todos nos sentamos nos lugares predeterminados.

O diretor, Clive Perry, se sentou numa cadeira ao meu lado e disse:

– Bom dia a todos. O espetáculo de estreia será no dia 11 de novembro. Vamos ler a peça agora e começar a marcação no ensaio de amanhã aqui na YMCA. Tudo bem? Vamos começar.

Eu não queria me exibir, então, um tanto despreocupado, fingi indiferença, virando as páginas do texto como todo mundo. Leituras de peça antes do início dos ensaios servem apenas para o grupo se familiarizar com o texto.

Mas quando a leitura chegou à entrada de Andrew Undershaft, desviei o olhar das páginas e fiz uma performance completa. Senti alguns membros do elenco me olhando. Seria surpresa? O diretor manteve sua atenção no texto. Duas horas depois, houve uma pausa para o almoço, após a qual haveria breves comentários sobre a leitura. Saí para o almoço discretamente. Não aguentava o bate-papo social. No caminho até o Bowling Green, David Swift me alcançou.

– Ei, você! Você decorou a peça toda.

– O quê?

– A peça toda. Você decorou a peça toda. Não foi?

– Sim. Achei que não tinha problema. Ou estava errado?

– Não me venha com esse *Ah, eu sou tão modesto*. Você deve ter premeditado tudo. Foi fantástico. Incrível. Estamos todos chocados. Bem, eu não. Sabia que você podia fazer isso. Hilary está muito impressionada. Ela queria te dizer isso, mas você saiu. Sei que Clive está no céu.

– Quem?

– Clive! O diretor. Aquele que você queria matar.

– Ah, é?

– Você é uma raposa galesa astuta.

David queria me levar para almoçar. Eu disse:

– Obrigado, mas não, obrigado. Só vou tomar uma cerveja no pub.

Sentado no Bowling Green com minha Newcastle Brown e meu sanduíche de queijo, reconheci algo que tentaria levar comigo pelo resto da vida. Apesar de nunca ter interpretado Hamlet, falas dessa peça sempre me voltavam à mente. Neste dia foi esta:

> *Há uma especial providência na queda de um pardal...*
> *Se não for agora, é que poderá ser mais tarde. O principal*
> *é estarmos preparados.*

O principal é estarmos preparados! Era isso. O poder de aceitar o destino e, em última instância, a morte – nisso reside a força. Li essas palavras pela primeira vez nos anos 1950, naquele internato estranho, aprendendo peças de Shakespeare como se fossem o evangelho. Agora estava começando a entendê-las. Disciplina e ofício. Estar preparado. Não mais me menosprezar. Em vez disso, comecei a falar comigo de uma nova maneira: *Ei, você! Quem, eu? Sim, você. Pare! Basta dessa vozinha. Você sabe exatamente o que está fazendo. Então siga em frente!*

Tomando minha cerveja no Bowling Green, percebi meu sentimento de fracasso sumir. Estava na hora de acordar e viver. Depois do almoço, voltei para o ensaio. Enfim tinha descoberto a solução para o meu problema: nunca me entregar. Nunca desistir.

O fracasso era inevitável, mas o sucesso também era. A morte era inevitável, mas a vida também era.

Pensei numa história que ouvi sobre Anton Tchekhov. Uma manhã, viajando de coche para tomar café da manhã com um amigo, ele notou que ia começar um enterro num cemitério próximo e pediu ao condutor que parasse por um momento. Ele viu o caixão sendo baixado à sepultura recém-cavada e ouviu os enlutados orando. Contemplou o significado daquilo tudo, o grande imponderável. Depois, tendo encarado o inefável mistério do universo, deu o sinal para que o condutor seguisse em frente. Seu pensamento seguinte foi sobre como se deliciou com o café que estava à sua espera naquela manhã.

onze

VOCÊ É A ESTRELA DO ESPETÁCULO

Os ensaios de *Major Bárbara* correram sem problemas e a peça foi um sucesso estrondoso. Um dia, na segunda semana de sua temporada de três semanas, o resto do elenco estava no palco e eu, no camarim esperando minha chamada para ficar de prontidão. A porta estava aberta e o diretor de palco, Trevor Bentham, estava na coxia mais próxima, ouvindo o rádio. Ele veio até a porta, olhou para dentro e disse:

– Parece que o presidente Kennedy foi baleado. Há meia hora. A notícia acabou de chegar.

Dava para ouvir as vozes dos atores em cena pelo sistema de alto-falante do teatro.

Fui até as coxias. O ouvido de Trevor estava colado no rádio.

O volume era baixo; as vozes americanas quase inaudíveis, com ruído de estática. Eu me aproximei dele para ouvir, um ouvido aberto para Dallas, o outro para as vozes dos atores no Leicester Phoenix Theatre.

Plantão de notícias. CBS News. Alguém chamado Walter Cronkite anunciou: "O presidente Kennedy morreu à uma hora da tarde, horário padrão central, às duas horas pelo fuso da Costa Leste, há cerca de 38 minutos."

Pouco depois disso, entrei no palco. Ninguém mais estava ciente do acontecimento. O público também não sabia de nada. Foi uma experiência assustadora, ver os outros atores atuando, alheios à notícia catastrófica. Eu era o único com aquela informação no meu cérebro.

Após o intervalo, metade do público não voltou.

Dois dias depois, no domingo, 24 de novembro, o assassino de Kennedy, Lee Harvey Oswald, foi assassinado por um homem chamado Jack Ruby.

Outro grande choque. Impossível de assimilar. As notícias estavam cheias de temas perturbadores. No futuro, em Washington, eu visitaria o túmulo de John Kennedy; a alguns metros ficava o túmulo de Robert Kennedy. Era uma manhã fria, e eu podia ouvir o som do trânsito, buzinas, um carro de polícia, a confusão geral dos vivos e o silêncio dos mortos.

◆ ◆ ◆

Fiquei no Phoenix Theatre por quase um ano. Em 1964, escrevi para o grande David Scase. Ele era diretor do Library Theatre de Manchester quando me aconselhou a ir para uma escola de atuação em Londres. Agora era diretor do teatro Liverpool Playhouse.

Ele me cumprimentou assim:

– E então? Você melhorou?

– É, espero que sim – respondi.

Fiz uma audição para ele outra vez.

Sua resposta:

– Parabéns. Sim, bem melhor. Uma grande melhora. Venha trabalhar comigo em agosto.

A disciplina e o treinamento valeram a pena.

Comecei a trabalhar na Liverpool Playhouse em agosto de 1964, interpretando Christy Mahon em *O prodígio do mundo ocidental.* Fiquei grato ao David. Ele me deu um empurrão necessário, que aumentou minha confiança. Encontrei o motor, a motivação, e isso me levou a outra companhia de teatro no ano seguinte, onde fui chamado para interpretar Leontes em *O conto do inverno* e Dick Dudgeon em *O discípulo do diabo*, de Shaw. Em outubro do mesmo ano, fui convidado para uma audição no National Theatre. Minha audição foi diante de ninguém menos que Sir Laurence Olivier, o mesmo homem que eu, quando era um menino triste, vira no cinema, em *Hamlet.* Ele não era mais uma sombra em preto e branco projetada num lençol, mas um homem de carne e osso, um pouco mais velho, mas ainda majestoso e carismático.

Enquanto estava em pé no palco diante dele, ele me perguntou:

– O que você vai fazer?

– Vou interpretar um trecho de *As três irmãs* – respondi.

– Certo. O que mais?

– Otelo.

– Audacioso, hein? – disse ele, rindo.

Olivier havia feito aquela que todo mundo considerava a performance definitiva para aquele papel.

Fiz as cenas.

– Muito bom – disse ele.

Fui aceito e me juntei à companhia em outubro de 1965. Na época Maggie Smith, Albert Finney, Derek Jacobi e John Stride faziam parte da companhia. Olivier era um diretor incrivelmente eficiente e intuitivo. Quando marcava as cenas, ele dizia:

– Todo movimento que eu disser, anote. Tony, você vem até aqui. Maggie, você vai para lá. Joan, atravesse dessa forma. Tony, vá para o fundo do palco. Bom. Certo?

No fim da primeira semana de ensaios, tínhamos tudo marcado e realizávamos um ensaio geral. Nós fazíamos o que nos tinha sido dito para não ficar batendo uns nos outros. A peça funcionava em termos logísticos. Então Olivier dizia:

– Certo, agora vocês estão livres para fazer o que quiserem.

Mas ele falava que era para continuar seguindo a marcação.

– Eu imploro, meus queridos, que realmente sigam as marcações. Mas, se tiverem uma ideia melhor, garanto que podem provar que estou errado.

Ele era muito encantador, modesto, gracioso. Tive sorte – não há outra palavra para isso – de estar na companhia dele. E, apesar disso, dessa época só me lembro dos dias cinzentos, das jornadas diárias no metrô, do café da cantina e do restaurante italiano do outro lado da Waterloo Road. Fiquei em várias pensões na região norte de Londres. Passava meus dias em enfadonhas salas de ensaio com vários diretores gritando com o elenco enquanto a chuva açoitava as grandes janelas. Meu primeiro papel no National foi o de um mensageiro em *Otelo*. Tinha que correr para o palco no ato 1, cena 3, e dizer minhas falas, que eram:

Os otomanos, amável eminência,
Mudaram o seu curso rumo à velha Rodes,
E lá se uniram a mais uma nova frota.

Antes da minha entrada, eu ficava na coxia esperando minha deixa. Harry Lomax interpretava o Doge de Veneza, de frente para o fundo do palco nessa produção um tanto barroca. E lá estava Olivier em sua bata branca. Frank Finlay fazia Iago:

Despreza-me
Se não for verdade. Pois três grandes da cidade
(pediram-lhe que me desse o posto de lugar-tenente)

Porém mais adiante na peça, quando entrei correndo como mensageiro, eu... comecei a dizer as falas de Iago do início da peça que tinham causado grande impressão em mim.

Pois três grandes da cidade
(pediram-lhe que me desse o posto de lugar-tenente)

Logo percebi o que estava fazendo e congelei.

Os outros atores me encaravam, horrorizados.

Então passei para as minhas falas sem a menor elegância. Depois de terminar a cena, pensei: *Nunca mais vou trabalhar.*

Fora do palco, um dos outros atores se virou para mim:

– Você está *maluco*?

Então encontrei Diana Boddington, que era o ponto e a diretora de palco de Olivier, que ele chamava de capitã. Ela disse:

– Idiota! Sir Laurence está irritadíssimo com você. É melhor ir lá se desculpar!

Fui até seu camarim no fim do espetáculo e bati à porta.

– Pois não, pode entrar – chamou ele.

Abri a porta e o vi tirando a maquiagem.

– Laurence, me desculpe. Disse as falas de Iago por engano.

– Ah, sim – disse ele. – Você é o mensageiro. Claro. Sim, achei que você ia fazer a droga da peça desde o começo. Meu querido, qual seu nome?

– Tony Hopkins.

– Tony Hopkins, como mensageiro você deve dizer: *Os otomanos, amável eminência, Mudaram o seu curso rumo à velha Rodes...*

Ele disse as falas lindamente, com grande poder e força.

– Você diz dessa forma porque é a estrela da peça. É o único falando nesse momento.

É o único falando nesse momento.

Aquilo me desconcertou. Ele estava certo. Naquele momento, eu era a única pessoa falando no palco do National Theatre. Naqueles segundos, eu era a estrela do show.

– Mas, Tony, não faça o Iago de novo.

Com isso, ele me disse que eu podia ir. Mas nunca esqueci essa conversa. Toda noite durante a temporada dessa peça, quando saía do palco, eu passava por ele no corredor estreito, e, noite após noite, ele dizia:

– Melhor. Mas mais.

Finalmente, uma noite ele não disse isso. Ele disse:

– Bom. Você conseguiu.

E, ainda assim, por muito tempo recebi apenas pequenos papéis. Perguntei a alguém na companhia:

– Com quem eu preciso dormir para conseguir papéis aqui?

Meu instinto dizia que aquele não era o fim da estrada. Eu queria muito mais. Ansiava por alcançar um grande sucesso na vida. Não queria ficar só de calças justas amarrotadas, segurando uma lança em peças de Shakespeare. Mas como mudar minhas circunstâncias? Continuei no meu modo usual discreto e falava pouco. Eu me perguntava por que sentia tanta raiva. Ali estava eu, fazendo o que queria fazer, começando a ter sucesso, então qual era o problema?

Uma noite, meus pais foram me ver numa peça em que eu atuava com a esposa de Laurence Olivier, Joan Plowright. Depois eles me visitaram no meu camarim. Sir Laurence bateu à porta e entrou, e eu o apresentei para eles. Olivier, com seu charme desenfreado, deu um beijo na bochecha da minha mãe que quase a fez cair estatelada no chão. Ele perguntou para meu pai o que ele tinha achado da peça.

– Achei que durou uns quinze dias – respondeu meu pai. – A propósito, quantos anos o senhor tem?

– Nasci em 1907 – disse Olivier.

De bate-pronto, meu pai emendou:

– A mesma idade que eu. Agora, para nós dois, é ladeira abaixo, não é mesmo?

Olivier riu.

– Ah, espero que não, Sr. Hopkins. Acho e espero que tenhamos alguns bons anos pela frente.

Ele se curvou com elegância, disse que estava encantado em conhecê-los e delicadamente saiu da sala.

Minha mãe ficou horrorizada por Dick Hopkins, o padeiro, ter falado daquele jeito com *Laurence Olivier*.

– Bom, ele respira oxigênio que nem eu e você, não é? – disse meu pai.

Aquilo era o velho Dick Hopkins. Curto e grosso.

Finalmente, comecei a conseguir papéis maiores. Olivier me escalou para sua produção de *As três irmãs*, de Tchekhov, como Andrei, o irmão. Ensaiamos por cinco semanas. Joan Plowright interpretava uma das irmãs, Masha. Olivier era um diretor meticuloso, sempre útil, nunca autoritário. Era um trabalhador e sabia o nome de todo mundo na equipe. Era humilde, apesar de ter um talento tão enorme – meu Deus, que ator.

A peça estreou no Old Vic e fez sucesso. Depois de uma apresentação numa noite de quarta-feira, eu estava no camarim, pronto para ir para o pub ao lado antes de ele fechar, quando alguém bateu na porta. Era Peter O'Toole. Tinha, como dizem, "enchido a cara" – estava completamente bêbado. Queria que eu fosse a um teste de câmera na sexta de manhã. Eu já havia sido entrevistado por ele no escritório de sua empresa, a Keep Films. Agora deveria voltar para uma audição num parque em Chelsea, na sexta, às 10 horas.

– É um teste de cinema para *O leão no inverno* – disse ele. – Leve estas páginas e aprenda as falas. Não é um filme longo. O personagem se chama Ricardo.

Depois ele desapareceu.

A sexta chegou e apareci na pequena praça arborizada. Lá estava O'Toole com uma equipe de filmagem. Ele me deu um bom conselho: falar alto. ("Se não conseguirem te ouvir, vão embora para o pub.") Fizemos o teste. Ele disse que o papel era meu. Foi minha primeira grande oportunidade, a primeira vez que vi uma câmera de cinema de verdade.

Olivier me deu uma licença para experimentar fazer filmes. Ele tinha seu próprio sucesso nesse meio, e conquistar esse espaço tinha sido difícil. Quando a peça de John Osborne *Look Back in Anger* chegou à cena do teatro britânico em 1956, o crítico de teatro Kenneth Tynan fez uma apreciação elogiosa porque rompia com a tradição de Noël Coward sem desrespeitá-la. Richard Burton e Claire Bloom (por quem eu tinha uma enorme *quedinha*) apareceram na adaptação de 1959 para o cinema - *Odeio essa mulher*. Olivier não gostou do filme, mas o fez pensar: *Bem, estou chegando ao fim da minha vida*. Ele queria ver o que mais podia fazer.

Por isso telefonou para Osborne e disse:

- Você escreveria uma peça para mim? Só quero dar uma pausa nos clássicos.

Osborne escreveu *The Entertainer*, na qual Olivier interpretou um comediante inglês decadente chamado Archie Rice. Foi o papel preferido de Olivier. Interpretar um homem tão vulgar mudou a vida dele. Ele se tornou um ator moderno. Depois disso fez todo tipo de papel.

Por isso Olivier não poderia manter a consciência tranquila se ficasse no meu caminho quando se tratava de aparecer em um filme, mas ele disse:

- Você precisa voltar para o teatro, meu rapaz.

- Sim, eu vou voltar - respondi.

Eu pretendia atuar tanto no teatro quanto no cinema, mas cada vez mais eu preferia a ideia de fazer filmes - não ter que dizer a mesma fala oito vezes por semana. Talvez dizê-las apenas oito vezes numa manhã e depois partir para a próxima.

As filmagens de *O leão no inverno* começaram na Irlanda, no Ardmore Studios, que ficava na periferia de Dublin, e minha primeira grande cena foi com Katharine Hepburn no estúdio de som. Eu estava impressionado por estar trabalhando com ela. Pensei: *Dá para acreditar? O filho do padeiro fazendo um filme com Katharine Hepburn!*

Eu conhecia todas as histórias sobre ela, como quando ela conheceu Spencer Tracy e disse:

- Talvez eu seja alta demais para o senhor, Sr. Tracy.

- Não se preocupe. Eu deixo você do meu tamanho.

Meu Deus. Eles já eram lendas.

Apesar disso, eu não estava nervoso. Eu era jovem e arrogante. Não tinha nervos. Olivier tinha me dado um ótimo conselho:

- Nervos são vaidade. Você está se perguntando o que as pessoas pensam de você? Elas que se danem! Simplesmente se jogue.

Estar nervoso, em outras palavras, significava estar pensando em si mesmo.

– Claro, você não seria humano se não tivesse um leve tremor diante de tantos pares de olhos – disse ele. – Mas você precisa assumir o controle.

Apesar de ser minha primeira vez diante da câmera, eu sabia que deveria ser mais econômico na tela do que no palco. As escolas de atores na época não ensinavam a atuar para o cinema, e nós todos conhecíamos atores que não tinham conseguido fazer a transição porque continuavam a gesticular dramaticamente e projetar a voz para o mezanino quando só precisavam se virar e sussurrar diante da câmera.

Ainda assim, eu aparentemente tinha mais a desaprender do meu treinamento teatral, porque, no fim do ensaio, Hepburn disse:

– Vou lhe dar uma dica.

Claro, mesmo sendo arrogante como era, eu queria uma dica de Katharine Hepburn.

– Essa é a câmera – disse ela. – Ela é o seu ganha-pão. Você é bom. Não faça a cena toda de costas para a câmera porque eu vou roubar a cena de você. Provavelmente eu vou fazer isso de qualquer jeito. Mas não atue. Você tem uma voz boa. Tem uma cabeça boa e grande, ombros largos. Parece forte. Seja como Spencer Tracy, como Bogart. Não atue. Apenas seja. Apenas diga suas falas. Você já é ele, você é Ricardo Coração de Leão!

E pensei: *É verdade! Eu já sou!* E dei conta do papel.

As palavras dela me lembraram algo que Spencer Tracy disse a Laurence Olivier depois que o viu em *Tito Andrônico*. Laurence tinha usado muita maquiagem no palco, interpretando o papel, e Tracy disse:

– Quem você acha que eles pensam que você é? O público sabe que é você.

Não precisamos nos esconder atrás de máscaras. Podemos simplesmente aparecer, dizer as nossas falas e ter confiança que nossa presença vai fazer o resto.

Como tinha imaginado, comparado com o teatro, o cinema era fácil. Eu tinha começado a achar o teatro entediante. Noite após noite a mesma coisa, quase sem folga. Comecei a sentir que atuar era mais uma consequência do que o sentido da vida. Eu queria encontrar valor no resto da minha vida.

– Por que você não vai embora daquele maldito lugar? – disse Hepburn, referindo-se ao teatro. – Você tem que ser durão. Tem que ser um matador.

Ela era destemida. Durante as audiências da comissão McCarthy, andava pela MGM de vermelho, desafiando o medo do comunismo.

Certamente estava ficando cada vez mais difícil me obrigar a ir ao teatro toda noite. Eu estava recebendo novas oportunidades e tinha assinado com meus primeiros agentes. (Escolhi agentes que fumavam e tinham a mesa bagunçada, porque me sentia mais confortável com eles do que com o tipo empreendedor impecável.) Eles estavam recebendo ofertas de papéis em filmes, e eu queria aceitá-las. Mas antes precisava cumprir meu contrato no teatro.

Certa manhã, em 1967, recebi uma ligação do diretor de palco do Old Vic, que disse:

– Você vai substituir Olivier hoje à noite.

Sir Laurence Olivier estava no hospital, com apendicite. Eu era o substituto em *A dança da morte* de August Strindberg. O personagem era Edgar, um militar casado com uma ex-atriz.

Eu me apresentei no teatro para o ensaio. Já sabia a peça de cor e, quando apareci, comecei a dizer as falas rapidamente.

– Vá com calma – pediu o diretor. – Você sabe. Está tudo aí.

Algumas horas depois, eu estava com o figurino no palco, esperando a cortina se erguer.

Atenção. Luzes, por favor.

Ouvi a plateia se aquietar. Meus pais estavam lá fora. A cortina subiu. Vi as luzes de saída nos fundos. Disse a mim mesmo para respirar. Eu não tinha um deus para o qual rezar, mas fiz uma oração mesmo assim: *Quem quer que esteja por aí, por favor, me ajude.*

Então as falas começaram a sair de mim, embora parte do meu cérebro tenha ficado à parte, observando tudo. Uma parte de mim estava fazendo o diálogo. Outra estava dizendo *Isso é ridículo. Mande a plateia para casa.*

Enquanto dizia uma das minhas falas, segui a marcação de palco para atravessá-lo e me servir de um pouco de uísque. Eu estava no piloto automático. Algo estava me levando e me guiando ao longo de toda a peça. Pode chamar de Deus se quiser. Talvez parte da mente inconsciente seja a base do ser.

Nessa noite fui aplaudido de pé.

No dia seguinte, descobri que Olivier tinha ido me ver. Em sua roupa de hospital, ele ficara em pé nos fundos com o médico e tinha visto parte do espetáculo. Ele me telefonou e disse:

– Vi os primeiros 10 minutos. Muito bem. Como se sente?

– Tive que trocar de camisa três vezes porque estava suando muito.

– Bom, o nome disso é tensão – disse ele.

– Quanto tempo vou demorar para superar isso? – perguntei.

– Uns 25 anos.

Olivier disse que eu "tinha agarrado o papel de Edgar como um gato prende um rato entre os dentes".

Saímos para beber uma noite, Olivier e eu, e tive a chance de ouvir algumas de suas velhas histórias do teatro. Sempre me surpreendia com sua formalidade. Ele chegava aos ensaios de terno, parecendo um banqueiro. Ele dirigia o National Theatre além de ser um dos maiores atores de todos os tempos.

Eu era fascinado por ele, e ouvi com atenção arrebatada cada história que ele me contou sobre sua carreira. Nunca vou me esquecer da ocasião em que, entre uma bebida e outra, ele relembrou como tinha construído sua performance icônica de Ricardo III.

Aos 38 anos, Olivier não apenas havia interpretado o difícil papel de Ricardo III, como também tinha elaborado todo o conceito para a montagem.

– Quero que o palco seja muito sólido – disse ele ao projetista de cenário, apesar de eles não terem muito material de construção por causa dos esforços de guerra. – E quero um par de portas grandes no fundo do palco, com uma grande fechadura e uma chave de ferro. Não importa quanto vai custar. Apenas construa.

Então o elenco começou a ensaiar e ele ficava andando para lá e para cá com uma corcunda.

– Eu estava fazendo o papel, mas não conseguia *entendê-lo* – disse Olivier. – Alguns atores foram embora porque achavam que eu não era capaz de fazê-lo. E pensei que talvez eles tivessem razão. Eu não conseguia achar o estúpido elemento que ia fazer o papel funcionar. Eu dizia, "Eis o inverno do nosso descontentamento/Tornado um glorioso...", enquanto pensava *O que estou fazendo?*

A noite de estreia chegou. Olivier estava sentado no camarim. Seu amigo John Mills foi aos bastidores e disse:

– Boa sorte hoje. Viemos para ver você.

Ao que Olivier respondeu:

– Não se dê ao trabalho.

Ele pôs a peruca e achou que o fazia parecer uma colegial. A corcunda nas costas, o braço torcido com a mão falsa… tudo ridículo. Ele ouviu "Aos seus lugares, ato um, por favor!"

– Ai, meu Deus – disse Olivier para seu espelho do camarim. – Isso vai ser um desastre.

Ele simplesmente sabia que ia ser um fracasso, o fim de sua carreira. Ele ia ser a piada de Londres. A cidade o havia colocado num pedestal e ele ia cair lá de cima. Ele tinha tudo isso em mente enquanto seguia para seu lugar no palco. Sua diretora de palco, Diana Boddington, que estava trabalhando naquela noite, disse:

– Boa sorte, Larry. Vai dar tudo certo.

– Não – disse ele. Adorei isso. Nada de longas discussões, sem falsa modéstia. Apenas derrota e desespero: – Não.

Então ele chegou ao palco. Enquanto a plateia silenciava, ele pensou: *Bom, só quero ir para casa e cair na cama, mas acho que agora tenho que tentar.*

Apagar as luzes. Subir a cortina.

Para a cena de abertura, ele ficou de costas para a plateia, segurando a chave na fechadura. Sentia as luzes nas costas.

– Senti um arrepio subir pela espinha e girei a chave.

Clank! Foi um som ensurdecedor.

Naquele momento ele percebeu por que havia pedido que construíssem o palco daquela maneira, por que queria começar a peça daquele jeito:

– Tranquei eles na sala comigo, a plateia – explicou. – Eu me virei. Fui para a frente do palco. Comecei: "Eis o inverno do nosso descontentamento/Tornado um glorioso verão por este sol de York;/E todas as nuvens que pairavam sobre nossa casa/Nas profundezas do oceano sepultadas." E *de uma hora para outra* eles estavam na minha mão.

Ele levantou o copo e brindou com o meu. Não sabia o que ia fazer até fazê-lo. Mas quando soube, ele *soube*. Entendi exatamente o que ele queria dizer.

◆ ◆ ◆

Enquanto trabalhava com Olivier, alcancei outro marco: encontrei uma mulher com quem me casar. Petronella Barker era a filha de Eric Barker e Pearl Hackney, que eram estrelas da Rádio BBC durante os anos da guerra. O rádio era a única forma de entretenimento na época, então, para mim, eles eram praticamente da realeza. Petronella e eu éramos muito diferentes um do outro, mas estávamos apaixonados. Nós nos casamos no dia 2 de setembro de 1967, e Olivier nos deu lençóis de luxo como presente de casamento. O que se seguiu foram os piores dois anos da minha vida. Hoje são uma parte distante, decisiva e por muito tempo esquecida do meu passado. Basta dizer que nossas personalidades opostas e meu alcoolismo condenaram o relacionamento desde o começo.

Morávamos num pequeno apartamento em Kings Arms, próximo da Putney Bridge. À noite, eu comprava garrafas de uísque na loja de bebidas e levava para lá. Minha depressão não tinha limites; a bebida me apaziguava. Eu ficava remoendo. Ela se enfurecia.

Quando percebemos que par terrível formávamos, Petronella estava grávida. Tentamos insistir pelo bem da criança que estava prestes a nascer, mas não deu certo. O casamento era um desastre, repleto de tensões e inveja. Comecei a conseguir mais trabalhos como ator, o que causava ressentimento. E sentia uma enorme pressão para pagar a hipoteca e garantir o sustento da nossa família.

Em meio a essa confusão, em 20 de agosto de 1968, uma menina nasceu. Abigail. Era um bebê lindo. Meus pais vieram de Gales até Londres só para conhecê-la. Petronella detestava meus pais, então saiu de casa para não encontrá-los. ("Então você está indo ver *mamãe* e *papai*", dizia Petronella sempre que eu os visitava.) Meus pais choraram quando viram Abigail. Eles a adoravam. E estavam preocupados comigo. Quando os levei até a estação, empurrando Abigail à nossa frente no carrinho, meu pai não conseguia nem se despedir. Ele e minha mãe sabiam que eu estava com problemas, tanto no casamento quanto com a bebida. E estavam tristes por si mesmos. Finalmente eram avós, mas as circunstâncias pareciam destinadas a mantê-los longe da neta.

Sempre que Abigail me via, seu rosto se acendia e ela dava risadas. Eu me admirava em ver que uma criatura tão adorável tinha resultado de uma união tão destrutiva. Como era incrível, pensei, que mesmo em meio ao horror que era aquele casamento e em meio às minhas próprias falhas houvesse aqueles momentos de ternura com ela.

O quarto dela era um refúgio. Infelizmente, havia outros cômodos naquela casa e todos eram um inferno. Petronella me dizia o quanto eu era horrível. Eu bebia como que para provar que ela tinha razão. Era impossível viver comigo; não tenho dúvidas disso. Eu não sabia ser bom. Não sabia como superar a depressão, como me tornar humano, como não me entregar à escuridão.

Petronella e eu tínhamos discussões frequentes, mas uma noite a briga atingiu um novo nível. Voltei de uma locação de gravação na Escócia. Exausto depois de dias intermináveis no set e da longa viagem de volta para casa, deixei minhas malas no hall de entrada. Antes que tirasse o casaco, Petronella já estava zombando de mim. Olhando para mim com total desprezo, ela disse, com uma voz transbordando de sarcasmo:

– Ah, é o Senhor Altíssimo e Poderoso! Bem-vindo, senhor e mestre!

– Estou muito cansado, Petronella – respondi. – Viajei o dia todo.

– Ah! Vossa Majestade fala!

Eu nunca tinha sido fisicamente violento, mas, naquele momento, estava tomado de tanta repulsa que tive medo por mim e por ela. Sem uma palavra, passei por ela e fui até o quarto de Abigail, onde ela estava dormindo. Ela tinha 1 ano. Estava começando a andar e aprendendo coisas novas todos os dias. Todo mundo comentava como nós dois éramos parecidos; ela tinha meus olhos azuis. Olhei para baixo e sussurrei uma despedida. Então andei de volta até o hall, peguei minhas malas e fui embora de casa sem sequer tirar o casaco.

Eu estava com Petronella fazia dois anos. Quase fui embora muitas vezes. Mas aquela foi a noite em que soube que tinha que partir de vez. Se não, só Deus sabia quais seriam as consequências. Enquanto corria pela Richmond Road, ouvi uma voz na minha cabeça, dizendo *continue em frente, continue em frente, nunca olhe para trás.* Quando passei pelo rio, parei brevemente para considerar se deveria me jogar.

Enquanto corria, me perguntei por que tudo tinha terminado assim. Eu tinha uma esposa e uma filha. Nosso apartamento era confortável, cheio de antiguidades. Minha carreira ia bem. E, mesmo assim, fugi daquela vida como se fosse um celeiro em chamas. Estava assustado e confuso. Minha inquietação tinha sido uma grande dádiva em alguns aspectos e causado um enorme estrago em outros. Agora estava causando grande sofrimento a outras pessoas. Mas eu acreditava que era uma questão de sobrevivência.

Naquela noite, andei rápido e continuei a andar. Não sabia para onde estava indo. Finalmente, cheguei a um pub. Cheguei sem fôlego.

– Você tem um telefone? – perguntei ofegante à mulher atrás do balcão.

– Está fugindo da polícia, querido?

– Não, da minha mulher.

– Nossa... que Deus o abençoe.

Liguei para um amigo, David Swift, que tinha sido meu padrinho de casamento. Então peguei um táxi para o norte de Londres e passei a noite na casa dele.

Eu havia rompido com Petronella algumas vezes, mas sempre voltava. Agora sabia que nunca mais voltaria. O último dia daquele casamento foi aquele, sábado, 25 de outubro de 1969.

Na manhã seguinte, David e eu tomamos café da manhã juntos.

– Por favor, não tente me convencer a voltar – pedi.

– Voltar? – disse ele. – Tony, estou aqui para convencê-lo a não voltar. Você fez o melhor que pôde, mas eu imploro, minha esposa e eu imploramos: não volte. Ou Petronella vai matar você, ou você vai matá-la ou vai se matar.

Liguei para meus pais. Minha mãe atendeu.

– Tenho uma notícia – falei. – Deixei a Petronella.

– Ah, graças a Deus – respondeu minha mãe.

Eles viram que não havia outro caminho, apesar da devastação que isso causou. Fora pelo apoio financeiro que eu mandava, não tive contato com Petronella e Abigail por alguns anos depois disso. É o fato mais triste da minha vida e meu maior arrependimento – ainda assim, tenho absoluta certeza de que teria sido muito pior para todo mundo se eu tivesse ficado.

Verão de 1938. Estou tomando sol no quintal de casa, em Margam.

Meu pai, Richard, minha mãe, Muriel, e eu em agosto de 1939.

A padaria dos meus pais na Commercial Road, em Taibach, por volta de 1910.

Meus pais e eu diante de nossa casa em Margam, em algum momento de 1942.

Em casa, em Margam, em 1943. (Eu ainda estava aprendendo a sorrir.)

Aos 5 anos diante do número 77 da Wern Road, em 1943.

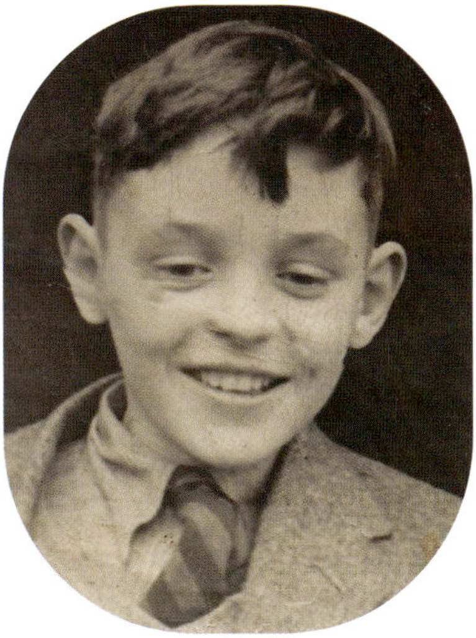

ACIMA: Em janeiro de 1949, com 11 anos, na escola em Port Talbot.

À ESQUERDA: A época mais triste da minha vida, em 1947. Minha mãe me abraça nesta foto daqueles anos sombrios.

Fachada da YMCA de Port Talbot.

Nesta foto de 1951, estou com meu pai e meu avô Fred Yeats, em Weymouth, Dorset.

Nos jardins da Cowbridge Grammar School, em 1953.

Cumprindo o serviço militar obrigatório, em dezembro de 1959.

Minha mãe, meu tio Eric e minha tia Jenn, por volta de 1924.

Minha mãe, eu, tia Lorna e meu avô Fred Yeats em Maudlam, Port Talbot, em 1943.

Bill, tia Lorna e Bobby H. contemplam a linda vista do Brombil Valley, em Margam.

ACIMA:
Tia Lorna, Jack Hayes, Mimi e vovó Emmie.

Esta foto foi tirada na noite anterior à morte de nossa avó, em 30 de dezembro de 1948. Embaixo, a partir da esquerda, meus primos Bernice, Rosalie e Roger. Acima, meu primo Bobby e eu.

Aqui estou na casa nova de meus pais, em Laleston, Bridgend, em outubro de 1958.

Em 1960, na minha fase Dylan Thomas.

Em 1961, no lago de Llandrindod Wells.

Também em 1961, no lago de Laleston, Bridgend.

Meus pais no The Ship Inn, em 1970.

Meus pais e eu em agosto de 1972.

doze

OS DIAS DE VINHO E ROSAS

Nossa vida é um sonho. Estamos dormindo.
Ocasionalmente acordamos o suficiente para saber
que estamos sonhando.
– Atribuído a LUDWIG WITTGENSTEIN

No fim dos anos 1960, meu pai vendeu a padaria. Ele era jovem demais para se aposentar, aos 54 anos, mas não teve escolha. A indústria do aço estava em colapso. Os gênios da engenharia se juntaram para construir uma rodovia – um mal necessário, mas, como resultado, pequenos negócios perderam os subsídios e fecharam.

Para meu pai, a aposentadoria era como uma morte lenta, então ele começou a procurar uma nova oportunidade. Ele sempre quis administrar um pub. Apesar de não ser um leitor ávido, seu autor favorito era o romancista eduardiano inglês Warwick Deeping, que escreveu de forma romântica sobre a cultura dos pubs. Então meu pai se candidatou ao posto de gerente de vários pubs. Ele tinha que ter aquela conexão com as pessoas. Em 1968, conseguiu um emprego no Ship Inn, um daqueles bares nouveau enxaimel, em Caerleon, Gwent.

Ele finalmente encontrou seu nicho. Estava feliz da sua maneira. Meus pais gerenciavam o negócio juntos, minha mãe preparando o almoço e meu pai atrás do balcão. A bebida dava a ele coragem, e ele entretinha os clientes contando grandes histórias da sua vida. Os clientes o achavam hilário.

– Você deveria ter seu próprio show de comédia, Dickie Boy – diziam os clientes frequentes.

– Está tarde demais para isso agora – respondia ele, limpando o balcão.

Lentamente, porém, seu humor se tornou sombrio. Às vezes ele tinha uma crise repentina e chorava. Quase no fim da vida, sua inquietação e sua depressão o deixavam cada vez mais perturbado, e, quando a bebida se tornou uma obsessão, ele falava mais e mais sobre a morte. Ele olhava para mim como se eu fosse um estranho. Éramos estranhos, na realidade, um para o outro, ambos distantes. Mantidos à distância por algo não dito.

– Como você aprendeu tudo aquilo? – perguntava ele com frequência, referindo-se à minha atuação.

– Ah, não sei como – eu respondia. – Só aprendi.

– Você é estranho. Era burro como uma porta na escola. Isso com certeza. A cabeça sempre nas nuvens.

Numa manhã de domingo, estávamos no balcão pouco antes da hora de abrir. Eu estava ajudando a arrumar tudo. Ele parecia cansado, sentindo-se triste e ansioso, respirando com dificuldade. Só dava para ouvir sua respiração além do barulho dos carros cruzando a ponte lá fora.

Ele nunca tirava folga. Minha mãe se preocupava com a saúde dele. Implorava para que ele tirasse férias.

– Você não pode continuar assim. Isso vai matar você – dizia ela.

Ele já tinha sofrido algumas crises respiratórias. Foram um choque, mas ele não se abalava. Nem mesmo considerava procurar um médico.

– Não tem nada de errado comigo – insistia. – Esses médicos são todos uns malditos charlatões.

Nesse domingo frio ele estava sentado a uma pequena mesa perto da janela. Lá fora a manhã estava úmida, nublada. Perguntei se ele estava bem. Ele fez que sim com a cabeça.

– Sim, vou ficar bem. Só preciso sentar. Estou ficando velho, só isso.

Ele se virou para olhar pela janela o céu pesado e cinza, os campos, o rio e as árvores úmidas adiante. Passaram alguns ciclistas com capas de chuva amarelas. Isso parecia aumentar a melancolia.

– Domingos, domingos e mais um maldito domingo – murmurou ele. – Sempre odiei os domingos. O que estamos fazendo aqui? Pensei que isto aqui seria a resposta. Anos atrás eu queria ter um pub.

Ele se virou para mim.

– Lembra daquela vez naquela cidade de Cotswold? Era Broadway? Ou Chipping Campden?

– Broadway.

– Havia um pub à venda, e a tia Patty ia ajudar a gente a comprar.

– Sim, eu lembro. Foi em julho de 1949.

– Como é que você lembra disso?

Dei de ombros.

– Só Deus sabe por que ela estava se metendo nisso – disse ele.

– Quem?

– A maldita tia Patty.

Ele se virou para ver os carros passando.

– Enfim, parecia que ia dar certo. Mas não deu. Ela decidiu que pubs não davam lucro. Era uma velha unha de fome que só falava da Bíblia. Isso foi em 1949? E você lembra?

– Sim. Foi em julho de 1949. O pub era no fim da Broadway. Era um pequeno pub rural. O senhor, a tia Patty e a tia Rhoda entraram para dar uma olhada. Eu fiquei no carro. Quando saiu, parecia decepcionado.

– Pois é, agora as duas estão mortas. Lá se foi a riqueza delas.

O velho continuou olhando pela janela.

– Muito estranho, não é? Eu sempre quis um pub, e aqui estou, administrando um pub neste lugar esquecido por Deus, e é a mesma coisa de sempre. Acordar de manhã, olhar no espelho. O mesmo velho rosto, envelhecendo mais. Os malditos pés me matando. Que porcaria a gente está procurando? É como encarar uma grande parede branca.

Ele olhou para mim.

– Diga aquele trecho de novo, como era, sobre o crânio... Yorick? *Hamlet*, não é? Yorick, o bobo, não é?

Nunca gostei de recitar poesia a pedidos, sobretudo Shakespeare, apesar de lembrar de muitos trechos e às vezes me ver espontaneamente recitando quando ficava bêbado. Mesmo na minha época de escola, eu memorizava muitos monólogos longos de Shakespeare e alguns poemas de T.S. Eliot e Dylan Thomas, não como um troféu intelectual ou por arrogância, mas para provar a mim mesmo que meu cérebro não era tão inútil quanto todos diziam.

Ah, pobre Yorick! Conheci-o Horácio: um homem
De graça infinita e de imaginação:
Me carregou em suas costas por mil vezes.

Quando cheguei ao fim do monólogo, o velho homem se levantou e foi até o estoque. Eu o ouvi chorando, mas, ao voltar, fingiu que nada tinha acontecido.

Minha mãe estava exausta com a inquietação dele. Ela era devotada ao marido, mas às vezes jurava que acabaria num hospício por causa dele.

– Deus do céu – dizia ela –, é como morar numa casa com cinco pessoas.

Ela costumava ficar constrangida com a franqueza do meu pai. Depois do enterro do meu avô, nos viramos para deixar o cemitério. Meu pai olhou para o frágil tio Hugh da minha mãe e disse:

– Quase nem vale a pena voltar para casa, não é, tio Hugh?

Tio Hugh riu.

– Você não perde a piada, não é, Richard?

Depois ele riu de novo e disse:

– Estamos todos indo para o mesmo lugar: sozinhos rumo à solidão.

Tio Hugh morreu cerca de um ano depois.

E a hora de Dick Hopkins parecia se aproximar.

Meu pai quase nunca saía de casa, e mesmo assim conhecia todas as principais estradas de qualquer lugar: de Gales, de Timbuktu no Mali, de Sidi Barrâni no Egito. Ele ansiava por viajar. Para qualquer lugar. Tinha carinho por seu maltratado mapa rodoviário da AAA. Era um livro que o fascinava. Mas ele nunca o colocou em uso. Em vez disso, sonhava.

Numa de nossas raras expedições, numa tarde abafada de domingo quando eu era menino, nós três fomos à Igreja de St. Giles, em Stoke Poges, Buckinghamshire, onde o poeta Thomas Gray havia escrito seu poema épico "Elegy Written in a Country Churchyard".

Minha mãe, claro, fez suas reclamações usuais:

– Ah, Dick, por que sempre tem que ser tão deprimente? Poemas sobre morte, Hitler e a guerra. É tão sombrio!

Graças aos mapas, ele sabia a localização da Igreja de St. Giles e conhecia as ruas no entorno como se fosse a cidade natal dele. No cemitério, sabia até onde ficava a lápide de Thomas Gray.

Algumas poucas pessoas estavam diante da sepultura do poeta, a maioria turistas ingleses, em silêncio e educados, falando quase aos sussurros. Um casal de meia-idade americano estava em pé um pouco afastado. Sabíamos que eram americanos pela maneira como se vestiam. O homem usava um paletó xadrez verde e óculos de aros cinza, e segurava uma câmera. Meu pai, que nunca temia fazer perguntas ou puxar conversa, perguntou qual era o nome deles e de onde eram.

O nome do homem era Dale Leigh e o de sua esposa era Betty; eram de Muskogee, Oklahoma. Dale deu a meu pai seu cartão de visita e disse que havia feito parte de uma unidade de infantaria nos últimos dias da guerra. Ele havia ficado estacionado perto de Windsor, preparando-se para o Dia D. A esposa dele e a minha mãe logo começaram a conversar. A mulher contou a minha mãe sobre o desejo do marido de voltar para a Inglaterra para visitar os vilarejos de Buckinghamshire. Ela disse que o marido amava o poema de Thomas Gray. Minha mãe riu e disse:

– Ah, sim, meu marido é igual. Ama aquele poema. É só muito sombrio.

Ao ouvir isso, o Sr. Leigh a corrigiu educadamente.

– Ah, não, não acho que seja, senhora. Certamente me ajudou durante momentos difíceis. Aprendi aquele poema antes da guerra e me senti muito reconfortado por ele, sim, senhor, e apesar da desgraça da guerra, ele me ajudou a sobreviver. Sim, senhora.

Então o Sr. Leigh e meu pai começaram a recitar seus versos preferidos. Eles eram como um dueto, alternando os versos, as duas variedades do inglês: a galesa e a americana.

O sino toca anunciando o fim do dia.
O gado segue seu caminho sobre o outeiro,
O camponês exausto ao lar se refugia,
E herdamos nós, o escuro e eu, o mundo inteiro.

Era fim de tarde, o sol começava a se pôr. Os poucos turistas ingleses que ouviram os dois homens recitando o poema aplaudiram educadamente e disseram:

– Muito bem. Excelente. Obrigado.

Foi o discreto momento de glória de meu velho. Ele tinha tão poucos que esse se destaca em minha mente como um feriado nacional de certa forma – o dia em que o padeiro e bartender fez o papel de poeta.

◆ ◆ ◆

Outro amor que herdei do meu pai, além da poesia: o álcool. Beber era uma tradição familiar. O rebelde da família da minha mãe, tio Jim, era um dos meus heróis da infância. Ele trabalhava nos estaleiros de Glasgow, e era um homem de verdade. Meu avô me contou tudo sobre ele como uma advertência: tio Jim era um andarilho e um canalha, um sujeito podre.

De repente, eu queria ser um canalha.

Disse para meu avô que eu queria ser como o tio Jim.

– Quando crescer, quero ser um andarilho.

– Um andarilho? Você quer ser um vagabundo? Um mendigo?

– Sim. Igual ao tio Jim.

Minha avó ficou horrorizada, mas meu avô entendeu. Tio Jim era meio que um homem misterioso e em quem não dava para confiar, mas também era muito divertido, e que risada.

Tio Jim morreu num manicômio em Glasgow. Morreu de tanto beber.

Eu tinha certeza de que podia ficar com as partes divertidas da bebida e deixar de lado as ruins. Torcia por isso. Porque a única maneira de eu me sentir normal era bebendo. Essa era minha solução para quase todos os problemas: ficar relaxado, ficar de pileque ou ficar completamente embriagado. A bebida fazia tudo ficar melhor. Bom, quase tudo.

Comecei a beber de verdade no início dos anos 1960. Eu já bebia antes, algumas cervejas aqui e ali, de vez em quando me metia numa briga de bar na época do exército. Mas em algum momento comecei a beber como muitos outros bebem no show business – na verdade, não só nesta profissão, mas em todos os lugares naquele tempo. Três martínis no almoço era algo normal. Na área criativa, isso era considerado necessário.

Além disso, era divertido! Humphrey Bogart zombava: "Nunca confie em alguém que não bebe. O mundo todo está três doses atrás de nós." Ele dizia que, se os líderes mundiais simplesmente se soltassem, não precisaríamos da ONU.

Certa noite, policiais em Beverly Hills pararam o carro dele. Bogart estava dirigindo acompanhado de outros dois atores, todos os três totalmente bêbados. Um dos policiais se inclinou em direção à janela aberta e – sem dúvida atordoado pelo cheiro de uísque e cigarros – perguntou:

– O senhor andou bebendo, Sr. Bogart?

– Claro – respondeu ele. – O que mais eu estaria fazendo às três da manhã?

– Só dirija devagar – disse o policial antes de liberá-lo.

Quando alguém me pressionava, perguntando por que bebia tanto, eu dizia: "Quer arrumar confusão? Me faça essa pergunta."

A verdade é que toda notícia, boa ou ruim, era uma desculpa para beber. Durante os primeiros momentos de meus pequenos triunfos, eu sentia a energia de uma nova força vital e isso pedia um drinque: *Vamos celebrar! Nós merecemos!* Quando me sentia sozinho, a única maneira de derrubar as barricadas entre mim e os outros e começar a experimentar alguma conexão com o mundo era a bebida: *Vamos nos soltar e nos divertir!*

Numa produção, um assistente que trabalhava na peça foi incumbido da desagradável tarefa de me levar do palco para o hotel sem me deixar parar no bar. Bom, eu levava o assistente comigo de bar em bar e sentia grande prazer em embebedá-lo. Mais tarde ele se tornaria o famoso produtor de teatro Scott Rudin. Mas na época ele era apenas um assistente que fracassara em uma tarefa impossível – me manter sóbrio – e que, como resultado, era repreendido aos gritos por seus superiores.

Assim como tio Jim, virei um daqueles bêbados que vivem arrumando confusão. O alcoolismo tem vários sintomas e particularidades possíveis – e eu tinha todos. Eu estava sempre embriagado e pronto para a briga!

De tempos em tempos, eu decidia que as pessoas que estavam "preocupadas" com a minha bebedeira estavam certas e que talvez fosse melhor moderar o consumo de álcool. Por que não tentar? Disciplina era a chave! Moderação em tudo. Reduzir o ritmo. Ir com calma. Fantástico. Eu tomava um drinque numa festa, depois outro, aí pensava em parar. Então tomava mais um para me parabenizar por ser tão sensato.

Muitos atores na época eram conhecidos como pinguços briguentos. Os mais notáveis eram os famosos atores de primeira linha, os astros do cinema: Peter O'Toole, Richard Harris, Oliver Reed, Richard Burton, Nicol Williamson, Robert Stephens, Wilfrid Lawson. Eram os lendários rapazes gloriosos, os ruidosos heróis do teatro dos anos 1960, todos extremamente talentosos. Eu caí na mesma espiral. Mas não era um bêbado de festa. Eu preferia beber sozinho.

Em 1963, foi lançado na Inglaterra *Vício maldito*, um filme sério, melodramático e bastante sentimental que contava com Jack Lemmon e Lee Remick nos papéis principais. Sempre gostei de assistir Jack Lemmon. Ele me fazia rir, especialmente em *Quanto mais quente melhor*, com Marilyn Monroe e Tony Curtis. Sem saber nada sobre a história do filme, levei uma namorada ao cinema local em Leicester. Pensei que ia ser agradável ver uma performance de Jack Lemmon e dar umas risadas.

Era uma tarde chuvosa de domingo. O tema de abertura parecia romântico demais para uma comédia – uma música melosa de Hollywood ainda mais melosa com seu coro de vozes. A trilha sonora era assinada por Henry Mancini, com letras de Johnny Mercer. *Chique*, pensei. Eu sempre conferia os créditos das músicas dos filmes: mais nomes para meu cérebro-arquivo já cheio de informações inúteis.

O filme começa num bar cheio na cidade. Joe (Jack Lemmon) é um vigarista festeiro que trabalha em algum negócio corporativo, principalmente contratando acompanhantes jovens para um monte de homens de negócios velhos. Ele conhece uma linda mulher, uma das acompanhantes que contratou, Kirsten (Lee Remick). O romance começa, e de cara fica claro que se trata de uma história de amor turbulenta.

Ah, não, pensei. E comecei a me lembrar de um filme chamado *Farrapo humano*, que eu vira com meu pai quando tinha 9 anos. (Sem saber que o filme era sobre os perigos do alcoolismo, só me diverti, apreciando as alucinações saindo da parede.)

Eu queria dar risada, não assistir a um romance água com açúcar. Joe e Kirsten se conhecem. Numa cena mais à frente no filme, ambos estão à beira de um cais em São Francisco. É tarde da noite. Joe está muito bêbado. Kirsten está romântica e zonza. Eu estava esperando os momentos de comédia: *Vamos lá! Me façam rir!*

Joe confere sua garrafa quase vazia de Jack Daniel's, bebe a última gota e a deixa cair na água. Ambos veem a garrafa afundar. Música de Mancini. Kirsten, sonhadora, cita alguns versos de um poema de Ernest Dowson: "É breve o tempo de rosas e vinho:/Da névoa de um sonho/Surge e em seguida se fecha o nosso caminho/Num sonho."

Os versos não me eram familiares, mas de certa forma eu conhecia a verdade deles. Sempre soubera que a vida era um sonho. Talvez fosse bobagem sentimental, mas aquilo tocou fundo em mim.

Na última cena do filme, Joe já conseguiu parar de beber, mas Kirsten está presa no pesadelo. Ela implora a Joe que volte para ela, que volte a beber. Para ela, o mundo sem álcool parece sujo. Joe se recusa a voltar. Ele precisa abrir mão dela. Kirsten parte, e é o momento mais doloroso de todos. Joe a vê da janela enquanto ela vai andando pela rua, o letreiro de neon com a palavra BAR piscando. A tela escurece. Mais música triste.

Eu sabia que aquele era exatamente o meu problema, mas mesmo assim seguia os passos de Kirsten, não os de Joe. Às vezes eu parava por uma semana ou duas. Três semanas era meu limite. Um pouco mais, e eu sentia que estava enlouquecendo. Eu me arrastava, e isso tornava a vida miserável. Talvez fosse uma vontade de morrer. Eu não faço a menor ideia. Levei mais 12 anos para desatar esse nó e entrar num mundo novo. Mais 12 anos de garrafas caindo das minhas mãos na água, uma atrás da outra.

treze

PENSE. SEJA SENSATO.

Conheci Jenni Lynton em 5 de dezembro de 1969. Ela era assistente de produção de cinema na Pinewood Studios, o enorme estúdio a 30 quilômetros do centro de Londres. Eu estava lá rodando um filme de Alistair MacLean chamado *Quando oito sinos tocam*. Eu estava começando a ficar conhecido e a ganhar um pouco de dinheiro, mas não era exatamente um bom partido.

Por que alguém tão gentil quanto Jenni passaria tempo comigo era um enigma. Ela era tudo que eu não era: estável, discreta, paciente. Meu oposto. Quando fomos até a casa dos pais dela em Epsom, Surrey, para um jantar de domingo, havia uma única garrafa de vinho na mesa – para todos nós! Uma garrafa! Uma!

Para resumir, digamos que nós pintávamos com cores diferentes. Eles eram pessoas estáveis, decentes. Até hoje segue sendo um mistério não terem conseguido ver quem eu realmente era. Eles nunca tinham conhecido um ator. O único comentário do pai dela foi:

– Ele é meio instável, não é? E sem dúvida gosta de uma bebida. Tem certeza que ele é o homem certo para você?

Tem certeza que ele é o homem certo para você? Acredito que esse era o jeito educado de dizer: *Dê um pé na bunda desse cara agora!*

E, ainda assim, não só ficou comigo – ela aceitou se casar comigo. E ficou comigo por 20 anos. Eu não facilitei as coisas para ela. Ela pegou uma fera pelo rabo.

Numa segunda-feira de manhã, 8 de janeiro de 1973, cinco dias antes do meu casamento com Jenni, uma voz me falou num sonho: *Você não precisa mais aguentar isso.*

Meus olhos se abriram às seis da manhã e me sentei na cama do apartamento onde eu morava com Jenni em Barnes, Londres. Eu finalmente tinha uma visão clara do que precisava fazer. Eu vinha atuando em *Macbeth*, de Shakespeare, com direção de Michael Blakemore. Diana Rigg e Alec McCowen também estavam no elenco. Eles eram os favoritos do ramo, os queridinhos talentosos e absolutamente profissionais do mundo do teatro. Perto deles, eu desaparecia. O meu lugar não era naquela companhia. Mas o que tornava o espetáculo insuportável eram as patadas cruéis de John Dexter. As alfinetadas não iam parar, então qual era o sentido de continuar? A peça ficaria melhor sem mim.

– Chega. Deu pra mim – falei para a Jenni. – Não vou para o ensaio hoje. Basta. Ponto-final.

– Basta? – perguntou Jenni meio dormindo.

– Isso. Basta. Não preciso ficar no jogo estúpido desse idiota. Vou largar a peça.

Silêncio. Depois:

– Mas nós vamos casar no sábado – disse Jenni, agora completamente acordada. – Você vai ficar sem trabalho?

– Não sei. Vou arranjar um emprego em algum lugar. Posso trabalhar num pub ou roubar um banco. Quem sabe?

De uma coisa eu tinha certeza: eu não tinha começado esse negócio de atuar para ser punido por um sujeitinho sádico, perverso e desagradável como John Dexter.

Liguei para a casa do meu agente, Jeremy Conway. Resolver isso já. É melhor começar logo a resolver as coisas. Procrastinação mata. Por que viver com angústia desnecessária quando, com um golpe cirúrgico e certeiro de uma faca, você pode acabar com o desconforto de uma vez por todas?

Naturalmente, Jeremy ficou chateado, e não só porque mal havia amanhecido.

– Tony, pense bem nisso – disse ele. – É uma loucura.

– Jeremy, já pensei. Muito bem. E não é loucura.

– Tony, me escute – implorou Jeremy. – Pense. Seja sensato.

– Tarde demais para ser sensato, Jeremy. Nunca tive um pingo de bom senso na cabeça. Pelo menos não que eu me lembre.

– Venha até meu escritório e vamos conversar – pediu ele.

– Ok – respondi. – Mas não vou mudar de ideia. Só ligue para eles e diga que estou fora. Dá tempo para eles se reorganizarem.

Comecei a baixar o telefone para desligar.

– Você nunca mais vai trabalhar. – Foi a resposta discreta e sensata de Jeremy.

– Não. Me. Importo – falei. – Vou virar caminhoneiro ou algo assim.

E desliguei.

Às nove da manhã peguei o metrô para a estação Green Park e caminhei até o escritório de Jeremy em Hay Hill. Eu me sentia livre. Eu me sentia bem. Não tinha a menor intenção de mudar de ideia.

No escritório de Jeremy atendi duas ligações da administração do National Theatre. Michael Halifax foi o primeiro a ligar. Michael era o gerente da companhia de teatro. Era um homem muito sofisticado, sempre generoso e gentil. Ele disse:

– Tony, pense bem. Você não pode simplesmente sair de uma companhia de teatro. É loucura. E os outros atores?

– O que tem eles? – perguntei. – Escale outro. Se os outros atores ou lacaios sofredores de qualquer instituição estão dispostos a suportar um ambiente tóxico onde certos valentões sedentos de poder têm a liberdade de abusar de atores e de todas as outras pessoas, tudo bem. Boa sorte. Mas para mim, não, meu chapa. Eu estive no exército. Agora não estou mais, e não vão gritar comigo como se eu estivesse nas forças armadas outra vez.

Outra pausa familiar, e a mesma advertência, agora de Michael:

– Tony, você nunca mais vai trabalhar.

– Tudo bem. Que seja. Obrigado, Michael.

A ligação seguinte: Laurence Olivier, o próprio. Ele foi direto:

– Você está sendo muito tolo. Sua cabeça, seu mestre, meu caro. Lide com as consequências.

– Obrigado – falei. – Muito grato.

Eram 11 da manhã quando deixei o escritório de Jeremy Conway e cruzei o Green Park. Era uma manhã gloriosa de inverno. Dava para ouvir o leve estrondo do tráfego distante, o comércio vibrante da vida. As outras pessoas no parque pareciam estar a caminho de algum lugar. Trabalho. Escritórios. Compras. As coisas da vida e da morte. Aproveitar ao máximo. Eu me sentia livre para viver ou morrer. Nada importava muito. Ou será que eu estava me enganando de novo? Será que estava de volta à estaca zero, começando tudo de novo com os monótonos presságios de tristeza e desgraça do meu velho para seu filho problemático?

Eu não me importava mais. Tinha quebrado o feitiço mais uma vez e interrompido a Dança da Morte até o inferno. *Illegitimi non carborundum.* Não deixe os bastardos abusarem de você.

Comecei a cantar para mim mesmo.

Here we go round the mulberry bush,
The mulberry bush
The mulberry bush
Here we go round the mulberry bush
On a frosty Monday morning.

Ao chegar em casa para o almoço, cantei para Jenni:

– Acabou!

Quando vi seu rosto pálido, percebi que ela achou que eu estivesse falando do casamento.

– Não, não – falei. – Não o casamento. O emprego. Acabou. Eu saí.

Disse a ela que era uma boa notícia. Eu nunca mais ia tolerar que me maltratassem e humilhassem. Parecia existir um código implícito para alguns de que certas pessoas eram formas inferiores de vida e portanto mereciam punição. Comigo, não.

– É isso? – perguntou ela.

– É.

– Mas nós vamos casar no sábado – argumentou.

– Eu sei. Vai aparecer alguma coisa. Não se preocupe.

O casamento aconteceu em Barnes. Na festa, o temido John Dexter apareceu, mas não falou comigo. O mesmo aconteceu com o diretor Michael Blakemore e alguns atores de outras peças. Por que eles foram ao casamento era um mistério. Provavelmente por Jenni. Alguns a haviam alertado sobre mim. Muitos atores ficaram completamente bêbados apesar de precisarem estar no palco para uma matinê de duas horas e meia de *Longa jornada noite adentro*, numa montagem de Olivier.

– Boa sorte lá, meus amigos – falei, enquanto eles iam embora entorpecidos rumo ao teatro.

Para a lua de mel, fomos para o glorioso Lake District, no Noroeste da Inglaterra. Jenni dirigiu até lá. Eu não dirigia. Nunca tinha feito o exame de direção. Exato – eu era um miserável desempregado que não sabia dirigir. Por que ela casou comigo, só Deus sabe. Ela era feita de uma fibra forte.

Cerca de uma semana depois, Jeremy Conway me ligou. Será que eu poderia voltar a Londres para me encontrar com uma diretora de elenco americana chamada Renée Valente? Ela queria me oferecer um papel de protagonista numa série de TV chamada *QB VII*.

– Achei que você tivesse dito que eu não ia trabalhar mais – falei. – O que é isso? Uma piada?

– Bom, você nasceu com sorte – respondeu Jeremy. – Quer se encontrar com essa mulher? Ela é diretora de elenco do Screen Gems.

– Screen Gems? O que é isso?

– Quer se encontrar com ela ou não? – perguntou Jeremy.

– Está bem.

– Eles vão mandar um carro até Lake District para buscá-lo e trazê-lo até Londres. No Hotel Dorchester. A reunião com Renée Valente é às três. Depois levam você de volta.

– O roteiro é bom? – perguntei.

A arrogância personificada. O bêbado olhando o mundo com desdém a partir da sarjeta.

– Muito bom – respondeu Jeremy. – Sim ou não?

– Sim, ok.

No dia seguinte, um carro elegante chegou ao hotel em Lake District e fui levado até o Dorchester em Mayfair, Londres. Muito elegante. Fui conduzido a uma suíte impressionante. Renée Valente era uma mulher pé no chão, durona, na casa dos 40, com uma voz rouca de cigarro.

– Sente-se – convidou ela. – Anthony, certo?

– Tony.

– Ok, Tony. Bebe alguma coisa?

– Uísque.

– Uísque a caminho.

Ela foi direto ao ponto: a série, chamada *QB VII*, era baseada num livro de Leon Uris, uma história sobre investigação de crimes de guerra. Ela queria que eu interpretasse Adam Kelno. O elenco incluía Leslie Caron, Ben Gazzara, Lee Remick, Jack Hawkins e Robert Stephens.

Nada mau, pensei. *Que elenco.*

Renée me entregou o grosso volume do roteiro para ler e me disse que a ABC daria uma resposta a suas recomendações de elenco dentro de uma semana.

Fui levado de volta para Lake District.

Uma semana se passou. Nada de ligação. Então no sábado, dia 27 de janeiro, a ligação veio. O papel era meu.

catorze

ISSO AÍ VAI TE MATAR

As filmagens começaram no Pinewood Studios e depois passaram para Israel. A história girava em torno de um processo por difamação contra o autor Leon Uris. Em seu mais famoso livro, *Exodus*, Uris tinha mencionado um tal Dr. Dehring, que havia trabalhado no campo de concentração de Auschwitz-Birkenau e que realizara 17 mil cirurgias sem anestesia.

Um certo Dr. *Dering*, médico em Londres, processou Uris por difamação. Disse que tinha sido preso pela Gestapo nos anos 1940 por fazer parte do exército clandestino polonês e que havia operado 90 pessoas nos campos, removendo seus órgãos sexuais. Dering, que não era judeu, sobreviveu à guerra e chegou à Inglaterra em 1946. O caso foi a julgamento no tribunal Queen's Bench, número sete (QB VII), no Old Bailey, o Tribunal Central Criminal da Inglaterra.

Dering ganhou o caso por uma tecnicalidade, mas levou uma ninharia como indenização porque a verdade era que ele tinha trabalhado na unidade experimental nazista sob as ordens do Dr. Mengele. O nome Dering foi trocado para Kelno pelo roteirista Edward Anhalt, então qualquer problema adicional foi evitado.

Me mostraram um trecho e achei que a voz de Jack Hawkins, um herói da minha infância e um dos favoritos do meu pai, tinha sido dublada. Ele interpretava o juiz, mas sua voz estava fraca por causa de uma cirurgia para tratar um câncer de garganta. O problema foi que eles usaram um ator americano. Quando eu me opus, me perguntaram se eu faria. Eu conhecia a voz de Jack Hawkins tão bem quanto a minha, então fiz a dublagem para toda a minissérie. Meu pai ficou mais impressionado com isso do que com quase todas as outras coisas que fiz – e ele até conseguiu conhecer Jack Hawkins.

Quando *QB VII* ficou pronta, em 1973, eu não tinha certeza se iriam me oferecer novos trabalhos. Certamente não na Inglaterra. Mas então, do nada, fui chamado para um papel em um filme chamado *A garota de Petrovka*, que tinha Goldie Hawn e Hal Holbrook no elenco. A filmagem começou em Viena, depois seguiu em Hollywood. A única falha técnica? Vladimir Radzhenko, o treinador vocal de dialetos e sotaque russos no filme, me apresentou a tequila. Descobri que ela era a resposta para todos os meus problemas – quer dizer, até eu começar a ter alucinações e a enlouquecer lentamente. Uma dose, e eu sentia o monstro cruzando o recinto na minha direção. Duas, e o monstro subia pelas minhas pernas e entrava no meu corpo. E então essa outra personalidade vinha à tona, um homem vingativo, cínico, ofensivo e horrível que destruía as relações e magoava as pessoas.

E, contudo, de alguma forma, a boa sorte ainda parecia me encontrar. Trabalhei muito no início dos anos 1970, e normalmente minha leve instabilidade acabava sendo compensada por atuações que me deixavam orgulhoso.

Em 1973, fiz *A casa das bonecas* com Claire Bloom, que era bajulada por todo mundo no set. Havia uma cena perto do fim do filme em que eu deveria perder as estribeiras. No cenário, tínhamos uma árvore de Natal com ornamentos de vidro.

– Posso quebrar um ornamento? – perguntei ao diretor.

– Quebre o que quiser – respondeu ele, desinteressado. – Quer ensaiar?

– Não. Por que não filmamos direto? – sugeri. – Qual é o ângulo da câmera?

Me informei mais sobre a marcação.

Gravando.

Joguei a árvore de Natal no piano e quebrei todos os ornamentos.

Claire gritou – um grito genuíno, acredito, de choque e susto.

Corta, ótimo.

Recebi uma salva de palmas.

Um dos caras dos adereços disse:

– Meu Deus, isso acordou todo mundo.

A cada papel que eu aceitava, sentia que estava amadurecendo como ator e me sentindo mais à vontade com a câmera. E ainda havia muita coisa na minha vida real que eu não era capaz de encarar, mesmo quando o universo me esfregava na cara

Em *The Arcata Promise*, uma adaptação teatral para a TV, com um elenco de três pessoas, interpretei Theodore Gunge, um ator alcoólatra. Os outros papéis eram interpretados pela grande canadense Kate Nelligan e pelo maravilhoso ator britânico John Fraser. Foi meu último trabalho como ator na Grã-Bretanha antes de ir para Nova York, e a semelhança com a minha própria vida era inquietante.

O ator, Theo, vive sozinho num porão nojento de uma casa em Londres. Sua bem-sucedida carreira como ator clássico chegou ao fim. O alcoolismo o arruinou. A companhia invisível de Theo é sua própria voz delirante, seu eu fragmentado. A voz nunca para de repreendê-lo, atacando-o por sua autodestruição voluntária. A mulher que ele amava o abandonou. Theo culpa todo mundo, exceto ele mesmo. Ele não é culpado de nada. O mundo está tentando acabar com ele. O alcoolismo é o ditador que o leva ao desespero da autopiedade. Numa discussão violenta sobre a bebida, Theo grita:

– Posso parar de beber quando quiser!

Sua companheira grita em resposta:

– Então por que não para?

– Porque eu não quero!

Aquelas duas falas me acertaram na cabeça.

Isso sou eu!, pensei.

Durante o ensaio, olhei para o diretor, David Cunliffe, e disse:

– Isso é meio familiar demais.

– Você está certo, Tony – disse David. – Essa é a sua vida. Boa sorte.

Um momento de reconhecimento. Algo estava errado. Mas eu não tinha a menor ideia do que fazer.

Começamos a filmar numa sexta-feira, no ATV Studio em Leeds. Às 9 da manhã, tomei minha primeira dose de uísque. Às 9h15, tomei a segunda. Descobri depois que o produtor Peter Willes havia apostado 100 libras com David que eu não ia conseguir terminar o trabalho. Peter perdeu a aposta. Segui por toda a sessão de gravação sem sobressaltos. Aquela força de vontade desafiadora dos loucos.

Em retrospecto, não me orgulho disso. Sinto apenas uma tristeza profunda. Quantas vidas são destruídas e prejudicadas por bêbados? Penso agora em quantas pessoas – colegas, o diretor, produtores, iluminadores, meus agentes – estavam contando comigo para terminar a gravação. Como eu era indiferente ao tempo e ao talento deles. Como, por falta de palavra melhor, fui *grosseiro*. A arrogância terrível do alcoólatra é imbatível. Mas minha capacidade de negar a realidade estava chegando ao fim.

O trecho a seguir é do monólogo final do filme:

LAURA: Fiquei com você porque te amava. Eu te tolerei porque não podia imaginar a vida sem você. Eu me sinto maltratada. Ignorada. Desprezada... Você bebe. Você fala. Você domina. Você reclama. Você delira... Admiro sua atuação e a respeito tanto quanto todo mundo. Mas eu não sou só um acordo de serviço para as suas necessidades. Sou mais do que isso. E vou descobrir o quê. [Laura se vira para sair.]

Isso era um prenúncio de muitas conversas que viriam a acontecer na minha própria vida.

Uma noite em Londres antes de me mudar para Nova York, o capelão do estúdio me viu no bar perto do set. Como sempre, eu estava bebendo sozinho.

– Saúde – disse ele, e apontou para a minha bebida. – Eu também bebia isso.

– É mesmo?

– Sim. O que é isso?

– Uísque. Quer um?

– Não, não. Mas antes eu bebia isso.

Olhei para o copo e vi meu próprio reflexo. Eu era um bruto egoísta – jovem, ateu, arrogante. O padre, bondoso e calmo, apontou para meu uísque de novo e disse, sem nenhum evangelismo, mas como a afirmação de um fato, como se falasse sobre o tempo.

– Isso aí vai te matar.

Depois ele foi embora. Tomei mais um gole e esqueci aquilo completamente.

Uma tarde, quando estava em Viena, Jenni ligou para o meu hotel para me dizer que uma pessoa estava indo à Áustria falar comigo.

– Quem? – perguntei. – Por que alguém iria pegar um avião pra onde quer que seja para falar comigo?

– John Dexter – respondeu ela.

– John *Dexter*? – Eu não conseguia acreditar. – Ele está vindo me prender?

– Ele quer que você esteja na produção dele de *Equus*, em Nova York.

– Por que eu? – perguntei. (*Equus*, em que um menino que cegou seis cavalos com uma lança de metal é mandado para um psiquiatra, é uma peça sobre loucura. Mais uma vez, eu me identificava com o material.)

– Ele chega no sábado. Quer conversar com você. Só sei isso. Vai se encontrar com ele?

– Está bem. Onde? – perguntei.

– Num restaurante perto da Ópera.

No sábado, fui ao restaurante e me encontrei com o sinistro Dexter.

Sua primeira pergunta:

– Por que você saiu da minha produção?

– Porque você era um filho da puta maldoso. Por isso – respondi.

– Sim, meu caro, bem, é que você precisa de um filho da puta maldoso como eu para dirigir você.

– Por quê?

– Porque você é um ator muito melhor do que acha que é. E pode ser muito melhor que qualquer um. Só que você tem a cabeça cheia de sabotadores galeses. Estão te consumindo. Eles te transformam no bêbado que você é. Vai acabar como aquele outro lunático galês, Dylan Thomas, ou seu amigo Richard Burton.

– Quantas vezes eu preciso dizer? Burton não é meu amigo! Porque todo mundo precisa sempre...

– Sim, está certo, vocês são todos loucos. Larry manda lembranças. Ele diz que eu sou doido só de pensar em te escalar. Talvez eu seja. Então... está interessado? Nova York no ano que vem. Começamos a ensaiar em setembro.

Ele não prometeu ser menos maldoso. Era o mesmo homem de sempre. Mas àquela altura eu sabia que não ia tolerar desrespeito, e ele também. E a verdade é: ele era um grande diretor. Eu aprendi que preferia os diretores durões que sabiam o que queriam aos arrogantes e incompetentes. Dexter tinha visão e trabalhava duro. Muitas vezes o modo como ele cumprimentava os atores que faziam testes com ele era:

– Então, com o que você vai nos impressionar hoje?

Era sardônico, mas também genuíno. Ele ansiava por ser impressionado por uma grande atuação.

Quando o conheci melhor, descobri que ele sofreu muito na vida. Entrou para o exército aos 14 anos e serviu na Segunda Guerra Mundial; teve pólio quando era soldado e sofreu com problemas de saúde a vida toda. (Ele morreu aos 64 anos durante uma cirurgia do coração, sem deixar descendentes. Num livro de memórias póstumo, ele reclamava da dificuldade para conseguir emprego por ser "difícil, britânico, homossexual, caro" e completava: "Embora eu possa admitir as três primeiras acusações com diferentes graus de enlevo, a última é profundamente dolorosa." Eu o achava problemático e facilmente irritável, mas um grande sentimental por baixo disso tudo.)

– Está bem, eu faço – respondi.

Trocamos um aperto de mãos e o temido Dexter voltou para Londres na manhã seguinte.

Uma semana depois, a gravação do filme com Goldie Hawn se mudou para o Universal Studios, em Hollywood. Seria minha primeira viagem à Califórnia. Eu ficava lembrando de quando tinha 4 anos e tive uma pneumonia grave. (Um menino da minha rua tinha morrido de pneumonia.) E enquanto eu estava deitado na cama, o rádio tocava "California, Here I Come", de Bing Crosby. Em minhas alucinações, eu imaginava estar na Califórnia. Sem saber que um dia realmente iria para lá.

◆ ◆ ◆

Uma limusine grande nos buscou no aeroporto em LA. Estava chovendo e eu não conseguia ver a cidade através da neblina. Jenni e eu fomos deixados no hotel Sunset Marquis em Alta Loma, perto do Sunset Boulevard.

Na manhã seguinte, levantei e desci para a área da piscina para tomar café da manhã. Nunca tinha visto um sol tão forte.

– Onde fica o Teatro Chinês Grauman? – perguntei a alguém na recepção. – Eu gostaria de ver a Calçada da Fama de Hollywood.

Ele apontou para o Sunset Boulevard e me disse para virar à direita e andar por cerca de uma hora. Deixei Jenni no hotel e fui andar sozinho. Mesmo de óculos escuros, fui cegado pela luz do lugar. Parei no restaurante Brown Derby e pedi uma tequila. Olhei todas as estrelas na Calçada da Fama e as impressões das mãos dos meus heróis. No caminho de volta, ouvi o som de carros de polícia e vi as luzes piscando.

Vi um monte de policiais cercar um homem no estacionamento logo à minha frente.

– Largue a faca! – gritou um deles.

– Continuem andando! – gritou outro para as pessoas na calçada.

Então continuei andando e então ouvi *pá, pá, pá!* Tiros. Gritos.

– O que aconteceu? – perguntei a um policial que havia isolado a área.

Ele deu de ombros.

– De onde você é? – replicou, notando meu sotaque.

– País de Gales, mas moro na Inglaterra – respondi.

– Bem-vindo aos Estados Unidos – disse ele, e abriu um sorriso malicioso.

A Califórnia era assim nos anos 1970. Eu não conseguia lidar com toda aquela luz do sol e a loucura daquilo tudo. Parecia uma grande viagem de ácido. Eu estava no paraíso.

Uma vez, quando tive um dia de folga, visitei um teatro em Pasadena, e ninguém menos que Bing Crosby estava sentado no palco, ensaiando com algumas crianças. Ele estava cada dia mais parecido com meu pai. (Naquela mesma tarde, Crosby caiu num alçapão; mais tarde ouvi Bob Hope brincar, dizendo que ele tinha caído da carteira dele.) Tudo parecia muito um sonho febril.

A uma quadra de distância do meu hotel ficava o clássico bar de Dean Martin, o Dino's Lodge, na Sunset Strip. Eu ficava sentado lá na maioria das noites tomando minha tequila até que me mandassem embora. Torcia para que Dean Martin aparecesse e tomasse um drinque comigo, mas ele nunca apareceu.

Um dia, um relações-públicas bem-sucedido me levou para almoçar num lugar da moda em West Hollywood. Ele era tudo que eu não suportava e me disse que minha carreira precisava de um empurrão.

– É uma cidade pequena – explicou ele. – Você precisa ser visto nas festas. Você não está no circuito. Precisa circular. Sabe, precisa conhecer...

Comecei a passar mal.

Lá fora um astro passou em seu Rolls-Royce.

– É indo nas festas que você consegue aquele carro – disse o relações-públicas. – Ninguém vê você na cena – disse ele. – Mas precisa ser visto nos lugares onde estão as pessoas que importam.

Ao final do almoço, eu estava deprimido. Será que era realmente isso que eu tinha que fazer para dar certo em Hollywood – ir a festas chiques e ser fotografado em restaurantes caros? Era a última coisa que eu queria fazer. A ideia de ir a festas e estreias... eu preferia que arrancassem minhas unhas.

Naquela tarde eu tinha que pegar um roteiro na ICM. Sybil Williams, ex-mulher de Richard Burton, estava lá. Ela tinha se tornado agente literária depois do divórcio.

– Como vai? – perguntou ela. – Você parece taciturno.

Contei para ela que tinha encontrado o relações-públicas.

– Meu Deus, o que ele te disse? – perguntou.

– Que eu devia sair mais.

– Não faça isso – disse ela. – Richard saía. Ele vivia bêbado. É uma vida terrível. Hollywood é um lugar infernal se você jogar o jogo do jeito deles. Isso aí vai te matar. Toque piano, vá para casa, fique com Jenni, escreva, desenhe, o que você quiser, mas não dê ouvidos a esse homem. Ligue para ele e diga que não está interessado na ajuda dele.

Liguei e me senti completamente aliviado. No dia seguinte me ofereceram um papel em *O Homem Elefante*, de David Lynch, com John Gielgud, Anne Bancroft e John Hurt – sem nunca ter sido "visto na cena".

Liguei para Sybil e contei sobre o trabalho que tinha conseguido.

– Aí está – disse ela. – Viu? Você deixa de lado o que as outras pessoas dizem e, de repente, o trabalho chega para você de bandeja.

quinze

NOVA YORK

Em 1974, Nova York estava longe de seu auge, mas para mim era um país das maravilhas. Os bares mágicos ficavam abertos até as quatro da manhã. E quando eu ia comprar cigarros e pedia Benson & Hedges, me perguntavam:

– Temos 66 versões. Qual você quer?

Tive a chance de participar de uma aula ministrada pelo guru da atuação Lee Strasberg; ele estava dirigindo uma cena de Shelley Winters (de *O destino do Poseidon* e *Um lugar ao Sol*) e Eli Wallach (de *Os desajustados* e *Sete homens e um destino*). Também conheci uma rival dele no ensino de atuação, Stella Adler. Ela me disse certa noite, enquanto bebíamos em um bar, que eu tinha que ser um tirano.

– Você tem que ser um matador nesse ramo. Tem que saber exatamente o que está fazendo.

Foi um conselho que ouvi várias e várias vezes. Kate Hepburn e Peter O'Toole em diferentes momentos me disseram:

– Você precisa ser durão nesse ramo.

Parafraseando o que um certo cara disse há 2 mil anos: você precisa ser gentil como um cordeiro, mas astuto como uma serpente – ou eles vão te pegar.

Eu nunca me senti mais seguro de mim mesmo como ator, embora também estivesse chegando a extremos cada vez maiores para me sentir no controle de mim mesmo como pessoa.

Um dia, em Nova York, quando estava a caminho dos ensaios de *Equus*, o ator Michael Higgins me viu e testemunhou um estranho ritual meu. Toda manhã, enquanto ia do meu apartamento na Quinta Avenida até o Lyceum Theatre, eu me sentia impelido a andar no meio-fio. Às vezes eu descia do meio-fio para andar na sarjeta.

– Vi você descendo da calçada para a rua hoje – disse Michael depois. – Você é maluco? Pode acabar sendo morto. Por que não anda na calçada?

Minha resposta era igualmente maluca:

– Prefiro assim. Não sou bom com multidões.

Michael me perguntou se eu sofria de agorafobia.

– O que é isso? – perguntei.

– Medo de lugares abertos – respondeu ele.

Eu jamais confessaria o motivo real – alguém poderia me internar –, mas era o seguinte: eu tinha medo que alguém quisesse se suicidar pulando de uma janela alta, caísse em cima de mim e me matasse. Como qualquer outra fobia, não fazia o menor sentido lógico. As chances de eu ser esmagado por um corpo em queda eram baixíssimas. E, mesmo assim, versões desse mesmo medo me acompanhavam desde que eu era pequeno. Quando eu tinha 3 anos, frequentemente ficava com medo que nossa casa desabasse em cima de mim e fugia para o jardim.

Agora, porém, eu era um adulto vivendo numa cidade grande e estrelando uma peça importante. Tinha que manter o controle.

O período de ensaio para *Equus* durou quatro semanas e se desenrolou no Lyceum Theatre; a peça seria apresentada no Plymouth Theatre. A estreia foi em uma quinta-feira, 24 de outubro. O elenco tinha Peter Firth como o rapaz que cegava os cavalos, Marian Seldes como a juíza, e Frances Sternhagen e Michael Higgins como os pais do garoto.

John Dexter estava em sua melhor forma, dilacerando o elenco com sua língua ferina. A princípio os membros americanos do elenco ficaram chocados, mas depois se acostumaram. E eu sabia o que fazer e como lidar com isso. Recolhi-me à insolência estúpida. Ali ele não podia me pegar. Além disso, ele sabia que eu iria embora se eu fosse pressionado demais. Peter Shaffer, o criador dessa estranha peça, era todo sorrisos. Ele gostava do espetáculo. Os primeiros dias correram às mil maravilhas.

Marian Seldes, da suposta aristocracia teatral de Nova York, era cheia de elegância profissional. Ela me ofereceu um tour pelos museus Metropolitan e Guggenheim. Toda aquela coisa de amante da cultura. Retribuí apresentando a ela os lugares aonde eu gostava de beber. Ela protestou dizendo que nunca bebia destilados. Usei meu charme galês e ela concordou em experimentar. Em dois tempos, ela encheu a cara de saquê e perdeu os dois sapatos. Depois disso, John Dexter a alertou:

– Não vá a lugar nenhum com ele. E estou falando sério, não vá a *lugar nenhum* com ele! Você vai acabar morta.

A peça estreou e a plateia amou. Houve uma grande festa no Sardi's, o tradicional lugar onde os atores esperam o veredito da imprensa de Nova York. Clive Barnes, o deus caprichoso do *The New York Times*, o Robespierre da imprensa, podia acabar com qualquer peça promissora com um golpe de sua caneta-guilhotina, podia até mesmo cancelar uma peça após a primeira noite.

Naquele restaurante cavernoso, uns poucos de nós nos embebedamos a ponto de não conseguir andar. Outros membros da plateia da estreia estavam lá – Sybil com seu novo marido astro do rock, Jordan Christopher (com quem se casou depois que Richard Burton a trocou por Elizabeth Taylor), e sua amiga Lauren Bacall.

Minha mãe e meu pai estavam lá. Era a primeira viagem deles a Nova York. Meu pai ficou choroso. Não conseguia acreditar que seu menino esquisito tinha chegado tão longe. Minha mãe e Sybil se cumprimentaram com afeto galês ruidoso e lágrimas.

– Sra. Hopkins, quem diria que isso seria possível!? – disse Sybil a Muriel. – Eu ia à sua loja na Commercial Road comprar bolo. Richie amava suas rosquinhas e tortas de geleia.

Mais lágrimas e assombro.

Na plateia também estava outra mulher galesa chamada Rachel Roberts. Ela tinha sido casada com Rex Harrison e nunca se recuperou do divórcio. Rachel e eu bebemos até cair. (Esse foi meu único encontro com ela. Anos depois, ouvi falar de seu doloroso suicídio em Los Angeles.)

Um exemplar do *The New York Times* chegou, ainda quente da prensa. Nosso diretor fez com que todos ficassem em silêncio. Enquanto ele lia, a sala ia ficando cada vez mais animada. O espetáculo era um triunfo! Uma temporada de oito meses na Broadway estava garantida. Aplausos ecoaram no bar. Tínhamos emprego certo por mais de meio ano. Um bom motivo para uma rodada de drinques! Bebemos quase tanto quanto teríamos bebido se tivéssemos sido avacalhados.

◆ ◆ ◆

Em janeiro de 1975, em meio à temporada de *Equus*, eu me vi de repente incapaz de andar, com uma dor severa na panturrilha direita. Um médico me examinou no Mount Sinai Hospital. Diagnóstico: trombose.

– É grave? – perguntei ao médico, que estava sentado atrás de sua mesa, fazendo anotações em um bloco.

– Ah, sim – disse ele. – Pode matar.

Ele continuou suas anotações e, sem erguer os olhos, me disse calmamente quão perto da morte eu estava.

– Se um coágulo à deriva chegar ao cérebro, o senhor pode ficar paralisado, e se chegar ao coração, pode morrer.

Ele ergueu os olhos, viu meu olhar de choque e sorriu. Conferiu suas anotações.

– O senhor vai ficar internado aqui neste hospital por no mínimo uma semana, provavelmente mais – disse.

– Mas eu não posso ficar – protestei. – Estou numa peça da Broadway.

Ele sorriu de novo.

– Sim, eu sei. Minha esposa e eu fomos ver seu espetáculo há três semanas. *Equus,* não é?

– Sim.

– O senhor é muito bom. Achamos o menino excelente. Qual é mesmo o nome dele? Peter...

– Firth.

– Firth. Sim, claro... – O médico pegou o telefone e ligou para alguém. – Enfermeira? É o Dr. Rosenthal. Sim, ao meu consultório... Sim, um paciente. Obrigado.

Ele desligou o telefone. Outro sorriso.

– Sim, minha esposa e eu somos grandes entusiastas do teatro. Bem, pelo menos minha esposa é. Então vamos a muitas peças. Depois da peça, às vezes vamos ao Charlie's, na 45th Street, para uma refeição leve. Com certeza conhece o Charlie's, não é? Minha esposa me mostrou o senhor lá. Aparentemente gosta da atmosfera naquele bar barulhento. Parece que é um grande bebedor social.

Eu não fazia ideia do rumo que essa conversa tomaria.

O Dr. Rosenthal olhou suas anotações novamente. Depois deu outro sorriso.

- Vejo aqui na sua ficha que o senhor tem 37 anos.

- Correto.

- Nascido em 31 de dezembro de 1937, no País de Gales. Certo?

- Sim.

- É interessante, porque mesmo os exames físicos breves dos seus reflexos, do coração e dos pulmões indicam a condição física de um homem de 50 ou talvez 65 anos. O que acha disso?

Outro sorriso.

- Então o que isso significa? - perguntei ao bom doutor.

- Bom, o senhor agora é uma estatística. Homens e mulheres que têm uma vida social como a que o senhor parece levar raramente chegam aos 60 anos. Alguns, sim. Mas isso é uma estatística médica. Está entendendo?

Fiz que sim com a cabeça.

Houve uma batida na porta.

- Entre, enfermeira.

Uma jovem moça entrou. Era britânica. Loira e agradavelmente sorridente.

O Dr. Rosenthal me apresentou para a enfermeira Blakely.

- Estava acabando de explicar ao Sr. Hopkins quc todos gostamos de eventos sociais, um pouco de diversão e uma boa comemoração aqui e ali. Por que não? Mas em excesso pode ser perigoso. Concorda, enfermeira?

- Concordo, doutor.

A mulher assentiu e sorriu para mim.

O que é isso? Uma conspiração?

- Sim, claro. A enfermeira vai lhe falar, a partir da experiência dela na área médica, sobre os números e as estatísticas alarmantes de mortes prematuras em decorrência do tabagismo, da alimentação desregrada e do consumo de álcool.

Ambos sorriam para mim como se eu fosse burro. *Era* uma conspiração. Os dois haviam se juntado para ficar contra mim. A história da minha vida.

- Então, enfermeira, está tudo pronto?

- Sim, Dr. Rosenthal.

Pronto? Vão me prender numa camisa de força?

O Dr. Rosenthal me disse que os produtores de *Equus* tinham sido avisados de que eu não estava em condições de atuar na peça por uma semana ou duas. Jenni também fora informada. Soube que ela tinha recebido a notícia com tranquilidade, como se soubesse que era inevitável. Eu não me surpreenderia se ela tivesse me desejado uma morte precoce. Não poderia culpá-la por qualquer animosidade que tivesse em relação a mim. Eu não tinha a menor serventia para ninguém, e isso não era autopiedade, mas algo pior: uma terrível depressão que parecia terminal. Deitado na cama do hospital, relembrei a cena de *Vício maldito* em que Lee Remick diz que o mundo parecia muito sujo sem o álcool.

Na tarde seguinte, o Dr. Rosenthal foi me ver. Estava usando uma capa de chuva branca, provavelmente a caminho de casa para encontrar sua esposa entusiasta do teatro. A chuva começou a cair e a bater nas janelas. O quarto estava iluminado por uma fraca luz amarela.

Eu estava sendo medicado com um anticoagulante intravenoso. Os resultados completos dos exames estavam prontos e não havia mais sorrisos.

– O senhor está começando a desenvolver problemas no fígado. Pode se transformar em cirrose. Também há inflamação no pâncreas, e seus pulmões estão congestionados. Recomendo fortemente que pare já de fumar. O fumo é mais fatal que o álcool. Causa estase nas artérias e veias. Álcool em excesso também é mortal. Não preciso lhe dizer isso. O senhor já sabe. Então, meu amigo, a decisão é sua.

Ele parou e me encarou.

– O que me intriga e intriga muitos dos meus colegas nesta área é como pessoas que parecem ter tudo na vida: sucesso, riqueza, fama ou o que quer que seja. Sei lá, mas algo que a maioria das pessoas mataria para ter... Por que os mais sortudos começam a se destruir?

Ficamos em silêncio. Agora chovia forte lá fora, e isso tornava Manhattan ainda mais triste.

– Triste, mas aqui estamos – disse o médico, encerrando a conversa.

Ele conferiu a hora.

Foi a última vez que vi o bom doutor.

◆ ◆ ◆

Minhas lembranças dessa época são nebulosas. Durante meus anos de bebida, causei muita dor. Nunca tive a menor ideia de que era alcoólatra. Raramente alguém que bebe muito se dá conta disso sem algum tipo de intervenção, e mesmo assim ainda leva um tempo para assimilar a ideia. A negação é a parte mais perigosa. E eu ainda estava dominado pelo vício, embora ficasse cada vez mais difícil negar.

Mary Doyle estava no elenco de *Equus*. Ela era uma nova-iorquina de ascendência irlandesa, muito divertida. Ria da minha atitude irreverente em relação a tudo. Eu não sabia nada sobre sua história. Ela me contou que tinha sido uma bêbada que vivia caindo por aí, junto com o marido, Jack, que também tinha um caso grave de amor pelo copo. Ambos tinham parado e estavam sem beber nada havia cinco anos. Notei que *sóbrio* era a palavra que usavam.

Quase no fim do meu contrato de oito meses com a montagem de *Equus*, decidi sair de Nova York e ir para outro lugar. O Universal Studios em Los Angeles me fizera uma oferta, e senti que não poderia rejeitá-la. Continuar em movimento. A Morte não podia pegar um alvo em movimento.

Seis semanas antes do meu voo para a Califórnia, a produção organizou uma festa para o elenco e a equipe numa boate metida a besta de Manhattan. Não lembro de nenhum minuto. Mary estava na festa. No dia seguinte, ao acordar com uma ressaca insuportável, perguntei a ela se podíamos nos encontrar. Eu precisava de ajuda. Ela concordou, e nós nos encontramos para almoçar. Para minha sorte, Mary não me pressionou. Não me veio com nenhum moralismo nem quis me dar um sermão; apenas falou a verdade nua e crua sobre o alcoolismo.

Eu disse que não acreditava que ela pudesse ter sido uma bêbada espalhafatosa. Ela riu e jurou que não estava mentindo. Ela e alguns de seus amigos atores sempre se metiam em confusão – brigas com a polícia, detenções, chegaram a cumprir pena. Eu achava que Mary estava exagerando, que sua história era algum tipo de bravata distorcendo a verdade.

– Pode acreditar. É tudo verdade e até pior.

Ela descreveu a natureza do alcoolismo, como ele funcionava e quão poderoso era quando dominava a vítima.

– Parece que você está falando de algum demônio ou fera invisível – falei.

– Ah, mas é, sim – concordou Mary. – É uma boa imagem. Lembre-se dela. É uma fera *mesmo*.

Até onde ela sabia, não havia cura e – pior – era um mal progressivo e terminal. *Se não existe cura,* pensei, *por que estou sentado aqui neste café apertado pedindo ajuda a ela?*

– Estou confuso – falei. – Totalmente confuso. É uma doença? É isso?

– Sim. É uma doença tripla – respondeu Mary. – Mental, física e emocional.

Dramático. E isso era algo que *eu* tinha?

Ela então começou a explicar a natureza das compulsões e obsessões. Eu sabia tudo sobre isso. Era mais do que familiar para mim – fixações ansiosas em detalhes, horas e datas de qualquer ano, lembranças claras e ansiosas de conversas e situações. Eram irritantes, mas eu não pensava que fossem nocivas. Pelo contrário, me pareciam até produtivas! Eu era capaz de memorizar poemas e recitá-los com muita rapidez.

Foi na Real Academia que me dei conta de que minha capacidade de perceber detalhes – um processo mecânico, uma memória fotográfica – não era comum a todos os atores; era especial. Onde certa pessoa morou? Primeiro de abril de 1955 caiu em que dia da semana? Eu sabia responder tudo isso. Quantos degraus havia no prédio do meu apartamento? Era um mecanismo técnico, algo como ter minha própria máquina de calcular. Eu era grato por qualquer oportunidade de silenciar meu cérebro, e acho que era isso que me tornava um tamanho entusiasta da bebida. Não que eu precisasse de uma razão. Todo mundo bebia. Era o passatempo nacional!

Contei tudo isso a Mary. Ela me falou sobre nossa incurável e insaciável necessidade de estar em paz e livres de medos e ansiedades não identificáveis. Entendi vagamente essa ideia. Eu tinha lido os livros de Carlos Castañeda sobre o peiote. Entendia aquele tipo de tranquilidade de um jeito intelectual, mas, para além disso, não estava convencido.

Eu disse que não acreditava ser alcoólatra, que eu podia parar de beber quando quisesse. Mary nunca me pressionou.

– Tudo bem. Talvez você não seja alcoólatra. Mas quando quiser conversar, é só avisar.

– Muito obrigado. Vou ficar bem.

Mas o que ela disse me assombrou. *Terminal?* Foi essa palavra que ela usou?

Não. Impossível. Eu conhecia muitas pessoas, especialmente no ramo da atuação, que bebiam o tempo todo, até mais do que eu. Eram todas alcoólatras? Claro que não. Eram totalmente funcionais, muito bem-sucedidas e talentosas. E a própria Mary Doyle. Afinal de contas, ela era descendente de irlandeses, e os irlandeses eram notáveis bebedores. Nunca conheci um irlandês ou irlandesa que não bebesse. Pensando bem, nunca conheci um galês que não gostasse de uma birita de vez em quando. Era tudo parte do processo criativo.

Ainda assim, não faria mal parar de beber por umas semanas. Bem, talvez não parar totalmente. *Pare com o uísque e a tequila. Tome só cerveja. Esse é o espírito da coisa. Bom senso. Isso. Vou mostrar para Mary e o marido e todos eles. Um monte de papa-bíblias. Como posso fazer parte de um grupo desses, ou de qualquer grupo? Vou fazer do meu jeito.*

A última noite de minha participação em *Equus* foi no fim de junho. O ator Anthony Perkins - Norman Bates em pessoa - havia ensaiado para assumir o papel. Fui convidado pelo produtor Kermit Bloomgarden para uma festa de despedida para mim e de boas-vindas para o Sr. Perkins, no Central Park West.

Eu estava sem beber havia duas semanas, segurando as pontas com dificuldade. Mas era prova suficiente de que eu não era alcoólatra! Mary Doyle estava na festa. Notou que eu estava pairando perto do bar. Veio até mim.

- Você está bem? - perguntou ela.

- *Sim, está tudo bem!* - respondi, agressivo.

- Só estou perguntando.

Alcoólatras em recuperação são um pé no saco, pensei.

Enquanto ela se afastava, olhei para meu triste copo de Coca-Cola. *Por que não colocar uma dose de uísque?* Pensei. *Animar as coisas. Vamos nos divertir! Estive morto por tempo suficiente.*

E essa é a última coisa que me lembro dessa festa. O resto da noite era um branco. Na manhã seguinte, Jenni e eu estávamos num táxi a caminho do aeroporto JFK. Íamos pegar o voo para Los Angeles. Eu havia conseguido um papel num filme para a TV chamado *Vitória amarga*, uma refilmagem do clássico da Warner Brothers. Eu olhava pela janela do carro em choque com a extensão da amnésia. *O que eu fiz? O que eu disse? Como é possível eu não lembrar?*

Ao meu lado, Jenni estava em silêncio. Fiquei me perguntando como ela conseguia me aturar. Pensei em perguntar a ela o que tinha acontecido na festa, mas aí pensei que eu talvez não quisesse saber.

O monólogo de Laura em *The Arcata Promise* voltou à minha mente. Não havia mais desculpas. Eu era um inútil. Por que não pular do táxi na via expressa Van Wyck? Acabar com tudo.

Ainda levaria algum tempo, porém, para eu chegar ao fundo do poço. Isso só aconteceu depois que já tínhamos nos estabelecido na Costa Oeste. Tudo bem beber se você consegue manter tudo sob controle; acho que a bebida pode ajudar em certas situações constrangedoras, pode ser parte de uma vida feliz. Mas há um preço. A diversão oferecida pela bebida é um escorpião – sua picada é letal.

C. S. Lewis disse, das profundezas de si mesmo: "Podemos ignorar a presença de Deus, mas não há lugar em que possamos escapar dela. O mundo está povoado por ele. Ele anda por toda parte, incógnito."

Bem, Ele estava comigo numa noite de sábado quando dirigi por Beverly Hills bêbado, sem lembrar de nada. Eu vinha dirigindo desde o Arizona a noite toda, sem saber o que estava fazendo. Podia ter matado alguém. Podia ter acabado com uma família inteira. Descobri o que fiz quando fui até meu agente e disse:

– Alguém roubou meu carro!

E meu agente disse:

– Ninguém roubou o carro. Nós encontramos você na estrada. Se não fosse por isso, você estaria preso.

À medida que fui ficando sóbrio, olhei para as árvores de eucalipto e agradeci a Deus que ninguém tivesse morrido naquela noite. Imaginei meus pais em Gales, ouvindo que eu tinha matado alguém ou me matado. Vi as esperanças deles destroçadas. Ouvi uma voz me perguntar: *Você quer viver ou quer morrer?*

Quero viver, respondeu uma voz de algum lugar dentro de mim.

Depois ouvi a voz dizer: *Então acabou. Você pode começar a viver.*

O desejo de beber se foi. Às 11 horas do dia 29 de dezembro de 1975. Quanta graça o universo demonstrou por mim naquele momento. Que sorte a minha por finalmente ter encontrado a clareza, por dizer que faria tudo o que estivesse a meu alcance e recorreria a todas as outras fontes de poder para nunca mais ter uma noite da qual eu não me lembrasse, para nunca mais me sentar atrás do volante e colocar os outros em risco, para nunca mais deixar aquele monstro cruzar o recinto, subir pela minha perna e me tornar uma pessoa fria e cruel.

– Sou alcoólatra e preciso de ajuda – disse ao meu agente.

E ele conseguiu para mim a folga de que eu precisava para me concentrar no meu tratamento.

A tradição à qual pertenço sugere que é muito melhor mudar vidas uma pessoa por vez, ajudando uma a uma, do que se gabar para o mundo por ter encontrado uma cura para a sua aflição. Isso é conhecido como atração, em vez de promoção. Por isso a única coisa que vou dizer é que se você está começando a se dar conta de como o álcool está arruinando a sua vida do mesmo modo que eu me dei conta de como ele estava arruinando a minha, há pessoas por aí dispostas a levar você para tomar um café. É possível encontrá-las em qualquer cidade a qualquer hora do dia. Vou às reuniões até hoje, com quase 50 anos de sobriedade.

No dia seguinte à minha revelação, saí para almoçar com meu amigo Bob Palmer, que levou junto seu amigo George. Eles iam me acompanhar à minha primeira reunião dos 12 Passos.

Eu estava em estado de choque porque a vontade de beber tinha desaparecido. Vi um garçom carregando uma bandeja com uma taça de vinho tinto. *Eu bebia aquilo. Que estranho,* pensei.

– Como você está se sentindo? – perguntou Bob.

– Inadequado.

Ele disse:

– Você é.

Aquilo me deixou perplexo. Ele explicou que eu tinha pouquíssimo poder, que era incapaz de prever o que iria acontecer nos três minutos seguintes. Nisso residia o terror, mas também a liberdade, se a aceitássemos.

Na primeira reunião do AA de que participei, fiquei comovido com o depoimento de um homem. *Ele é bem como eu*, pensei. Era um motorista de caminhão, não um ator, mas éramos iguais. Eu tinha algo em comum com todo mundo naquela sala: éramos bêbados e não queríamos mais beber. Pensei: *São todos desajustados como eu. Como todos nós. Sentimos que nunca encontramos o nosso lugar. Sentimos ódio por nós mesmos. Somos todos iguais. Não estou sozinho.*

Eu pedia conselhos a Bob frequentemente. Ele me dizia:

– Apenas fique calmo. Mantenha a simplicidade. Vá às reuniões. Fique em contato comigo. Ligue para mim todo dia, se quiser. Evite os gurus e místicos. Você é só um ser humano com muitos defeitos. Aproveite o trabalho. Aproveite o café. Aproveite este momento.

A mensagem enfim foi captada. Eu queria lutar contra minha fraqueza. Eu não queria ajuda. O velho ego estava tentando dirigir o espetáculo. Mas então o outro lado, a parte sensata de mim, disse: *Apenas vá se deitar e cale a boca. Deixe que alguém ajude você.*

Pensei em uma velha piada: Um tubarão diz para um peixe: "A água está meio quente hoje, né?" Ao que o peixe responde: "O que é água?"

Porque, de repente, eu estava descobrindo muita coisa sobre o que estava ao meu redor e que nunca havia notado. E quando aceitei isso em vez de negar, tudo na minha vida mudou.

Bem no início da minha recuperação, eu estava dirigindo por Los Angeles quando senti um chamado para parar e entrar numa igreja católica. Lá encontrei um jovem padre negro indo para sua sala.

– Posso conversar com você um minuto? – perguntei.

– Sim, entre – respondeu ele. – Como posso ajudá-lo?

Eu disse:

– Encontrei Deus.

– Parabéns – disse ele. – Isso se chama graça. Você teve que escolher entre a vida e a morte, e escolheu a vida. Deus estava lá o tempo todo lhe fazendo essa pergunta. Estava só esperando que você tomasse sua decisão.

Essa era a mensagem que eu precisava ouvir, e estava imensamente agradecido por encontrar tantas pessoas que me falavam a mesma coisa várias e várias vezes.

Um amigo meu no AA me disse:

– Alcoólatras são terríveis. Nós lutamos até o fim para vencer a bebida. Uma vez que você para de *lutar* contra tudo, consegue viver de novo.

Se você lutar contra o alcoolismo, ele vai matá-lo. Você tem que aceitar que é um alcoólatra e que é falho. Depois de aceitar essa fraqueza em si mesmo, você consegue respirar. E então reunir um grupo de apoio à sua volta composto por almas igualmente prejudicadas que, assim como você, estão tentando não beber. Algumas estão tentando permanecer sóbrias por um dia, outras por décadas. Juntos, ajudamos uns aos outros a viver mais um dia de sobriedade.

Quando essas pessoas se sentarem à sua frente num jantar ou café e contarem o que sabem, no começo poderão irritar você, como Mary me irritou. Quando você é um bêbado, é muito provável que ache extremamente irritante quando as pessoas tentam salvar a sua vida.

Voltei ao Mount Sinai anos depois para agradecer ao Dr. Rosenthal por me colocar no caminho da sobriedade, mas não consegui encontrá-lo.

Onde quer que você esteja, Dr. Rosenthal, tem toda a minha gratidão.

dezesseis

O SHIP INN

A sobriedade me mudou como ator. Antes disso, eu achava que era o tal. Mas admitir que precisava de ajuda foi uma lição de humildade. Meu primeiro trabalho sóbrio foi na Europa, interpretando o coronel John Frost no filme *Uma ponte longe demais*, sobre a Segunda Guerra Mundial. Numa das cenas, soldados alemães tentam se entregar para Frost, e ele os manda para o inferno. Em outra, meu personagem educadamente toma posse de uma casa. Durante todo o tempo em que estávamos filmando, eu tinha uma experiência fora do corpo, pensando: *Como é possível que eu ainda esteja vivo?*

Em 1978 fui escalado para um filme para TV, da BBC, chamado *Kean*, escrito por Jean-Paul Sartre. Sartre era um dos meus autores preferidos, e eu fiquei animado. Voei para Londres e achei um lugar para ficar. Na segunda-feira peguei o metrô para a sala de ensaios da BBC que ficava em North Acton e conheci o diretor e o elenco. Nos reunimos em torno da tradicional mesa de leitura. Reparei em um dos outros atores, Julian Fellowes. Ele era um jovem atorzinho estudioso. Mal falava e parecia indiferente, um pouco desdenhoso, e ficava evidente que era extremamente inteligente.

A leitura foi muito boa. Depois do almoço, começamos a trabalhar na primeira cena. A marcação é o momento em que o diretor assume o controle do elenco. É uma operação de vital importância; sem ela, há um caos de engarrafamentos e colisões.

Em três minutos percebi algo profundamente deprimente: o diretor, até onde pude observar, não havia se preparado minimamente. Ele parecia não ter a menor noção do que era dirigir.

Eu tinha viajado 8 mil quilômetros, pagando do meu bolso, e agora tinha uma decisão rápida a tomar: ir embora e voar 8 mil quilômetros de volta para casa ou ficar e manter a compostura de um jeito bem britânico.

Depois do ensaio, enquanto saía do prédio, Julian Fellowes me ofereceu uma carona. Quando me deixou em meu novo canto em Redcliffe Gardens, perguntei se ele gostaria de entrar e conhecer Jenni.

Durante o café, ele começou a me sondar:

– Então, o que você achou dessa equipe? Da leitura hoje de manhã e do suposto ensaio da tarde?

– Por quê? Algo deu errado? – Jenni perguntou a Julian.

Julian riu.

– Sim. Foi um desastre. O diretor era um desses vigaristas preguiçosos que têm orgulho da própria estupidez... Sabe, "Vamos todos nos divertir um pouco". Seu marido estava a ponto de matar o homem. – Ele se virou para mim. – Verdade ou mentira?

– Sim, verdade – confessei.

– Eu não o conheço, Tony. Tudo bem chamá-lo de Tony? E pode me mandar embora se não gostar do que vou dizer. Mas sabe por que esse negócio todo está tão caótico?

– Não. Por quê?

– Por sua causa.

– Como assim?

– Por que você está bancando o bom moço? Todo educado e tolerante. O diretor não fez a lição de casa, não houve preparação, e o trabalho dele é preparar e criar algum tipo de ordem. Ele não faz nada, e você só segue em frente, como se estivesse com medo de arrumar problema.

– É o que parece? – perguntei.

– Sim, e você sabe que sim – respondeu o Sr. Fellowes. – É um jogo. Você não pode se envolver nesse tipo de jogo. É um ator bom demais para isso. Não o conheço, mas já vi você no teatro e no cinema. Você não é o que finge ser. Falsa modéstia. Você é um matador. Não pode fingir ser outra coisa. Assuma, reivindique e aproveite.

"E quanto a este charlatão com quem devemos trabalhar, vá embora ou mude as regras do jogo. Ele está jogando de acordo com as regras dele, o jogo da total indiferença. E você tem todo o direito de ir embora. Ou pode começar a jogar de acordo com as suas regras. Não esqueça, atores geralmente são desprezados, alguns talvez com razão, mas a maioria passa por isso por causa da inveja das outras pessoas. É o seu rosto que vai estar na tela, não o deles. Você sabe do que estou falando. De qualquer forma, é atrevimento meu oferecer um conselho que não foi solicitado."

Naquele momento eu soube que queria ser amigo dele pelo resto da vida.

O caos no teatro prevaleceu, mas eu me impus. As coisas melhoraram. Depois que fiquei sóbrio, notei a diferença. Sem brigas dessa vez. Sem chiliques. Só uma despedida tranquila e um voo aliviado de volta para casa. E, quando voltei, senti que não tinha mais tempo a perder.

Naqueles anos depois de ficar sóbrio, eu tinha muitos acertos de contas a fazer. E me deparava o tempo todo com lembretes de como as coisas eram ruins antes. Encontrei um antigo garçom que disse:

– Quando o senhor ia ao restaurante, eu sempre servia meia dose porque o senhor bebia demais. Estava tentando ajudá-lo.

Não tenho ideia de como não notei que minha bebida estava sendo diluída. Se tivesse notado, certamente teria começado uma briga. Eu tinha pouquíssimos amigos e podia ser muito desagradável. E esse é o lado feio do alcoolismo. Ele despertava o monstro brutal que havia em mim. Não me orgulho de nada disso. E assumo total responsabilidade, porque não tinha a menor noção do que estava acontecendo com meu eu inquieto.

E, contudo, essa mesma energia propulsora era parte do que me ajudava a ser bem-sucedido. Eu tive apenas que mantê-la sob controle e direcioná-la para o bem, ou ela teria me matado, e certamente teria continuado a infernizar a vida de outras pessoas. Trabalhei com alguns atores brutalmente talentosos que eram maravilhosos, mas que se mataram de tanto beber. Entre os que sobreviveram, dá para ver no rosto deles o preço que a bebida cobrou. A dissipação.

Richard Burton, meu herói, era um dos que sofriam com isso. Espantosamente, ele assumiu o lugar de Tony Perkins depois que Perkins assumiu o meu em *Equus*. Eu estava em Nova York em 1976 fazendo a divulgação de um programa da TV NBC sobre o sequestro do bebê Lindbergh (eu interpretava o sequestrador). Estava morando em Los Angeles havia um ano, e era estranho estar de volta a Nova York. Perguntei ao diretor de palco de *Equus*, Bob Borod, se podia dar uma passada para cumprimentar Richard e desejar sorte.

– Sim, Richard sabe que você está na cidade – respondeu Bob.

Algumas horas depois, Jenni e eu chegamos à porta do palco do Plymouth Theatre. Bob me cumprimentou e me apresentou a Brook Williams, o leal assistente de Richard Burton. Ele foi caloroso em seu cumprimento a Jenni e pareceu feliz em me encontrar. Enquanto estávamos subindo as escadas para o já conhecido camarim, Brook sussurrou:

– Elizabeth está nas primeiras fileiras hoje e Richard está nervoso. Os paparazzi estão em todo lugar. A peça estreia amanhã à noite. Este é nosso último ensaio público.

Richard Burton e Elizabeth Taylor haviam se casado pela segunda vez pouco tempo antes.

Fomos conduzidos ao camarim de Richard. Era o mesmo que eu tinha ocupado por oito meses. Richard nos cumprimentou com elegância. Estava emaciado e abatido. Havia largado a bebida semanas antes. Sentada em posição de lótus, na mesa de maquiagem, estava uma mulher alta e linda que parecia ter sido mumificada por rolos de tecido branco da cabeça aos pés.

– Esta é a Susan – disse Richard. – Namorada de Brook.

A única resposta da mulher mumificada foi um ligeiro aceno de cabeça. Ela parecia nos olhar com um ar de superioridade.

Que gente esquisita, pensei. *Qual é o problema deles? São todos desequilibrados? Será que realmente se acham tão importantes assim? São atores. Palhaços. Entretêm as pessoas. Nada além disso.*

– Você é de Port Talbot? – perguntou Richard.

– Sim – respondi. – Eu fui ver você na Caradoc Street.

– Jesus, que lembrança – disse ele. – Eu me lembro de você. Sim, da padaria. Deus do Céu, por que nunca trabalhamos juntos?

– Não sei – respondi.

– Quero lhe perguntar uma coisa. Como decorou todas essas rimas? – questionou ele, referindo-se a nosso papel em *Equus*. – Meu Deus. Você vai vir assistir à peça hoje?

– Não consegui arrumar ingressos.

– Deus seja louvado por isso – disse ele. – Minha esposa vem. Elizabeth. Vamos nos encontrar alguma hora e fazer um filme.

Ele abraçou Jenni e apertou minha mão. Sua mão parecia frágil.

Enquanto estávamos saindo pela porta do palco, Elizabeth Taylor entrou com Kate, uma das filhas de Richard com Sybil. Elas foram levadas até seus assentos.

Soube mais tarde que foi nessa noite que Taylor descobriu sobre Suzy Hunt. A senhora mumificada não era namorada de Brook; era namorada de Richard – e estava destinada a ser, aos 26 anos (uns 25 anos mais nova que Richard), a próxima senhora Burton. Taylor era durona. Sabia que algo estava acontecendo, e naquela noite ela disse:

– Tome um champanhe, Richard.

Ele estava sem beber fazia poucas semanas. Mais tarde diria que seu papel em *Equus* foi a primeira vez que ele esteve sóbrio no palco. Ele tinha um problema sério. Começou a beber aos 11 anos e era comum que consumisse uma garrafa inteira ao longo de um espetáculo.

– O alcoolismo é uma doença horrorosa – disse ele certa vez no programa *The Dick Cavett Show*.

E, ainda assim, disse que não sabia ao certo se era alcoólatra mesmo. Ele morreu menos de uma década depois, aos 58 anos, e o álcool foi o fator que mais contribuiu para isso.

Conheci muitos atores que chamávamos de alcoólatras funcionais – eles ficavam caindo de bêbados, mas, quando conseguiam um trabalho, diminuíam o ritmo o suficiente para dar conta do serviço. E assim que o trabalho terminava, começavam a beber novamente. Eu estava cercado por pessoas que, sempre que ficavam desempregadas, viviam completamente bêbadas.

Às vezes, no entanto, a linha que separa o trabalho do lazer se confunde. Há um filme que fiz, um filme horroroso do início dos anos 1970. Conversei com uma pessoa com quem contracenei e disse:

– Não lembro de fazer essa cena.

E ela disse:

– Eu também não.

Concluímos que ninguém naquele filme conseguia lembrar de um minuto sequer das filmagens; estávamos todos bêbados a ponto de não lembrar nada.

Quando larguei a bebida e fiquei sóbrio, eu sabia que devia desculpas às pessoas que havia magoado. Por diversas vezes eu tinha mordido a mão que me alimentava. Entrei em contato com antigos diretores e colegas. Estava de saco cheio de mim mesmo. Da minha crueldade. Não dava para mudar o que eu tinha feito, mas eu ao menos podia fazer meu melhor para admitir meu comportamento e prometer não fazer mais.

Escrevi uma longa carta para Laurence Olivier, detalhando minhas indiscrições, meu mau comportamento quando bêbado. Ele e Joan Plowright, sua esposa, responderam e nunca vou esquecer uma frase da resposta. Era *Seja muito feliz.* Conversei depois com Larry sobre a bebida. Ele gostava tanto que me perguntou, surpreso:

– Como você *conseguiu* parar de beber?

Ele parecia genuinamente desconcertado.

Kate Hepburn odiava toda aquela bebedeira à sua volta. Ela ficava louca com Humphrey Bogart e Spencer Tracy. Ao ver todo mundo caindo de bêbado durante as filmagens de *O leão no inverno*, ela disse:

– Mas que droga, qual o problema com vocês, ingleses?

Por isso, quando liguei para dizer que tinha parado de beber, não fiquei surpreso com a resposta dela:

– Graças a Deus!

Claro, o maior pedido de desculpas que eu devia era à minha única filha e à minha primeira esposa. Em 1977, entrei em contato com Petronella e Abigail, que na época estava com 9 anos, para tentar fazer as pazes com elas. Elas concordaram em me ver e peguei um voo para Londres.

O encontro foi constrangedor. Mantivemos as aparências, mas obviamente o estrago tinha sido grande. Elas não me queriam lá. Ao longo da refeição, elas ficavam se encarando e fazendo caras e bocas.

Mais tarde, já na adolescência, Abigail vinha ficar comigo de vez em quando, embora cobrisse a cabeça com o capuz do moletom a maior parte do tempo – coisa de adolescente, suponho. Ajudei-a a conseguir alguns pequenos papéis e tentei fazê-la se sentir bem-vinda. Comprei um apartamento para ela. Mas ela acabou se afastando.

Achei que Abigail nunca me perdoaria por abandonar a família quando ela era bebê. Ela tinha suas razões. Não posso culpá-la. É a vida. Mas essa era e é uma enorme fonte de dor.

Sempre que perguntavam a meu avô sobre sua filha Jenny, que morrera quando criança, ele dizia:

– A lembrança é dolorosa demais. Não quero pensar nisso.

Eu me sinto da mesma maneira sobre meu afastamento em relação à minha filha. Parte meu coração. Quando penso sobre isso – o que evito fazer –, lembro do meu avô me ensinando a seguir em frente e não ficar remoendo as coisas.

E, contudo, embora eu evite falar sobre isso, nossa distância já apareceu nos tabloides de maneiras terríveis e inverídicas. Alguns disseram que eu apresentei minha filha às drogas ou que a rejeitei quando criança. É verdade que falei sobre ela à imprensa com frieza, dizendo numa entrevista lamentável que, depois de 20 anos sem notícias dela, não sabia onde estava, se havia se casado ou tido filhos, e que àquela altura eu não me importava. Embora não sirva de desculpa, sei que aquela era a frieza do meu avô vindo à tona: *Siga em frente! Não adianta chorar! Adiante! Não perca tempo com o passado!*

Essa dureza é meu padrão. Como Charles Bukowski escreveu: "Vamos todos morrer, todos nós, que circo! Isso por si só deveria nos fazer amar uns aos outros, mas não é o que acontece. Somos aterrorizados e aniquilados por trivialidades; somos consumidos pelo nada."

Espero que minha filha saiba que a porta está sempre aberta para ela. Quero que esteja bem e seja feliz. Até o dia da minha morte, nunca esquecerei a visão dela naquele berço, rindo para mim quando entrei no quarto no primeiro ano de sua vida, dormindo profundamente na noite em que parti. Sempre vou lamentar por tê-la magoado quando deixei a família, embora acredite até hoje que não tinha escolha.

◆ ◆ ◆

Em 1977, meus pais vieram para a Califórnia e consegui pedir desculpas a eles por toda a tristeza e preocupação que tinha causado. Fiquei grato pela chance de mostrar que a sobriedade havia finalmente me trazido certa paz e que eu estava bem – na verdade, melhor do que tinha o direito de estar.

Fiz de tudo para que meus pais se divertissem. Ambos haviam trabalhado duro a vida toda e eu queria que tivessem um descanso. Levei os dois à Disneylândia, o pacote completo. Eles foram comigo a locações para ver os filmes sendo feitos. Fomos a todos os pontos turísticos. Eles adoraram o Teatro Chinês Grauman, com as pegadas e impressões de mãos das antigas estrelas de cinema. No Beverly Hills Polo Lounge, eles conheceram Roger Moore e Liza Minnelli.

Certa noite, meu agente, George Chasin, nos convidou para o restaurante de chili Chasen's, no Beverly Boulevard, para um jantar informal que ia arrecadar fundos para caridade. George nos encontrou lá. Ao lado dele estava John Wayne – em pessoa! O Sr. Wayne foi elegante. Estendeu a mão para mim:

– Ei, garoto, você é um ator e tanto.

Ele olhou para meu pai.

– O senhor é o pai dele? E a senhora é a Sra. Hopkins?

Ele apertou a mão dos dois. Os olhos do meu pai se encheram de lágrimas, e John Wayne lhe deu um meio abraço, com um braço só.

À medida que ia envelhecendo, meu pai passou a se emocionar e chorar com cada vez mais facilidade. O oceano Pacífico o deixou deslumbrado. Para meu pai, a Califórnia era o sonho impossível, e seu único filho o havia conquistado.

Dick e Muriel achavam que eu era um inútil e que nunca seria nada na vida. Eu tinha mostrado a eles. À medida que passava mais tempo com meu pai, comecei a ver as coisas que eu tinha puxado a ele. Dick tinha a mesma inquietação que eu.

Quando eu ia vê-lo no Ship Inn, ele se exaltava por coisas cada vez menores. Ao envelhecer, o humor dele foi se tornando cada vez mais inconstante. Havia picos de energia maníaca seguidos por um remorso choroso. Muitas vezes ele se sentia perdido, deprimido e envergonhado por se comportar assim. Ele brincava:

– Veja só, os corvos estão chegando.

Meu pai sempre se sentiu perdido e sempre se sentiu um perdedor.

– Estranho, desde que eu era menino, 14 anos, trabalhando com meu pai na padaria, sempre tive a sensação de que nunca ia fazer nada direito – disse ele.

– Fazer direito o quê? – perguntei.

– Nada. Entende o que estou dizendo? Só seguir em frente. Não olhar para trás, só continuar andando, chutando a porcaria da latinha enferrujada rua abaixo, sempre a mesma rua. Qual o sentido de tudo? O sentido da coisa toda. O que é isso tudo? Vamos beber. Ah, é verdade, você não bebe mais. Não sente falta?

Ele se ressentia de eu ter parado de beber e era fácil entender por quê. É comum que seus amigos de copo se ressintam por você ter parado. Você não é mais divertido. E eles sentem que a sua escolha é um julgamento silencioso da deles.

Quando estava num de seus momentos de bom humor, meu pai via o pub como sua nova chance na vida. Ele era a estrela de seu próprio espetáculo. Seus clientes eram sua plateia. Ele contava histórias. Cantava para eles depois de beber um pouco. Era um showman. Ele ignorava as leis de licenciamento, servindo álcool muito depois da hora de fechar, e recitava versos do *Rubaiyat* de Omar Khayyám para os beberrões inveterados que ficavam até tarde.

Vem, enche teu copo.
De que nos serve repetir que
O tempo escorre por entre os nossos dedos?
O amanhã não nasceu,
O ontem morreu.
Para que se preocupar com isso, se doce for o dia de hoje?

A mundana esperança em que os homens depositam seus corações
Vira cinzas – ou prospera, e logo.
Como a neve sobre o rosto empoeirado do deserto,
Que se acende por uma ou duas horas – e se vai.

Vem, enche teu copo, e no fogo da primavera
Tuas vestes invernais de contrição atira:
Breve é o espaço que o Pássaro do Tempo tem
Para se agitar – e o pássaro está em pleno voo.

Havia uma porta para a qual eu não tinha chave.
Havia um véu através do qual eu não podia ver.
Uma breve conversa sobre ti e mim,
E depois nada mais de ti e de mim.

O último verso normalmente o fazia chorar. Em meio às lágrimas, ele começava a instigar os clientes do bar:

– Vamos, bebam!

Minha mãe dizia:

– Ah, meu Deus, lá vamos nós outra vez. Dick, já chega!

Ele a ignorava.

– Bebam! Vamos, seus malditos vagabundos! Aproveitem ao máximo o que ainda podemos viver antes de também voltarmos a ser pó! Por conta de quem é esta rodada?

Minha mãe tinha medo do tanto que ele bebia e fumava – dois maços de cigarro por dia. Quando ele começava com as bebidas pesadas como o uísque, se tornava imprevisível e arrumava discussões.

– Ei, Dickie – ela o chamava no bar –, você já bebeu o bastante. Deixa esse pessoal ir embora. Eles precisam ir pra casa.

Por trás de seu cinismo, o velho era frágil e sentimental. Deixava minha mãe maluca, colocando para tocar os mesmos dois discos riscados várias vezes. Um era *What a Wonderful World*, de Louis Armstrong, e o outro era uma seleção de favoritos dos anos 1950 interpretados pela opulenta orquestra de Jackie Gleason, com Bobby Hackett no trompete. Uma música particularmente favorita era "I'll be seeing you".

Meu velho me disse muitas vezes:

– Nunca reclame. Vocês, vocês jovens, não sabem que nasceram! Não têm nada do que reclamar. Veja os animais. Cachorros, gatos e pássaros não ficam sentados por aí pensando sobre o propósito da vida. Eles só seguem em frente. A gente devia fazer o mesmo.

dezessete

A MORTE VAI CHEGAR QUANDO FOR A HORA

Enfim chegou o momento de filmar *O Homem Elefante*. O filme contava a história do Dr. Frederick Treves (interpretado por mim), que resgata de um circo onde era vítima de maus-tratos um homem com uma deformação congênita chamado John Merrick. O diretor David Lynch contava com um grande diretor de fotografia, Freddie Francis, e eles filmaram em preto e branco; as elaboradas próteses do Homem Elefante iriam parecer chamativas demais em cores.

Filmar em preto e branco no fim dos anos 1970 era algo absolutamente fora do comum. A única vez que alguém havia feito isso nessa escala tinha sido na obra-prima de 1971 de Peter Bogdanovich, *A última sessão de cinema*. Freddie Francis era um gênio dos ângulos de filmagem e da direção de arte. Ele era capaz de iluminar o fundo de um cenário e deixá-lo translúcido. Filmamos no East London cercados por docas em ruínas, o que criou uma atmosfera escura e claustrofóbica, repleta de imagens perturbadoras.

John Hurt, um ator britânico, foi escolhido para o papel de John Merrick, o Homem Elefante. Eu tinha pena dele, que todos os dias precisava ficar muitas horas sentado para que a maquiagem o transformasse no personagem. Eu não conhecia John pessoalmente, embora ambos tivéssemos estado na Real Academia no início dos anos 1960, mas eu sabia que se tratava de um ator extraordinário. Ele tivera uma atuação fascinante em filmes como *Vida nua* e como o Calígula na série de TV *Eu, Claudius*.

Meu primeiro dia de participação foi numa locação sombria perto da zona portuária de Londres. Os prédios vitorianos negros eram opressivos. Só me pediram para caminhar pelas ruas. David Lynch havia decidido filmar muitas tomadas, como ele, Stanley Kubrick, David Lean e outros diretores "visuais" eram conhecidos por fazer. Mas eu não me importava. Meu trabalho era fácil. Naquela época eu não me importava em esperar. Atores que trabalham com cinema são pagos para esperar. Li alguns livros no set de filmagem e a batalha mais difícil que enfrentei foi contra a tentação de comer rosquinhas do serviço de buffet.

Cortei um pouco da sentimentalidade do meu personagem e, apesar disso, um dia me peguei tendo uma estranha experiência emocional.

Na cena, Treves está em busca de Merrick, e um menino diz: "Posso levar você lá." E vou até o lugar em que estão mantendo o sujeito. É escuro, sombrio, uma parte horrível de Londres, com armazéns centenários em ruínas. Entro nesse porão escuro, um lugar digno de pesadelos, e me deparo com um homem com um saco na cabeça atrás de uma cortina.

Enquanto eu e o menino andávamos pelo corredor, acabei tropeçando num degrau e quase caí. David continuou filmando e nós continuamos em cena. Aquele choque causou algo ao meu cérebro. Tocou em algum centro de terror da minha infância – a sala escura, a sombra na parede, o pesadelo. Senti um medo real de estar naquele lugar completamente escuro. Foi um sentimento sobrenatural. Na minha mente, comecei a recitar o Salmo 23: "O Senhor é meu pastor..." E mantive meu olhar num ponto da parede. De repente uma lágrima começou a escorrer pelo meu rosto. Mantiveram a câmera em meu rosto, e David disse:

– Ótimo, corta. Quer fazer de novo?

Sequei a lágrima e olhei para ele como se estivesse acordando de um sonho.

– Não – respondi. – Acho que não consigo fazer isso de novo.

◆ ◆ ◆

O estúdio fez uma pausa para as festas de fim de ano. Jenni e eu fomos de carro até Gales para passar o Natal com meus pais.

Na manhã de Natal, meu pai convidou alguns vizinhos para beber alguma coisa. Trocamos as usuais felicitações, ditas em voz alta em meio a uma cacofonia de risos e conversas. Ouvi meu pai sendo barulhento como sempre e notei sua cor. O rosto dele estava vermelho, muito vermelho. Os vizinhos foram embora para seus almoços natalinos. Meu pai pareceu confuso durante o almoço, mas murmurou suas frases depressivas de costume:

– É isso, mais um Natal que passou! Mais um ano que acaba. É tudo um golpe publicitário.

Minha mãe também cumpriu seu papel na eterna cena, pegando a deixa:

– Por que tudo precisa ser tão sombrio? Todo ano a mesma coisa.

De repente, enquanto estávamos lavando a louça, meu pai gritou. Agarrou o braço com dor. Eu soube imediatamente que ele devia estar tendo um infarto.

– Chame o médico! – gritei. – Agora! Chame o médico!

O médico veio.

Um exame. *Levem o velho para a cama. As próximas 24 horas são decisivas.* Uma injeção de calmante.

– É essencial que ele fique deitado – orientou o médico.

Pela manhã, entrei no quarto do meu pai. Seu rosto estava pálido. Ele olhou para mim em choque.

– Nunca esperei isso – disse ele. – Foi um infarto, não foi?

– Sim. Foi o que o médico disse.

Ele fez menção de que ia se levantar.

– O que está fazendo? – perguntei.

– Levantando. Não posso ficar na cama o dia todo.

– Está louco? – perguntei. – Não ouviu o que o médico disse? Você tem que ficar na cama.

– O que vou fazer? – retrucou ele, indignado. – Ficar deitado e morrer?

O médico chegou para examinar o paciente.

Exame. Injeção de calmante.

Segui o médico escada abaixo e até o carro.

– É grave?

– Fatal. É só uma questão de tempo.

– Ele quer se levantar.

– Então ele está louco. Descanso e medicação são as únicas coisas que podem funcionar. Ele sempre foi assim, tenso e agitado?

– Sempre.

– Bem, ele está pagando o preço agora. O que está matando ele é essa energia. Nos próximos meses, ele precisa descansar e relaxar, mas o estrago está feito. Desculpe por ser tão direto. Mas é isso.

O problema era um coração aumentado por uma vida de trabalho duro somado ao cigarro e à bebida.

Minha mãe não queria acreditar.

– Você acha que ele vai ficar bem? – perguntou ela.

O que eu podia dizer?

– Sim, desde que ele descanse – respondi.

Voltei a Londres para terminar de gravar o filme. Meu pai parecia ter se recuperado. Minha mãe ficou aliviada por ver as coisas voltarem ao normal. Mas o médico tinha dito que era questão de tempo.

De fato, ele sobreviveu mais um ano, mas o declínio foi horrível. Os últimos meses de 1980 foram os piores dias do velho. Ele me disse que sentia a sombra da morte se aproximando. Meu pai foi ateu a vida toda, mas de repente começou a sussurrar trechos do Salmo 23 para si mesmo e a perguntar por que Deus havia enviado esse sofrimento para ele, e então dizia:

– Ah, bom, seja feita a tua vontade.

Ele ficou mais distante. No Hospital Gwent Royal, em Newport, eu me sentava ao lado da cama, mas ele não conseguia – ou não queria – olhar para mim. Minha mãe acreditou até o fim que ele ia se recuperar.

Ele está parecendo muito melhor hoje. Você não acha? Ah, sim, muito melhor. Ah, sim, ele vai ficar bem logo.

Mas eu sabia que ele não sairia vivo do hospital.

A enfermeira-chefe me chamou à sala dela certa manhã.

– Quero só que o senhor saiba, e tenho certeza que sabe, que seu pai está morrendo. Sei que sua mãe acredita que ele vai melhorar. Não faz sentido contar a verdade para ela.

Agradeci a ela e lhe disse que já havia percebido que o fim estava próximo.

– Bom. É melhor saber a realidade. Ele tem poucos dias agora. Vamos mantê-lo sedado e confortável.

Era um jogo de espera. A morte vai chegar quando for a hora. Toda manhã, eu tinha que sair, me afastar da sombra da tristeza da minha pobre mãe. Eu precisava respirar. Qualquer desculpa valia.

Um dia, ele se sentou e encarou o canto do quarto.

– O que foi? – perguntei.

– Olhe ali! – disse ele.

Não vi nada.

– Meu pai e minha mãe estão ali – falou.

Num de seus últimos dias vivo, meu pai disse, pela última vez:

– Recite *Hamlet* para mim.

Enquanto eu falava as palavras, ele fechou os olhos, descansou a cabeça e recitou algumas palavras já conhecidas comigo.

> Ser ou não ser: eis a questão.
> É mais nobre curvar a cabeça aos golpes
> Da ultrajante fortuna...

Continuei recitando páginas da peça, que sabia de cor. Quando parei, ele levantou a cabeça e me olhou, ainda impressionado que seu filho, que para tantas coisas era obtuso, fosse tão surpreendentemente brilhante nisso.

– Meu Deus – disse ele. – Como você decorou tudo isso?

◆ ◆ ◆

Na manhã de 30 de março de 1981, o último dia de vida de meu pai, desci novamente a ladeira da Hove Avenue até a Newport Road. Notei as acácias amarelas na avenida e as primeiras flores de cerejeira brotando nas árvores. No parque, um cachorro corria atrás de uma bola e latia para as crianças que brincavam na grama. As mulheres a caminho das lojas andavam rápido pela calçada, algumas para pegar os ônibus para o centro. Era o zumbido mundano e monótono, os gritos e ganidos da vida. Como era possível que em breve meu pai fosse deixar de fazer parte deste mundo?

Às 11 da noite, o telefone tocou. Tinha chegado a hora.

Minha mãe estava impassível a caminho do hospital. Não falou uma palavra. Tudo estava imóvel. As ruas banhadas pelo brilho amarelo das lâmpadas de sódio nos postes. Um gato atravessou a rua. Ele estava meramente seguindo a vida. Sobrevivendo.

Quando chegamos à enfermaria silenciosa, a enfermeira de plantão nos pediu que esperássemos alguns minutos.

Um jovem médico indiano entrou na sala para nos avisar o que já imaginávamos. Ele pegou a mão da minha mãe. Suas platitudes gentis, em vez de reconfortantes, só aumentaram o horror.

– Ele morreu em paz, Sra. Hopkins. Está num lugar melhor.

Ah, é mesmo? Um lugar melhor? Comecei a ficar com raiva, como meu pai e meu avô certamente ficariam, mas me contive. Eu conseguia fazer isso agora que não bebia mais. Em vez de explodir, simplesmente assenti e disse:

– Sim, obrigado.

Fomos levados até o mal iluminado cubículo cercado por uma cortina para ver o corpo do meu pai. Minha mãe se sentou numa cadeira à cabeceira da cama, inclinando-se, acariciando a testa fria dele. Fiquei parado no pé da cama. Toquei os pés dele. Estavam frios. Eu sentia frio também.

Meu pai costumava comentar sobre a morte de qualquer um:

– Ele finalmente descobriu o Grande Segredo, não é?

E agora ele também havia descoberto o Grande Segredo. O silêncio na enfermaria era palpável. Sua morte foi como um objeto enorme sendo esmagado em câmera lenta no peito. O vasto vazio.

Fui lembrado da minha solidão em menino, quando tinha a impressão de que todas as outras crianças eram inteligentes e só eu era inepto. Eu caminhava sozinho aos domingos. Numa dessas caminhadas, encontrei uma antiga igreja normanda chamada St. Hillary, na Great West Road, na periferia de Cowbridge. A igreja estava abandonada, tomada por folhas de outono, e no ar havia o cheiro de hinários apodrecendo. Naqueles dias, eu ouvia meu pai e não acreditava em nada.

Será que deixaram vinho de comunhão por aqui, pensei enquanto explorava. Não havia vinho, mas encontrei um velho livro de visitantes. Olhei em volta. Ouvi um cachorro latindo. Abri o livro e escrevi: "*Pois em que são os homens melhores do que ovelhas ou cabras se alimentam uma vida cega em seu cérebro?" – Alfred, Lorde Tennyson*. Depois me sentei e simplesmente me deixei sentir a solidão, o profundo isolamento. Com o tempo essa solidão se tornou, à sua maneira, uma dádiva. Pensei nos momentos finais de *Casablanca*, quando ficamos sabendo que Humphrey Bogart foi o herói solitário o tempo todo. No final do filme, ele caminha rumo à névoa.

Na manhã do funeral do meu pai, andei pela Christchurch Road até a igreja Holy Trinity. O caixão estava sobre um cavalete em frente ao altar. Sentei num dos bancos. Acho que ainda estava tentando me conformar.

Não sentia nada, na verdade. Nenhuma tristeza. Guardei-a em algum canto afastado de mim.

Minha mãe ficou com alguns dos livros do meu pai. Alguns eram relíquias maltratadas de seu Clube de Leitura de Esquerda. Um era de Maurice Dobb, o renomado economista marxista. *A morte do caixeiro viajante*, de Arthur Miller. Era a única peça que meu pai tinha lido. Ele se identificava com Willy Loman. Também havia três romances de Warwick Deeping, o autor favorito dele. *Lágrimas de homem, Old Pybus e Sincerity.* Outro era o romance de A. J. Cronin *Sob a luz das estrelas.* O livro que ele mais gostava, que era sua bíblia, era o *Como evitar preocupações e começar a viver*, de Dale Carnegie.

Infelizmente, as palavras do Sr. Carnegie não tinham potência suficiente para eliminar a tristeza de meu pai. Na folha de rosto minha mãe escreveu uma homenagem ao marido, um trecho do *Rubaiyat* de Omar Khayyám, embora em vida ela sempre tivesse implicado com o marido e com o pai dele por recitarem o poema com tanta frequência. "Ah, por que você fica repetindo isso? É tão deprimente e mórbido. Omar Sombrio, ou seja lá qual for o nome dele!"

Agora ela escrevia com toda a seriedade.

A mundana esperança em que os homens depositam seus corações
Vira cinzas - ou prospera, e logo.
Como a neve sobre o rosto empoeirado do deserto,
Que se acende por uma ou duas horas - e se vai.

– Era um homem bom, o seu pai – disse ela –, mas quando nos conhecemos ele não tinha a menor noção de seu próprio valor. Tinha medo de se impor. Tive que fazê-lo se impor e lutar. Ele tinha receio de machucar as pessoas, e acabavam tirando vantagem dele. Era todo arrogante e reclamava de tudo, mas eu via quem ele realmente era. Era solitário. Vou sentir falta dele para sempre, apesar de admitir que em alguns momentos eu podia ter matado ele. Seu pai me deixava louca, mas eu o amava.

Lembro que, quando vovô Yeats morreu de câncer no pulmão, peguei o trem de Londres para Port Talbot. Foi uma tarde muito fria, e o enterro foi no cemitério no topo da Dyffryn Road. Ali, o velho vovô Yeats finalmente se uniu à sua adorada filha Jenny.

Fora do cemitério, dois idosos me esperavam. Eram dois colegas de trabalho do meu avô, Charlie Blower e alguém chamado Sorriso.

Charlie ofereceu suas condolências.

– Gostávamos do seu avô – disse ele. – Era um bom homem, mas um verdadeiro solitário.

– Nunca tirou um dia de folga do trabalho – contou Sorriso –, nem quando a menina dele morreu.

Os homens da minha cidade e da minha família eram assim: cabeça baixa, trabalho duro, nunca se deixar levar pela emoção. Quando meu avô e meu pai morreram, percebi como seus sonhos e prazeres eram limitados em comparação com os meus e quanta coisa eles gostariam de fazer e ver, mas nunca conseguiram. Eles viveram com muito pouco.

No dia em que meu pai morreu, reuni os objetos pessoais dele no quarto do hospital: óculos de leitura, caneta, livro e um mapa rodoviário dos Estados Unidos. Ele sublinhou lugares com nomes exóticos como Nebraska e Novo México. Passou seus últimos momentos sonhando com o dia em que sairíamos nessa incrível aventura juntos, numa viagem de Nova York a Los Angeles, só nós dois.

dezoito

ELE É HUMANO, E É ISSO QUE O TORNA MAIS ASSUSTADOR

Um homem sozinho no palco começa:

– Você nasce numa cultura trágica. A tragédia está impregnada em seus ossos. Um país de uma beleza quase impossível. Desde o momento em que você nasce, a tristeza te contamina.

Meu Deus, pensei, *que texto.*

O excepcionalmente talentoso dramaturgo e diretor Dave Hare me enviou uma peça chamada *Pravda*, uma sátira da cultura de tabloides dos anos 1980, escrita em parceria com Howard Brenton. Eu soube imediatamente que queria interpretar Lambert Le Roux. Le Roux era um magnata branco inescrupuloso da mídia sul-africana, baseado livremente em Rupert Murdoch.

Liguei para David.

– Meu Deus, que papel fascinante!

– Por que você quer fazer esse? – perguntou ele.

– Le Roux é decidido e é um bandido, mas faz as coisas acontecerem – falei. – Ele diz tudo que a gente não se atreve a dizer. Diz todas as coisas que a gente não se atreve a pensar.

– Alguma sugestão para o texto?

– Não – respondi. – Está perfeito. O texto está muito bom. Mas agora que você mencionou, vou dizer algo que me ocorreu. Li que Hitler tinha mais de mil livros, mas nunca lia nenhum, tamanha era sua convicção em suas crenças. Talvez Le Roux pudesse dizer algo como: "Na minha casa tenho mil livros. Mas não preciso ler nenhum. Sou um homem convicto."

David concordou e acrescentou isso ao texto.

Essa é a psicologia peculiar dos demagogos. Em minha passagem pelas fraturas internas que todos vivenciamos na infância, adotei algo dessa atitude "cada um por si". Sei chegar a essa emoção com muita rapidez. E vivi a Segunda Guerra Mundial quando criança. Vi a queda da Alemanha - um colosso de destruição causado pela loucura. E a loucura é o que nos leva a agir. A peça implorava por uma resposta para a pergunta: O que é necessário para que qualquer um de nós consiga resistir à calamidade?

Mas aceitar o papel significava voltar para o National Theatre, o palco de Olivier. Eu estava meio paranoico porque tinha me comportado mal. Mas eles me convidaram a voltar, e para essa companhia tão maravilhosa. Quando começamos a leitura na mesa, percebi que David era um grande diretor e que tinha escolhido o elenco com perfeição.

Quando minha cena chegou, falei, rosnando com sotaque sul-africano:

– Você nasce numa cultura trágica.

Me esforcei muito para tornar o vilão atraente, mesmo com toda a sua monstruosidade. Mas talvez tenha ido longe demais, porque um dos outros atores interrompeu, oferecendo-se para seguir comigo rumo à batalha:

– Posso ficar com o mesmo cavalo de Tony?

Todo mundo riu.

– Seu filho da puta – disse David, virando-se para mim. – Esse cara é um anti-herói.

– Não, ele é um herói – retruquei. – A maneira como ele diz coisas que nos apavoram é hipnótica.

– Ele é um monstro! – insistiu David.

– Não, ele é humano, e é isso que o torna mais assustador. Ele é um monstro, mas não no sentido de "malvado". Ele é *decidido*. E sabe que todo mundo tem um preço.

Claro que esse é um território perigoso. Mas acho que é isto que a peça revela: a fraqueza em nossa psicologia. Você encontra uma personalidade que é um rolo compressor, um assassino que diz com voz poderosa: "Você quer viver ou morrer? Se quer viver, venha comigo." Essa pessoa pode dominar o mundo.

Veja Napoleão. Veja Stalin. Dizem que ele era um mero burocrata. É mesmo? Ele contagiou a Rússia. Esmagou os nazistas alemães usando pura força de vontade.

Há uma cena maravilhosa em *O espião que saiu do frio*, a adaptação do romance de John le Carré, com Richard Burton e Claire Bloom nos papéis principais. O grande ator Oskar Werner, no papel de Fiedler, grita para Richard Burton, que interpreta Alec Leamas: "Quem você pensa que é? Como ousa vir aqui como se fosse Napoleão me dando ordens? Você é um traidor! Você não percebeu? Um homem procurado, cansado, desonesto, a mercadoria mais barata da Guerra Fria! Nós te compramos, te vendemos e te perdemos. Podemos até atirar em você! Nem um pássaro vai se mover nas árvores lá fora. Nem um único faisão vai virar a cabeça para saber o que caiu."

Esse era o tipo de intensidade e crueldade de *Pravda*, mas a peça também era muito engraçada, e eu não tinha paciência para reclamações sobre a dureza da mensagem.

Lembrei do que John Osborne respondeu a uma jornalista fina e elegante do *London Times* que lhe perguntou se ele achava que sua peça *Look Back in Anger* era ofensiva.

A resposta de Osborne:

– Minha cara senhora, a *vida* é ofensiva.

Fazer *Pravda* foi divertido, e uma série de bons trabalhos se seguiram: *Antônio e Cleópatra*, com Judi Dench, *Grandes esperanças* (onde tive a chance de interpretar meu personagem favorito no livro, Magwitch!), *Otelo*, *O bunker*.

Aí veio a notícia: Richard Burton tinha morrido aos 58 anos, menos de uma década depois de eu vê-lo naquele camarim de *Equus* (o casamento com Hunt durou apenas seis anos). Que fim triste. Ele morreu na Suíça de uma severa hemorragia cerebral, embora o abuso do álcool certamente tenha contribuído também. Não fosse pela graça de Deus, eu com certeza estaria morto também àquela altura, se não tivesse ficado sóbrio.

Depois que Richard morreu, fui a Bel Air ver Elizabeth Taylor. Em 1976 fizemos um filme para a TV juntos, com Kirk Douglas e Burt Lancaster, chamado *Vitória em Entebbe*, sobre o sequestro de um avião por terroristas. Eu era um grande fã dela. Ela havia feito *Assim caminha a humanidade* em 1956, quando tinha 23 anos. O filme tem três horas e a personagem dela envelhece 25 anos. Sempre fiquei impressionado com seu talento natural, uma pena que o lixo publicado pelos tabloides sobre seus casamentos tenham frequentemente ofuscado a percepção do público.

Quando fui visitá-la em casa, ela estava se recuperando de problemas graves na coluna e por isso vinha passando muito tempo assistindo TV sob o efeito de analgésicos. Para me cumprimentar, ela sentou na cama usando um apoio. Mesmo na velhice e apesar de suas enfermidades, ela ainda tinha aqueles maravilhosos olhos violeta e mantinha seu porte majestoso.

– Há quanto tempo você conhecia Richard? – perguntou ela.

– Na verdade eu não o conheci muito bem.

– As pessoas eram tão más com ele... – disse ela. – Diziam que ele se vendeu. Porra nenhuma! Ele era magistral.

– Lamento que ele tenha morrido – falei.

– Sim, é muito triste, mas é claro que ele não era flor que se cheirasse.

Anos depois, eu estava visitando Port Talbot e cruzei com um mineiro que estava indo para casa depois do trabalho e me reconheceu. Era o cunhado de Burton, e ele me convidou para entrar.

– Nunca sabíamos qual foto de casamento colocar na lareira quando ele aparecia para uma visita. Perdemos a conta dos casamentos. Ah, ele era cruel com as mulheres – disse ele.

Não muito depois, quando eu estava em Roma filmando *Conspiração ao poder*, me peguei pensando sobre os homens que tinham vindo antes de mim e sobre que tipo de homem eu queria ser no mundo. Tentava não ser tão estoico quanto meu avô, mas também ser menos volátil e ter mais bom senso que meu pai. Queria ter a presença de Richard Burton mas sem sua maldade.

Na época, eu andava reclamando do roteiro e de tudo, para ser sincero, quando de repente me dei conta de que estava em Roma, e estava trabalhando, hospedado num lindo hotel, o Hotel de la Ville, logo acima das Escadarias da Praça da Espanha, sentado num jardim luxuoso à luz do sol. *Como posso estar insatisfeito? Qual é o meu problema?*

Foi nesse estado de busca que uma espécie de mantra surgiu. Caí no sono e, quando acordei, apareceu na minha mente uma sequência de frases que repeti para mim mesmo todos os dias por muitos anos.

Não é da minha conta o que as pessoas falam de mim ou pensam de mim. Sou o que sou e faço o que faço por diversão e liberdade. Porque amo fazer. É tudo parte de um jogo, um jogo maravilhoso, o jogo da vida sobre a própria vida. Não há nada a provar. Não há nada a ganhar; nada a perder. Nada de mais, nada sério. Não há nada que seja sério. Sozinho, não sou nada, e sozinho não posso fazer nada. É a presença interior que transforma tudo, que faz tudo. Sozinho, não sou nada. E assim vou vivendo, fazendo o melhor que posso com o que tenho.

Disse isso para mim mesmo muitas e muitas vezes, e descobri que essa nova atitude abriu para mim a oportunidade de novos papéis e experiências que enriqueceram minha vida.

◆ ◆ ◆

Em meados dos anos 1980, gravei em Londres um filme chamado *Nunca te vi, sempre te amei*, baseado num livro muito popular publicado em 1970. O filme fala sobre um romance epistolar platônico entre um livreiro em Londres e uma leitora em Nova York. O texto era engraçado e comovente e, no fim, a leitora vai à livraria e descobre que o livreiro morreu. O filme é muito inglês, mais uma história sobre coisas não realizadas e conveniência, sobre pessoas que vivem em silêncio e depois morrem. Acho que esses são os filmes que realmente nos deixam arrasados.

Numa tarde dessa época, eu estava atravessando Londres de táxi. O táxi parou numa faixa de pedestres, na Birdcage Walk, perto do Palácio de Buckingham, a residência real. A Guarda da Rainha estava a postos. As pessoas voltavam para o trabalho depois do almoço. Um lindo dia quente. A janela do motorista estava aberta. Ele cantarolava uma música. De repente fa lou comigo pela janela de correr entre os assentos. Não se virou, mas falou de forma que eu pudesse ouvir. Um sotaque carregado da área de East London.

– Olha só esse pessoal aqui em frente. Todo mundo muito sério e importante, não é? Todos ocupados, cheios de si e tudo mais. Olha esse cara aí na nossa frente, jovem, de roupa chique, todo importante, e aquela jovem, muito bem-vestida, meio metida, bonita, e aquele grupo lá, o velho palácio. Eles têm coisas para fazer, sim, mas o engraçado é que, em algum momento, mais cedo ou mais tarde, eles vão embora, como você e eu, e todos nós seremos substituídos. É a vida.

"Trabalho com isso há 30 anos. Conheço Londres como a palma da minha mão. Eu era jovem, tinha uns 20 e poucos anos, na guerra. Nasci em Whitechapel. Tenho netos agora. Vou me aposentar ano que vem. Observo as pessoas todos os dias. Gosto de conversar com elas. Meu pai foi um jovem na Primeira Guerra, um menino. Ele ficou arrasado, sabe, em estado de choque, Batalha de Ypres. Era um moleque. Pelo rei e pelo país. Ele voltou, casou com a minha mãe. Tentou conseguir emprego como todos os caras que voltaram. Morreu de tanto beber. Sim. O engraçado é que eu sempre fui otimista. Minha mulher é igual. Ela quer que eu me aposente. Sossegue em algum lugar."

– "A morte, um fim necessário, vai chegar quando for a hora" – falei.

– O quê?

Repeti:

– "A morte, um fim necessário, vai chegar quando for a hora!"

– Bom, isso é superanimador. Muito obrigado por isso, meu chapa. Mas é, você tem razão. Quem disse isso?

– É de Shakespeare, *Júlio César.*

– Ah, sim, "Amigos, romanos, compatriotas, emprestai-me vossos ouvidos". Era o favorito de meu pai. Ele lia muito. Rudyard Kipling era seu predileto.

Depois de algum tempo, chegamos à Sloane Square. Paguei e acrescentei uma boa gorjeta. Ele riu.

– Obrigado, meu chapa. Você é ator, não é? Acho que já vi você em algum lugar. Na televisão?

– É, pode ser.

Trocamos um aperto de mãos.

– Boa sorte, meu chapa – disse ele. – Vou ficar de olho em você. Até a próxima. Até breve, continue a sorrir e se cuide.

E aí ele foi embora.

Assim, de repente, era como se eu estivesse na esquina da Beechwood com a Margam, ouvindo os sons borbulhantes do riacho Arnallt do outro lado de um muro de tijolos aparentes, ouvindo Brian Moore falar da morte pela primeira vez. Eu tinha mudado muito desde então. Agora, quando eu falava sobre a Morte, era capaz de citar Shakespeare, lhe dar um aperto de mão e fazê-la rir.

dezenove

FAVAS E UM BELO CHIANTI

Perto do fim de uma temporada de oito meses da peça *M. Butterfly* no West End, em setembro de 1989, eu estava quase morrendo de tédio. Certa manhã, antes da matinê, fui assistir *Mississippi em chamas*, com Gene Hackman, e saí do cinema pensando: *Eu ia adorar fazer um grande filme em Hollywood*. Fiquei me perguntando se isso um dia aconteceria. Provavelmente não. Eu tinha filmado um trabalho sem importância com Mickey Rourke, e quando ele me agarrou com muita força pelo pescoço numa determinada cena, eu o empurrei e disse:

– Encoste em mim assim outra vez e eu grudo o seu rosto no fundo do crânio!

Entediado e irascível – eis meu mau humor chegando ao fim do meu contrato para a peça. E aí, numa tarde de quinta, recebo uma ligação no telefone do teatro.

– Estou com um roteiro aqui no escritório – disse meu agente em Londres, Dick Blodgett. – É interessante. Quer ler?

– Sim. Estou no teatro agora.

– Eu sei. Por isso liguei para aí. Você vai ficar o resto da tarde? Posso mandar o roteiro agora.

– Sobre o que é o filme? – perguntei.

– Chama *O silêncio dos inocentes*. Quem vai dirigir é um americano, Jonathan Demme. Ele é bom.

– *O silêncio dos*... o quê? – perguntei.

– *O silêncio dos inocentes*.

– É um filme infantil?

– Não, é uma espécie de filme policial. O personagem se chama Lecter. Não é um grande papel, mas Demme parece querer que seja você. Ele está interessado. Acho que a protagonista vai ser a Jodie Foster.

– Ela é boa. Ela não ganhou um Oscar?

– Sim. Quer ler?

– Sim. Pode mandar.

A maior parte das críticas de *M. Butterfly* tinha sido indiferente, embora algumas tenham sido ferozes. Ao longo do verão, o público foi diminuindo. Eu mal podia esperar o fim da temporada. Já tinha percebido então que o teatro realmente não era para mim. Fazer a mesma coisa toda noite tinha se tornado entediante. *Por que você escolheu isso?*, eu vivia me perguntando.

Mas cinema? Aí a história é outra. Poucas repetições. Viagens. O pagamento é bom. E eu gosto. Você se muda muito. Não cria raízes. Este filme Silêncio qualquer coisa pode ser interessante. Jodie Foster? Não pode ser ruim.

Dali a meia hora o roteiro chegou. Na frente, Dick havia escrito *Lecter*.

Preparei uma xícara de chá e me sentei para ler. Parei na página 15. Liguei para a agência.

Dick atendeu:

– Oi. E aí? O que achou?

– Não quero ler mais – falei. – Já fizeram uma oferta definitiva?

– Qual o problema? Você não quer ler, mas quer saber se fizeram uma oferta. Estranho.

– É o melhor papel que já li. Não quero mais ler caso a oferta não seja pra valer.

– Está bem. Já te dou um retorno.

Parecia promissor, então li o resto do roteiro de Ted Tally, baseado no romance de sucesso de Thomas Harris. Então dei uma caminhada ao ar livre e comprei um sanduíche e um café.

A ligação veio:

– Jonathan quer mesmo que você interprete Lecter. A oferta é real. Ele vai pegar um voo para Londres amanhã. Consegui um ingresso para a peça no sábado, e ele quer levar você para jantar e conversar depois. Tudo bem?

– Ótimo. Fantástico.

– É um bom papel, esse tal Lecter?

– O melhor. O papel que vai mudar a minha vida.

– É um papel pequeno, mas se você acha que é bom, vá em frente. Parabéns.

O sábado chegou. Havia um recado para mim na porta do palco. *Vejo o senhor depois do show, Sr. Hopkins. Jonathan Demme.*

Depois da peça, nos encontramos e atravessamos a rua até um restaurante italiano. Ele nunca parou de me fazer perguntas: O que achei do roteiro? O que você acha do Lecter? Como você pensa em interpretá-lo?

– Como o computador HAL no filme *2001: Uma Odisseia no Espaço*, de Kubrick – respondi. – Discreto e íntimo.

Nas cenas de abertura do filme, a agente em treinamento do FBI Clarice Starling recebe uma missão perigosa de seu chefe, Jack Crawford: entrevistar um criminoso cruel, um ex-psiquiatra que agora cumpria prisão perpétua por assassinato. A série de entrevistas de Starling deve ser realizada numa prisão para criminosos insanos.

Crawford diz a Clarice para se ater a perguntas específicas e evitar qualquer proximidade. Em outras palavras, manter completo controle da entrevista. Não deixar o entrevistado estabelecer as regras.

"Quem é o entrevistado?", pergunta Clarice.

"O psiquiatra Hannibal Lecter."

"Hannibal, o Canibal."

Crawford alerta Clarice para não contar a Lecter nada de cunho pessoal. "Acredite em mim, você não quer Hannibal dentro da sua cabeça."

Quando li essas falas, conheci o personagem instantaneamente. O padrão de sua personalidade se formou em minha mente. Lecter é descrito como um monstro. Essa era minha pista. *Não interprete o monstro. Interprete uma versão mais discreta, simpática. Crie um "romance" com Starling. Seduza. Assuma completo controle da entrevista. Um jogo de gato e rato. Divertido. Atraia o público para o jogo.*

Quando Starling aparece para entrevistar o assassino em série Hannibal Lecter, ele a decifra por completo na hora, e cada palavra que diz lhe causa dor. Sua atenção é leve, direta e contínua. Penetrante. A penetração não é sexual, mas psicológica. O mito por trás da história é o de *A bela e a fera*.

Quando Lecter encontra Clarice pela primeira vez, fica impressionado com sua coragem profissional. Uma jovem contra um velho assassino em série. Ela busca ajuda e orientação, mas antes Lecter brinca com ela. Ele a testa. Sabe como criar uma brecha em seu cérebro. Ele a deixa desconcertada, comentando sobre o que ela está vestindo e o que aquilo diz sobre ela.

"Você é muito ambiciosa, não é?", diz ele. E enquanto eu lia o roteiro, conseguia me ouvir dizendo as palavras numa voz fria, ameaçadora e profundamente sensata. "Sabe o que você parece, com sua bolsa de boa qualidade e sapatos baratos? Uma caipira. Uma caipira arrumadinha e com certo bom gosto. Uma boa alimentação lhe deu algum refinamento, mas você não está a mais do que uma geração da escória branca e pobre, não é, agente Starling? E esse sotaque que você tentou tão desesperadamente perder, pura Virgínia Ocidental."

Clarice o desafia a voltar sua "incrível perspicácia" para si mesmo. Lecter responde: "Um recenseador tentou me entrevistar uma vez. Comi o fígado dele com favas e um bom chi-*an*-ti."

No mês seguinte, encontrei Demme e alguns membros da equipe de produção no Hotel des Artistes, no Upper West Side de Manhattan. Jonathan era uma espécie rara de diretor, sempre cheio de boa vontade, entusiasmo e cordialidade. Falava animadamente sobre como Jodie Foster ia interpretar Clarice Starling e disse que iam realmente filmar na Academia do FBI em Quantico, na Virgínia.

Alguns dos colegas de Jonathan estavam claramente nervosos por ele ter me contratado, mas ele começou a reunião dizendo que havia me visto como Frederick Treves em *O Homem Elefante* e estava convencido de que eu seria perfeito como Hannibal Lecter.

– Mas Treves é um homem bom – falei. – Educado e bem-comportado.

– Sim – respondeu Demme –, mas, assim como ele, Lecter é um homem altamente desenvolvido e culto. Só que Lecter está preso num cérebro insano.

Ele tinha razão. E Treves sofria com sua bondade. Em uma cena ele diz: "Para que serviu tudo isso? Por que eu fiz isso? Sou um homem bom ou mau?" E ele diz essas palavras numa voz neutra, do tipo que imagino para Lecter, a maneira como HAL, com uma segurança neutra, controlada, falava com a equipe da espaçonave: "Oi, Dave."

Até mesmo a sonoridade do nome "Lecter" me fazia pensar numa máquina estalando. Sem emoção. Sem empatia. Sem necessidade de qualquer sensação ou apetite. Lecter não vai a lugar nenhum. É um espécime em uma caixa de vidro. Ser desprovido de sentimento e de necessidades sensuais faz dele uma presença implacável e aterrorizante, uma encarnação do diabo.

– Você não quer um ator americano? – perguntei a Jonathan Demme.

Ele riu e respondeu com outra pergunta:

– Você não quer o papel?

– Sim, quero, sim – assegurei. (*Não faça perguntas, seu idiota!*, falei a mim mesmo.) – Quero muito.

Um produtor que estava na mesa confessou:

– Tínhamos nossas dúvidas sobre usar um ator inglês para interpretar um assassino americano.

– Bom, nesse caso tudo bem – afirmei. – Não sou inglês; sou galês.

Eu sabia que eles não tinham motivo para se preocupar porque eu instintivamente sentia exatamente como deveria interpretar Hannibal. Tenho o diabo em mim. Todos temos o diabo em nós. Sei o que assusta as pessoas. O segredo é incorporar ao mesmo tempo duas atitudes interiores que não coexistem com frequência – ele era ao mesmo tempo *distante* e *alerta*.

Eu já tinha encontrado essas duas coisas numa mesma entidade uma vez, muito cedo na vida, e isso se tornou parte do meu inconsciente infantil. Eu sofria de um medo terrível de aranhas e, infelizmente, morávamos numa casa velha cheia de criaturas rastejantes e escorregadias. Uma noite acendi a luz na padaria do meu pai e, bem ao lado do interruptor, havia uma aranha preta enorme – paciente e imóvel, e ao mesmo tempo completamente alerta. Dei um pulo de susto.

O efeito que eu queria causar como Hannibal era esse. Eu queria ser a aranha na padaria do meu pai, de modo que, assim que a câmera o enquadrasse, Lecter se revelasse em pura prontidão e completa imobilidade. Olhar alguém por muito tempo deixa a pessoa incomodada. O distanciamento atrai a testemunha – ou vítima – para perto e para dentro do círculo da personalidade do predador.

Pensei no que tinha aprendido sobre o gesto psicológico e intuí a estrutura interna da mente de Hannibal Lecter. O elemento essencial: relegar a segundo plano o fator de movimento do peso e da sensação – ou intenção. O maior poder de Lecter estava em seu pensamento penetrante e em sua intuição constante. Isso transpareceria também na clareza perfeita de sua fala.

As pessoas acham a dicção perfeita cativante. Murmurar é considerado sensual e, mesmo assim, quando pensamos nos grandes murmurando, se prestarmos atenção, eles não estão exatamente murmurando. Marlon Brando tinha uma grande técnica. Era um ator clássico, romântico. Todos os grandes atores têm essa clareza. Você precisa saber o efeito que causa e se projetar para o público. No cinema, quanto mais imóvel você ficar, melhor. Já ouvi muitas histórias de atores que se gabavam, dizendo sobre um colega de elenco: "Vou atuar com tanta intensidade que ninguém nem vai perceber esse cara na tela", só para ver a cena e se dar conta: *Ah, não! Fazendo menos, ele estava em total controle. Com todo o meu esforço, só pareço louco.*

Depois que comecei a atuar no cinema, trabalhei duro para ficar imóvel, porque manter atenção direta e constante por muito tempo não é da minha natureza. E, para esse papel, tive que cultivar essa disposição ao extremo. Hannibal precisava estar alerta e distante para criar um carisma hipnotizante. O caminho para alcançar isso estava na imobilidade.

No primeiro dia da mesa de leitura, não tive a chance de conversar com Jodie Foster antes de começar. Entramos direto no texto.

Adorei o sotaque que ela estava usando. Dava para imaginar como ela faria a cena no FBI, quando entra no elevador cercada por todos aqueles homens altos e segue sozinha para encontrar o monstro. Ela irradiava força interior e vulnerabilidade ao mesmo tempo. *Não me surpreende que ela seja considerada uma das melhores atrizes da sua geração,* pensei.

Embora eu normalmente não faça uma atuação completa na mesa de leitura, quis mostrar o que era capaz de fazer, então fui o mais assustador possível. No fim das contas, foi *beeem* assustador. Dava para ouvir um alfinete caindo no chão. Uns dois segundos depois de eu começar a falar como Lecter, vi Jodie ficando tensa. Mais tarde ela confirmou que estava mesmo petrificada. E aquela pequena distância entre nós se manteve durante toda a filmagem.

– Tive medo dele o tempo inteiro, eu acho – diria ela mais tarde.

Para meu primeiro encontro com Clarice, Jonathan Demme perguntou o que eu queria estar fazendo quando ela descesse o corredor escuro para me entrevistar na minha cela.

– Você quer estar pintando? Lendo? Dormindo? Sentado na cama?

– Não – respondi, pensando na aranha na parede da padaria. – Quero estar em pé, calmamente esperando por ela.

– Por quê?

– Porque estou sentindo o cheiro dela descendo o corredor.

– Ah, meu Deus, você é doente, Hopkins – disse Demme, e riu.

Ele achou aquilo arrepiante e absolutamente correto.

Expliquei que Lecter tinha que se apresentar como uma pessoa extremamente civilizada. Insisti que o figurinista me desse um macacão de prisão bem ajustado, não largo, por exemplo. Eu disse que Lecter pagaria um alfaiate para ajustá-lo, porque se importava com esse tipo de coisa. E quando Clarice desce o corredor cheio de lunáticos gritando e jogando coisas, vemos o Dr. Lecter no fim corredor, em pé, esperando educadamente em seu macacão com bom caimento, cumprimentando-a com sua completa e ininterrupta atenção. Ele é um monstro, mas um monstro que anda silenciosamente pela noite.

Para este papel, também recorri às minhas experiências de infância imitando Bela Lugosi no internato. Quando criança, fui vê-lo em *Drácula*, que tinha sido um dos primeiros livros grandes que li, embora a linguagem estivesse um pouco além da minha compreensão. No livro, o protagonista, Jonathan Harker, se corta ao se barbear e sente a atenção total de Drácula. O som que imaginei que o vampiro faria naquele momento, desejando o sangue de Harker, era uma combinação muito particular de sibilo e sucção. Foi daí que tirei o som que fiz com os lábios ao interpretar Hannibal, que muita gente imita. Obrigado, *Drácula*.

Pensei também no modo como, quando eu era menino, jogando um jogo solitário de insolência estúpida, ouvia o tom interior frio e analítico de Lecter. Isso me torna um psicopata? Provavelmente. Talvez sejamos todos psicopatas até certo ponto, e se trate apenas de uma questão de grau. Meu jogo de insolência estúpida era um jogo de manipulação. O jogo do silêncio e da imobilidade tem o poder de deixar as pessoas desconfortáveis, porque, ao se comportar dessa maneira, você sutilmente amputa sua própria humanidade.

Tentei ler um livro sobre Ted Bundy como parte da minha preparação, mas era terrível demais, então o deixei de lado. Li um livro sobre Stalin, cuja filha disse não existir ninguém mais solitário que o pai. "Havia muito espaço em torno dele", ela escreveu, "porque as pessoas tinham medo dele. Ele nunca falava muito. Quando ele perdia a paciência, você estava em segurança. Quando ele sorria para você, você estava morto."

Outra inspiração para Lecter: meu professor na Real Academia, Christopher Fettes. Christopher era um professor brilhante, muito carismático e extremamente perspicaz quando se tratava da psicologia humana. Ele falava com extrema clareza e olhava para você com uma imobilidade penetrante. Não desperdiçava um único gesto ou palavra.

Na minha audição, ele entrou na sala e disse:

– Bom dia. Como vai?

– Bem – respondi.

– Ótimo. Qual é a sua peça para a audição?

Eu disse a ele.

– Ótimo.

Fiz minha apresentação.

Uma pausa.

– Sim, muito bom.

Assim como Christopher, Hannibal podia ser um crítico impiedoso. Tinha uma maneira de falar com as pessoas como se fosse capaz de matá-las com facilidade. E, no entanto, tinha um profundo respeito pela agente Starling. Ele iria torturá-la do mesmo jeito, claro. Mas a respeitava.

Depois das cenas em Quantico, a equipe de filmagem seguiu para a Pensilvânia, para as cenas na prisão com Lecter. Os sets foram construídos no velho prédio Westinghouse, no subúrbio de Turtle Creek, em Pittsburgh. Em janeiro de 1990, cheguei à cidade e encontrei Jodie, Jonathan, o produtor Ed Saxon, o diretor de fotografia Tak Fujimoto e toda a equipe. Jodie já havia filmado suas cenas na Virgínia. Agora começava o resto do filme.

Passamos muito tempo no cenário da prisão. Eu gostava da cela de vidro. A atmosfera era soturna, mas não havia nada de soturno em Jonathan Demme. Ele ria e falava o tempo todo, claramente gostava do personagem Lecter.

Várias das cenas entre Clarice e Hannibal tinham oito ou 10 páginas. E, em todas elas, estávamos separados por uma grossa parede de vidro. Tínhamos que filmar o lado de uma pessoa durante todo um dia ou metade de um dia, e depois virávamos e fazíamos a outra parte, porque a câmera não conseguia filmar o que estava do outro lado da barreira. Levava cerca de 20 minutos para entrar no cenário ou sair dele, por isso eu não tinha como conversar com Jodie ou qualquer outra pessoa naqueles momentos. Quando estava filmando, eu olhava diretamente para a câmera, e ela ficava dizendo suas falas meio de lado, com suas roupas do dia a dia. Era uma forma de comunicação estranha – Jodie me disse depois que os diálogos com Hannibal pareciam chegar nela de forma "intravenosa". E acho que isso transparece no filme.

No restante do tempo, basicamente ficávamos um longe do outro. Por isso, em nosso último dia de filmagem, almoçamos juntos. Estava um frio de congelar em Pittsburgh. Jodie largou seu sanduíche de atum e disse que precisava confessar algo: ela teve medo de mim.

– Eu também tive medo de você – revelei.

Demos um grande abraço, e ambos admitimos experimentar uma estranha sensação de distanciamento durante a gravação, sem dúvida devido ao poder daquele roteiro, que nos fez mergulhar num jogo de gato e rato. Desde então, sempre nos cumprimentamos afetuosamente.

Muitas vezes depois disso refletimos sobre como aquela experiência não tinha precedentes. Jodie disse certa vez:

– O que há de extraordinário a respeito de *O silêncio dos inocentes* é que todo mundo que participou do filme sentia que aquele era o melhor trabalho que já havia feito. A perspectiva do filme não é a do monstro. É a perspectiva de alguém que é bom e que está tentando salvar o mundo.

Depois ela deu aquele seu sorriso irônico.

– Dito isso, o monstro no filme é a melhor parte.

Suponho que fosse inevitável haver sequências, mas é difícil reproduzir esse tipo de mágica. Não culpei Jodie por querer deixar aquilo para trás e não voltar para os outros filmes.

Uns dois anos depois da estreia de *O silêncio dos inocentes*, Christopher Fettes, meu antigo professor da Real Academia, ligou. Ele e meu outro professor favorito, Yat Malmgren, queriam me levar para jantar.

Eu não tinha certeza do que eles queriam. Tinham sido muito duros conosco, na época de estudantes. E eu estava orgulhoso de minha interpretação de Hannibal. Aquele papel foi um ponto de virada na minha vida, não só na minha carreira, porque me ajudou a chegar a um novo nível de autoconfiança. Era um papel que eu sabia instintivamente como interpretar. Eu tinha medo de que me dissessem que eu tinha me saído mal.

Depois de nos sentarmos à mesa, Christopher me olhou nos olhos e disse:

– Que atuação *fantástica*.

Yat concordou.

– Você finalmente desenvolveu o sistema introvertido! Hannibal é muito afetado, mas tem uma personalidade maravilhosa. Você usou sua compreensão da dinâmica da personalidade humana.

– Em quem você se baseou para construir o personagem? – perguntou Christopher.

– Em você – respondi. – Hannibal é em parte Drácula e em parte Christopher Fettes. Usei você como modelo de alguém que tinha uma precisão hipercrítica e afiada, além de um profundo conhecimento da psicologia humana. Quando você nos dava orientações em sala de aula, era como se um picador de gelo nos espetasse.

Christopher ficou encantado por ter inspirado um monstro icônico. A noite foi significativa para nós três. Aqueles professores que haviam me ensinado tanto e que haviam sido tão rígidos agora não tinham observações, apenas elogios.

Ouvir de meus professores favoritos que eu tinha feito um bom trabalho – um trabalho *muito* bom – fez com que eu me sentisse um menininho recebendo um tapinha nas costas e ouvindo, finalmente, que talvez eu não fosse tão burro no fim das contas.

vinte

VIDA, VIDA, VIDA!

Numa tarde de domingo de 1952, fui com meus pais ver Charlie Chaplin em *Luzes da ribalta*, que ele rodou enquanto era perseguido na imprensa por causa do pânico com o comunismo. O filme começa com uma música dramática, o tema da bailarina, a heroína do filme, Terry, interpretada por Claire Bloom, e estas palavras: "O glamour dos holofotes, do qual os velhos devem sair para dar lugar à juventude." Algo naquele filme tocou a solidão em meu coração.

O filme se passa nas casas de concerto de Londres que Chaplin conhecia tão bem. O personagem principal, um palhaço já idoso chamado Calvero, que perdeu seu público, salva a bailarina Terry, que está tentando cometer suicídio.

– Por que não me deixou morrer? – pergunta ela.

– Qual é a pressa? – responde Calvero. – Há algo tão inevitável quanto a morte, e é a vida! Vida, vida, vida!

Ele também diz, quando lhe perguntam se odeia o teatro:

– Odeio. Também odeio ver sangue, mas há sangue nas minhas veias.

Quanta dor ele evocava naquelas cenas! Fiquei obcecado. Aquilo me tocou profundamente. Eu queria ser ele.

– Você vai ver esse filme *de novo*? Meu Deus – disse meu pai várias vezes naquela semana, ao me ver voltar ao cinema sempre que podia para ver *Luzes da ribalta*.

No fim do filme, Calvero reconquista o amor do público e morre na mesma noite. Ele diz a Terry:

– O coração e a mente, que enigma.

Meu pai comprou para mim um pequeno projetor, para que eu pudesse ver alguns trechos dos filmes antigos de Chaplin – *A corrida do ouro, Tempos modernos*. Ainda consigo lembrar do cheiro liberado pelo calor da lâmpada dentro do projetor e a maneira como a luz incidia no lençol pendurado na parede, enquanto eu permanecia sentado, maravilhado. Escrevi uma carta para Chaplin falando sobre *Luzes da ribalta*, e coloquei como destinatário o posto dos Correios na cidade suíça em que ele morava. Ele me respondeu com um educado "muito obrigado" datilografado.

Quarenta anos depois, a convite da filha dele, Geraldine, eu estava sentado no jardim da mesma casa na Suíça onde Chaplin recebeu minha carta. Robert Downey Jr., com quem eu aparecia no filme *Chaplin*, de 1992, também estava lá. Quando me sentei para tocar o piano de Chaplin, de repente senti que tinha feito com que a minha vida fosse do jeito que eu sonhara. Depois daquela visita, voltei ao set de *Chaplin*, e alguém bateu na porta do meu trailer. Richard Attenborough entra e diz:

– Você acabou de ser indicado ao Oscar.

Eu jamais teria acreditado se alguém me dissesse em 1952, quando eu era um adolescente diante daquele pequeno projetor, que 40 anos depois eu estaria no jardim de Charlie Chaplin e que, além disso, no mesmo dia, receberia a notícia de que havia sido indicado ao Oscar. Mas *O silêncio dos inocentes* tinha ido bem nas bilheterias, e recebera várias indicações ao Oscar.

Eu certamente não esperava ganhar. Tentei fugir da cerimônia. Na pior das hipóteses, eu talvez conseguisse me atrasar por causa do trânsito do centro. Mas meu agente ligou e me disse que eu não podia deixar de ir, que não devia nem tentar. Ele estava certo. Teria sido desrespeitoso com a Academia e uma demonstração de ingratidão. Eu não queria ser desrespeitoso. Mesmo assim, eu sentia uma estranha ansiedade em relação a eventos desse tipo. Não eram as pessoas, e sim o brilho e a agitação. Não conseguia entender por que eu tinha escolhido ser ator.

– Você não vai se safar dessa – disse meu amigo Bob Palmer.

– Eu sei, eu sei – respondi baixinho.

– E esteja preparado para o caso de ganhar.

Eu me arrumei todo de black-tie. Minha esposa também estava muito bem-vestida. Ela havia desistido de lutar contra minha peculiar resistência a eventos sociais, mas naquela noite eu me esforcei. *Respira fundo. O que pode acontecer?*

Meu pai, que morrera havia muito tempo, me fez uma visita espectral: *Você vai acabar sozinho. Sem amigos. É isso que você quer?*

Cala a boca, pensei. Mas eu temia que ele tivesse razão. Eu tinha feito um pequeno progresso fugindo do passado, mas ainda faltava muito.

Uma limusine nos pegou no hotel. Bob Palmer e a esposa se juntaram a nós. Longa viagem até o centro da cidade, até o Pavilhão Dorothy Chandler. Todos descemos da limusine.

– Sorria, Tony. Sorria.

Dentes cerrados.

– Estou sorrindo!

Flashes e entrevistas rápidas com jornalistas.

– Como é estar aqui no Oscar?

– É, não é ruim.

Sorriso.

Havia muito falatório na parte interna da entrada. Beijos e abraços e vestidos e pescoços esticados. *Quem veio? Quem não veio? Zum-zum-zum.*

Uma mulher se aproximou e disse:

– Você vai ganhar.

– O quê?

– O Oscar.

Ela sumiu no meio da bagunça.

O evento começou. O mestre de cerimônias Billy Crystal ganhou uma enorme salva de palmas ao ser levado até o palco preso a uma maca de rodinhas, vestindo a máscara de Lecter. Eu não sabia o que pensar. A cerimônia continuou. Então veio o prêmio de Melhor Ator Coadjuvante. Jack Palance ganhou por *Amigos, sempre amigos.* Os prêmios seguintes eram para os melhores atores em papéis principais.

Jodie Foster levou o prêmio de Melhor Atriz por Clarice em *O silêncio dos inocentes.* Então chegou a hora do prêmio de Melhor Ator. Kathy Bates subiu ao palco para abrir o envelope.

E o Oscar vai para Anthony Hopkins por *O silêncio dos inocentes.*

Nessa noite *O silêncio dos inocentes* também levou o prêmio de Melhor Filme, o primeiro filme de terror a ganhar e apenas o terceiro a levar todas as cinco principais categorias.

Lembro de subir ao palco. Kathy Bates me entregou o Oscar. Aparentemente fiz um discurso. Mais tarde, me disseram que uma das coisas que eu disse foi:

– Hoje faz 11 anos que meu pai morreu, então talvez ele também tenha tido algo a ver com isso, não sei.

Depois fui levado aos bastidores. Perguntas de jornalistas. Tudo correu bem. Eu tinha passado por toda a cerimônia com pouca ou nenhuma ansiedade. Isso era novidade. Liguei para a minha mãe no País de Gales. Eram cerca de quatro da manhã, no horário do Reino Unido. Ela estava na casa de seus amigos íntimos, Eve e Gene.

– Você viu na TV? – perguntei. Pergunta idiota.

– Claro que vi. Por que outro motivo eu estaria acordada às quatro da manhã? Seu pai teria ficado orgulhoso de você. O menino da Wern Road em Port Talbot.

– Sim, até que deu tudo certo.

E foi isso.

Eu havia vencido a minha ansiedade.

vinte e um

O TIQUE-TAQUE DE VOZES NA MINHA CABEÇA

Uma tarde, recebi uma ligação do meu agente, Ed Limato, da William Morris:

– Oi, Tony. Oliver Stone quer ligar para você.

– Oliver Stone? – Eu fiquei surpreso. – Por quê?

– Ele está fazendo um filme sobre o Nixon.

– O presidente Nixon?

– Sim.

– E por que ele quer falar comigo?

Eu não conseguia pensar em nenhum papel britânico num filme sobre o Nixon.

– Ele quer que você interprete o Nixon.

Por acaso eu sabia muito sobre Watergate, pois havia acompanhado de perto as notícias e a subsequente queda de Nixon. Assisti à renúncia dele na BBC, seu longo e confuso discurso de despedida para a equipe da Casa Branca e os famosos sinais de V de vitória que ele fez antes de o helicóptero o levar para a obscuridade. Isso aconteceu em agosto de 1974; uma semana depois, eu estava em Manhattan para atuar em *Equus* e havia lojas de fantasia vendendo máscaras de Nixon. Vinte e um anos depois, meu agente me disse que Oliver Stone queria que eu o interpretasse. Mas a ideia era absurda.

– Nixon? Como? Eu sou britânico. Oliver Stone é louco?

– Não. Ele quer que você faça o papel. Vai atender a ligação dele?

– Sim, claro.

Oliver ligou 10 minutos depois. Estava em algum lugar da Europa. Eu nunca tinha falado com ele, mas admirava seus filmes – *JFK*, *Nascido em 4 de Julho*, *Platoon*.

Tivemos uma breve conversa. Ele era de poucas palavras:

– Quero que você seja Nixon.

– Nixon?

– Você tem algum problema com isto?

– Sim. Eu sou britânico. Um ator americano seria melhor, não acha?

– Quero que *você* faça o papel.

– Está bem. Mas por que eu?

– Porque você é louco como Nixon. Li algumas entrevistas que você deu para revistas e jornais, e você fala sobre paranoia e inseguranças... isso é Nixon. Escute, chego a Londres no sábado, vou ficar no Hyde Park Hotel. Me encontre lá para o café da manhã e conversamos.

Ele desligou.

Jenni me disse para ter bom senso.

– Não aceite desta vez. Você não pode interpretar o Nixon. Vai fazer papel de bobo.

Ela tinha razão. Além disso, acho que ela não gostava da ideia do meu envolvimento em filmes americanos – e por um bom motivo. Ela não tinha a menor simpatia pela nossa vida pregressa na Califórnia ou em qualquer lugar dos Estados Unidos. Jenni se sentia uma estrangeira por lá. Eu entendia por que ela se sentia assim, mas eu era diferente. Eu sonhava com a Califórnia desde menino. Adorava a vastidão brutal do país, a audácia e a dureza do povo americano, o barulho e a energia. Combinava com a minha natureza. Em Nova York e em Hollywood, eu me sentia em casa.

No sábado, me encontrei com Oliver Stone. Era uma manhã fria. Enquanto eu vestia meu sobretudo, Jenni disse:

– Não se deixe convencer. Só diga que não.

Caminhei pela Knightsbridge em direção ao Hyde Park. De repente, parei no Wellington Monument. Pensei naquela decisão: dizer sim ou não a *Nixon*. Ficar na Grã-Bretanha significava fazer as peças de sempre no teatro e na televisão, Tchekov e Ibsen e sei lá o quê. Nada do que reclamar – eu era um homem de sorte nessa época. Mas algo não se encaixava. *Eu* não me encaixava. Sempre fui inquieto. E agora eu tinha uma oferta para trabalhar com o selvagem Oliver Stone. Eu não sabia se ele era louco, mas tinha ouvido rumores de que era um diretor durão: corajoso e ousado...

Sim.

Cheguei ao Hyde Park Hotel. Ed Limato marcou o encontro para as 10 da manhã no restaurante principal. Sentei e esperei. Então Oliver entrou e sentou. Nenhum esforço para ser simpático, caloroso ou afetuoso. Suas primeiras palavras:

– Então você é um covarde, hein?

– Não – contestei. – Vou fazer o papel.

– Ótimo.

Um toca aqui. Tudo bem.

– Quando começamos? – perguntei.

– Daqui a três semanas, nos estúdios da Sony em Los Angeles. Mas chegue lá duas semanas antes para provas de figurino e testes. Eu te mando alguns vídeos sobre o Nixon. Está bem?

– Está bem.

Simples assim. Não houve muita conversa. Oliver Stone nunca se perdia em delongas, só dizia que era para você aceitar ou deixar para lá.

Jenni ficou chocada e meio desanimada por eu ter aceitado o papel. Eu entendia a ansiedade dela, mas queria voltar para os Estados Unidos. E foi isso.

Dez dias depois, parti para a Califórnia. Não sabia no que tinha me metido. O roteiro estava mais ou menos pronto. Era bom. Mas eu oscilava entre momentos otimistas e pessimistas. Altos e baixos de humor. Tarde demais. Eu estava dentro. O resto do elenco estava a caminho. James Woods como Haldeman. J. T. Walsh como Ehrlichman. Joan Allen como Pat Nixon. Ed Harris como Howard Hunt. E. G. Marshall como John Mitchell. Era um elenco e tanto.

Havia provas de figurino e testes de maquiagem. Oliver Stone me deu vários vídeos de Nixon. Eu os assistia do meu jeito obsessivo: Play. Rewind. Play. Eu trabalhei para captar os gestos e padrões vocais de Nixon. Eu deixava as gravações de voz tocando enquanto dormia, pensando que talvez os sons e imagens penetrassem no meu cérebro.

Em vários momentos, pensei que poderia enlouquecer. No ensaio, meus esforços para acertar o sotaque pareciam não surtir efeito. Contrataram uma treinadora vocal. Ela durou duas semanas. Eu achava a mulher morbidamente deprimida e sombria. Além disso, era uma torturadora ríspida e obcecada. Qualquer erro de pronúncia era recebido com um suspiro, um sorriso sofrido e as palavras:

– Não, não, não, isso está errado. Você nunca acerta isso.

Ela rabiscava marcações fonéticas na minha cópia do roteiro; pareciam uma língua antiga. Um dia, pedi educadamente que ela me deixasse em paz. Eu não aguentava mais. Pouco antes de ir embora, ela disse:

– Boa sorte. Você vai precisar, meu amigo.

Oliver soube e me ligou:

– O que aconteceu?

Contei a ele.

– Ótimo. Você não precisa de uma treinadora vocal. Vamos fazer uma mesa de leitura na sexta. Meu assistente vai passar o endereço e o horário. Vai ser em Santa Mônica.

Uma mesa de leitura. Puta que pariu.

O assistente ligou para passar o endereço e o horário do encontro. A mesa de leitura serve de guia para o diretor e os produtores. É só um monte de atores sentados numa mesa comprida. Não é necessário atuar; só ler. Ainda assim, eu temia a assustadora cerimônia.

O tique-taque de vozes na minha cabeça começou a tagarelar: *Você não leva jeito para isso...*

Sexta-feira de manhã. A leitura. *Lá vamos nós.* Num dos andares superiores de um edifício comercial em Santa Mônica, o elenco inteiro se reuniu. Um bando impressionante. Eu era um ator britânico em meio a um elenco americano de força descomunal. Eu não conhecia ninguém, no máximo havia trocado breves apertos de mão.

Fiz a leitura de meu papel balbuciando. Ninguém pareceu prestar atenção. Fiquei me perguntando se eram surdos. As mesmas vozes chilreavam no santuário interior da minha cabeça-pássaro: É melhor você ir embora. Sua esposa estava certa. *Por que* você aceitou participar?

Duas horas se passaram assim.

– É isso. Pausa para o almoço. Voltamos às duas.

Nenhum comentário sobre a minha leitura. Quando eu estava saindo da sala em direção ao elevador, James Woods passou por mim.

– Ótimo sotaque alemão – disse ele e desapareceu no elevador com J. T. Walsh.

Fiquei para trás. Não queria conversa na hora do almoço.

Um minuto depois, entrei no elevador. Um homem grande e corpulento entrou correndo.

– Oi. Paul Sorvino.

Trocamos um aperto de mãos. O que mais eu poderia fazer? A caminho do térreo, eu disse qualquer coisa:

– Boa leitura.

Sorvino:

– Você achou? Eu achei horrível.

Opa, está bem. Isso não pareceu um bom presságio.

– Posso ser sincero? – disse Sorvino. Antes que eu tivesse tempo de dizer que não era necessário, ele completou: – Sua voz está completamente errada.

Caminhamos até uma galeria e paramos diante de um restaurante grego.

– Se importa se eu almoçar com você? – perguntou ele.

Escolhemos uma mesa perto da janela. Sorvino sentou de costas para a janela. Eu não estava com vontade de comer. Ele olhou o cardápio. O garçom veio. Sorvino pediu um kebab. Pedi um café.

– Você se importa se eu for sincero com você? – tentou ele novamente.

– Não. Vá em frente.

Ele me deu sua avaliação:

– Estou dizendo isso para o seu bem. Seus padrões de fala estão completamente errados. Eu conheço o Nixon. Sou especialista no cara. Paranoia, Watergate, seu discurso de Checkers, sei muito sobre ele. Ele era doido de pedra.

De repente, vi James Woods e J. T. Walsh parados do lado de fora. Estavam a uns 10 centímetros de Sorvino, separados pelo vidro. Faziam caretas – com a língua para fora, os olhos vesgos – e apontavam para Sorvino. Mas o show era só para mim; Sorvino não os notava. Ele estava mastigando seu kebab, um evento alimentício que eu preferia não ter presenciado. Enquanto ele me destruía meticulosamente, explicando o erro lamentável que eu havia cometido ao concordar em interpretar Richard Milhous Nixon, pedaços de cordeiro voavam de sua boca. Finalmente levantei, paguei meu café e voltei para o edifício comercial. Assim que entrei no elevador, Jimmy Woods e J. T. Walsh entraram, passando na minha frente.

– E aí? O Gordão estava te atazanando? – perguntou Woods.

– Quem?

– O Gordão. Seu novo amigo, Sorvino Suado.

– Acho que sim. Ele acha que eu não sou a pessoa certa para fazer o Nixon.

– E daí? Ele que se foda. Está com inveja. A carreira dele nunca decolou.

De volta à sala de ensaio, perguntei a Oliver Stone se podia falar com ele em particular. Entramos numa pequena sala e sugeri que talvez fosse melhor se ele me demitisse. Poderia escalar outro para o papel.

Nenhuma reação de Oliver.

– Não quero estragar o seu filme.

Pausa. Em seguida ele disse:

– Aquele gordo preguiçoso está pegando no seu pé? Nem precisa responder. Eu sei que está. Ele é um bebezão. Não ligue para ele, e não, não vou te demitir, e você não vai sair. Eles estão do seu lado, aqueles caras lá fora, Jimmy e J.T. Todos eles. Olha só, eu disse que você era a pessoa certa para fazer o Nixon porque você é doido que nem ele, paranoico, medroso. E daí? Eu já fui medroso também, ainda sou. Vi muita merda no Vietnã, e nunca vou esquecer, então, seja lá o que te machucou no passado, na infância e essa merda toda, e daí? Use tudo isso. Esses são os pedaços. Foda-se aquele gordo. Ignore o que ele diz.

Voltei para a sala de leitura. Sorvino deve ter pressentido que algo tinha acontecido, porque de repente explodiu e avisou para ninguém mexer com ele.

Os preparativos continuaram, testes de maquiagem e figurino. Ainda sofrendo com as dúvidas, lembrei a mim mesmo que, em última análise, nada tinha importância. É um filme! Quem se importa? Entretenimento. *Ninharia. Pipoca.*

Na sexta-feira à tarde, faríamos a inspeção final no cenário do Salão Oval. O departamento de maquiagem se esforçou para que os membros do elenco parecessem autênticos. Pouco antes de ser chamado para o set, me olhei no espelho. Havia uma vaga semelhança com Nixon, mas só isto: o terno preto, o cabelo.

O que estou tentando provar?, perguntei a mim mesmo. *Que sou o presidente Nixon? Esqueça. Não sou o presidente Nixon. Esquizofrenia. Os doidos às vezes acham que são Napoleão ou Júlio Cesar.* Eu não tinha que *ser* ele. Só tinha que agir *como ele* para fazer a história funcionar.

Enquanto caminhava em direção ao cenário para a inspeção final, senti uma ligeira mudança. Meus ombros se curvaram para a frente. Entrei na sala e os outros olharam para mim. Oliver Stone disse:

– Viu? Eu te falei que você é ele. Quando nos conhecemos em Londres, eu disse que você era tão perturbado e paranoico quanto o velho Richard Milhous. Você conseguiu.

– Hum – murmurou Jimmy Woods. – Este papel não está muito distante de você, não é?

Algo se encaixou na minha cabeça e o filme correu bem. Enquanto filmávamos, senti a presença de Nixon quase como se ele estivesse olhando por cima do meu ombro, me instigando a continuar. No final, estou feliz por ter aceitado o papel, pois me ajudou a expandir meu escopo, mas certamente me sentia mais à vontade com papéis como os dos filmes tranquilos da Merchant Ivory que fiz.

Em *Vestígios do dia* e *Retorno a Howards End*, em cenas com Helena Bonham Carter e Emma Thompson, interpretei homens que priorizavam a dignidade e o dever em detrimento do amor. Não era uma escolha incomum para os homens da época. E nos dois filmes senti que o diretor James Ivory conseguiu se aprofundar num estilo de vida britânico específico. Ambos os filmes revelam a tragédia silenciosa que pode resultar de uma vida inteira de sacrifício.

Em *Retorno a Howards End*, um drama familiar sobre classe e convenções na Inglaterra eduardiana, interpretei Henry Wilcox, um homem de negócios conservador que se apega a ideias de decoro ultrapassadas, mesmo que isso o afaste da família e mantenha o amor fora de sua vida.

Um jovem, um assistente naquele filme, me disse:

– Você sempre faz papel de gente má.

– Por que você acha Henry Wilcox mau? – perguntei. – Você sabe alguma coisa sobre a Inglaterra eduardiana? Onde você estudou, Harvard? Não te ensinaram sobre os horrores do mundo? E você está chamando esse personagem de *mau*?

Eu vestia um terno de tweed para o papel. A equipe de cabelo e maquiagem cortou meu cabelo e então uma mulher disse:

– Querem que você use bigode.

– Não! – respondi. – Odeio essas coisas.

Ela colocou o bigode. Olhei no espelho. Quem olhava para mim do outro lado era uma pessoa diferente, um empresário militarista. Minha voz imediatamente se tornou a de um eduardiano reprimido. O bigode fez o personagem.

Em *Vestígios do dia*, ambientado na Inglaterra dos anos 1930, interpretei o mordomo, Sr. Stevens, um homem dedicado a seu empregador a ponto de ignorar sua cumplicidade com os nazistas. Muito tempo depois, ele tenta retomar o contato com a governanta, no entanto os longos anos de emoções reprimidas dificultam o processo.

Eu já tinha lido o livro *Os vestígios do dia*, de Kazuo Ishiguro, antes mesmo de saber que haveria um filme. Participando de um evento em Washington, sentei à mesa com Isaac Stern, Gregory Peck e o lendário diretor Mike Nichols (que dirigiu *A primeira noite de um homem* e *Quem tem medo de Virginia Woolf?*). Nichols mencionou que iria coproduzir uma versão cinematográfica de *Os vestígios do dia*.

– Você deveria ser o mordomo – disse ele.

– Eu? Acabei de ler o livro. Imaginei um tipo mais parecido com Jeremy Irons, não o filho corpulento de um padeiro de Port Talbot.

– Bom – respondeu ele –, acho que você seria ideal.

O diretor do filme acabou sendo James Ivory, e ele queria voltar a trabalhar comigo, com Emma Thompson, que também estava em *Retorno a Howards End*, e com os outros membros do elenco.

O papel era, de fato, perfeito para mim. Stevens, o mordomo, é uma pessoa fechada. Não consegue entender como seria possível viver sem estar a serviço de ninguém. E ele pensa, *Por que arriscar a dor de viver? Por que arriscar a dor do amor? Por que arriscar a dor de estar com outra pessoa?* Ele está com a vida organizada. Está muito seguro em casa, em seu pequeno reino. E eu era assim. (Claro, de certa forma, ainda sou, assim como sou Hannibal Lecter também. Sou tudo. Porque todos nós somos tudo. Como ator, basta acessar essa parte que está dentro de você.)

No fim do filme, um pombo voa para dentro da casa, e o novo empregador de Steven, Jack Lewis, o pega e solta. Stevens vê o pombo voando para longe. As pessoas debateram sobre o simbolismo daquele pássaro. Para mim, o pombo é a alma do personagem. Imagino Stevens se libertando naquele momento e provavelmente seguindo em paz e vivendo até os 90 anos.

No começo do processo, filmamos uma cena em que Emma Thompson flerta comigo e eu insisto que só quero ficar sozinho com meu livro. Ela pergunta que livro é.

– Eu ficaria chocada? – pergunta ela e arranca o livro da minha mão, sorrindo para mim e chegando tão perto que eu poderia beijá-la se quisesse.

Minha mão quase inconscientemente se aproxima do cabelo dela, embora o toque não aconteça. Apenas fica pairando enquanto continuo encurralado contra a parede, paralisado.

Filmamos aquela cena em cerca de meia hora, com duas câmeras. Chovia lá fora, o que ajudou na atmosfera. Há uma conexão entre a chuva, a morte, a mortalidade e o amor.

Às vezes há um especialista no set do filme. No caso de *Vestígios do dia*, o consultor era um homem mais velho que trabalhara como mordomo tanto da princesa Diana quanto da rainha Elizabeth. Ele me disse:

– Quando você está trabalhando como mordomo, o cômodo deve parecer ainda mais vazio.

Nosso especialista explicou que, caso a rainha dissesse "Bom dia, John. Como vai?", ele respondia apenas "Muito bem, senhora". Depois eles conversavam sobre a programação do dia, e ele também poderia dar uma opinião sobre um prato no menu, mas esse era o máximo que se permitia. O trabalho era pura disciplina. Eu sabia ficar calado e usei essa habilidade no papel.

Enquanto eu vagava pela enorme propriedade inglesa onde filmamos *Vestígios do dia*, notei que na bela biblioteca havia uma porta oculta.

– James, posso experimentar uma coisa? – perguntei. – Não faria sentido eu usar essa porta?

Eles já tinham montado a cena, então ele respondeu:

– Tudo bem, mas quanto tempo vai levar para montar tudo de novo?

Mais uma hora.

– Está bem. Depois do almoço, você quer passar pela porta?

– Sim, ótimo.

E fizemos isso.

– Muito bom. Corta – disse ele.

Esse é o maior elogio que você pode receber de James Ivory. Ele não é uma pessoa entusiasmada. Ele é um artista. Quando cheguei à mansão, vi a equipe inteira enfileirada do lado de fora, todos em uniformes preto e branco, esperando a chegada dos aristocratas, e era uma imagem deslumbrante. *Como uma pintura,* pensei.

Nos primeiros dias de filmagem, houve uma cena em que eu ia de carro na direção oeste para encontrar a personagem de Emma Thompson.

– Você sabe dirigir? – perguntou James.

– Sim, sei.

– Certo, então dirija por esse caminho.

Uma tomada.

– E ok, vamos para cá.

Eu dirigi.

– Ótimo. Mais uma vez.

Pronto.

Na cena do restaurante, que filmamos mais tarde num antigo resort vitoriano à beira-mar em North Devon, meu personagem tenta convencer a personagem de Emma Thompson a voltar a trabalhar como governanta. Depois do "corta", James Ivory disse:

– Espera aí, você está *me* imitando? Está parecido comigo.

– Não, não é você! – respondi.

Enquanto eu saía do set, um membro da equipe sussurrou:

– Mas você está imitando ele, sim, não está?

– Com certeza.

James organizou tudo naqueles cômodos de época com precisão e sempre ajustava as tomadas com pinceladas delicadas:

– Certo, ponha as flores mais para cá. Volte um pouco. Incline a cadeira para cá. Ótimo. Muito bem...

Assistir a um grande diretor trabalhar ainda é, para mim, um dos espetáculos de mágica mais incríveis. Embora eu tenha visto que muitos estilos de direção dão certo, me sinto mais atraído por diretores que têm uma visão clara e precisa. Alguns atores reclamam quando têm pouca liberdade de movimento, mas quando você tem um gênio no comando, rédeas curtas podem ser as melhores amigas de um ator.

Guy Ritchie tem esse olhar meticuloso, assim como Steven Spielberg, Christopher Nolan e Michael Bay. Spielberg veio à cerimônia em que ganhei a cidadania americana, em abril de 2000, quando eu estava com 62 anos. Ele me filmou fazendo o juramento, e uma mulher sentada por perto fez um comentário sobre a excelente câmera que ele estava usando.

– Também faço bar mitzvahs – disse ele.

Quando começo a citar atores que admiro, é difícil parar. Taron Egerton esteve fenomenal como Elton John em *Rocketman*. Ed Norton. Billy Burke. Olivia Colman…

E Jonathan Pryce, com quem contracenei em *Dois papas*. Tanto Jonathan quanto eu somos galeses; ele é do norte e eu, do sul. Dá para se divertir muito tentando provar que os galeses do sul são os verdadeiros galeses e os galeses do norte são…

Bem, Jonathan ainda não defendeu seu ponto.

Mark Gatiss. Salma Hayek. Michael Gambon. Mark Wahlberg. Emma Thompson. Josh Brolin. Sean Penn. Winona Ryder. Robert Downey Jr. Judi Dench é provavelmente a melhor atriz de todas. Não conheço Sylvester Stallone muito bem, mas de vez em quando o encontro de passagem. Admiro muito sua poderosa determinação em se manter forte e resistente, recusando-se a deixar qualquer outra pessoa ser escalada para o papel principal em seu roteiro de *Rocky*.

Michael Caine é outro veterano que se manteve firme. Assim como eu, ele descobriu que o cinema lhe permitia aproveitar a vida mais do que o teatro; para ele, isso significa tornar-se colecionador de arte (certa vez ele disse que não podia mais se dar ao luxo de fazer teatro porque havia desenvolvido um desejo ardente de ter um Van Gogh). Admiro aqueles que ainda fazem teatro também, é claro, como o grande Ian McKellen, com quem tive a honra de contracenar em *O fiel camareiro*, dirigido pelo maravilhoso Richard Eyre. Temos mais ou menos a mesma idade, e ele é implacável. Não sei se voltaremos a trabalhar juntos. Espero muito que sim. Esse filme que fizemos foi um dos pontos altos da minha vida.

De *Nixon*, fui para outro papel improvável em *Os amores de Picasso*. Embora eu não fosse exatamente a escolha natural para interpretar o mulherengo machista espanhol, eu era fascinado pelo artista e adorava ouvir histórias sobre ele. Certa vez, Richard Burton o convidou para almoçar e Picasso apareceu com um séquito. Burton não falava espanhol nem francês, e ficou preocupado com a possibilidade de ter que pagar o almoço para tanta gente. No entanto, não havia motivo para preocupação. Quando a conta chegou,

Picasso fez um desenho num guardanapo e entregou ao garçom, cobrindo mais do que a conta com um traço de seu lápis. Era um sujeito petulante.

Picasso levou sua jovem namorada Françoise Gilot, uma grande escritora e artista, para um casebre em Montmartre, numa visita a uma senhora idosa que estava morrendo em seu apartamento úmido. O corpo estava em plena decadência. Seus dentes haviam caído. Picasso lhe deu um beijo e algum dinheiro.

Ao saírem, Gilot perguntou:

– Por que você me apresentou a essa mulher?

Ele respondeu:

– Em 1901, meu amigo, o poeta espanhol Carles Casagemas, cometeu suicídio por causa da beleza dela.

◆ ◆ ◆

Nessa época, minha mãe tinha 80 e poucos anos e morava sozinha no País de Gales. Quando recebi um telefonema me convidando para uma entrevista no programa *60 Minutes*, o produtor perguntou se podíamos fazer a filmagem no País de Gales. Eles também disseram que gostariam de falar com a minha mãe para o programa. Ela consentiu, e eles a arrumaram e fizeram um penteado. O entrevistador a deixou à vontade. Ela foi filmada do lado de fora da nossa antiga casa na Wern Road.

Por acaso, Sam Arrut, o soldado a quem meu pai dera uma carona até o castelo, estava vendo TV em sua casa em Miami e assistiu ao programa. Ao ver a casa e minha mãe, ele fez a conexão com sua experiência no País de Gales 50 anos antes. Ele entrou em contato por meio do meu agente e, quando voltei para a Califórnia, ele e a esposa voaram para lá para se encontrar comigo e com minha mãe. Passamos um dia maravilhoso conversando sobre meu pai e sobre aqueles dias de verão no País de Gales.

◆ ◆ ◆

Depois do filme sobre Picasso, eu estava no páreo para um papel num filme ambientado na natureza. Robert De Niro e Dustin Hoffman estavam entre as opções, e os produtores fizeram questão de que todos nós soubéssemos uns sobre os outros. Achei que receberia a resposta até determinado dia. No dia seguinte, liguei para o meu agente.

– Alguma novidade? O prazo era ontem.

– Ainda estão esperando Bobby ou sei lá quem se decidir – respondeu ele.

– Certo, olha, vou te dizer uma coisa, então. Por favor, ligue para eles e diga que agradeço muito, mas não preciso das migalhas dos outros. Vou para o Arizona ver uns amigos.

Peguei meu carro e dirigi até Phoenix. Cheguei lá por volta das sete da noite. E senti uma tremenda paz. Não precisava mais me preocupar com aquelas pessoas. Não precisava mais me perguntar: *Será que eles gostam de mim? Será que vou conseguir o papel?*

Enquanto tomava um banho antes de sair para jantar com os amigos, alguém bateu na porta do meu quarto. Meu amigo disse do lado de fora:

– Tony, pode atender o telefone? É o seu agente.

Meu agente parecia meio eufórico.

– Oi, Tony, você conseguiu o papel. E aumentaram o cachê. Você devia desistir de papéis mais vezes.

Os produtores mencionaram que queriam um título diferente para o filme, já que o provisório não era tão empolgante. Logo depois, tive um sonho. Vi um penhasco com formações rochosas. Quando acordei, liguei para meu agente e disse:

– Se eles estão procurando por um título, usem *The Edge – No limite.*

Ele depois me contou que os produtores disseram ter tido essa mesma ideia.

Então, antes que eu me desse conta, Alec Baldwin e eu estávamos nos preparando para filmar *No limite* no Canadá. Eu tinha acabado de terminar *Nixon* e *Os amores de Picasso*. Vinha trabalhando sem folga.

Acordei certa manhã e tive um colapso. Achei que fosse um infarto. Senti uma dor muito intensa. Caí de joelhos. Fui levado para o hospital em Los Angeles e diagnosticado com uma hérnia de disco. O médico disse:

– Não vou operar. Apenas descanse que vai passar.

Bom… não aceitei o conselho dele. Fui de carro direto para o Canadá, para começar a trabalhar em *No limite.*

Como parte da minha preparação, precisei fazer aulas de natação, o que inflamou o disco de novo. Quando começamos a filmar, eu estava com uma dor insuportável. Quando me viu em agonia, Alec Baldwin parou a gravação.

– Você não pode continuar assim – disse ele. – Não vale a pena.

Em seguida foi até os produtores e disse:

– Olha só, a gente está aqui fazendo duas horas de pipoca. Enquanto isso, esse cara está morrendo. Levem ele para o hospital ou estou fora do filme.

Então fui levado para o hospital no Canadá, e o médico operou. Quando acordei da cirurgia, a dor tinha sumido.

– Já posso voltar ao trabalho? – perguntei.

Eles me fizeram esperar dois dias, mas depois entramos em ação novamente e eu não sentia mais dor.

A vida selvagem em Alberta era rigorosa, e passamos muito tempo gelados até os ossos. Foi um filme difícil, mas gostei. Foi ótimo trabalhar com Alec e Bart, o Urso, que também esteve, entre outros filmes, em *Lendas da paixão*, *O urso* e *Caninos brancos*. Aquele urso realmente sabia atuar.

Novos papéis continuavam chegando. Depois de filmar *Zorro* com Steven Spielberg no México, voei para Nova York para fazer *Encontro marcado*. Estava empolgado com a ideia de filmar nas ruas de Nova York. Não sou dado ao tipo de sentimentalismo de William Parrish, meu personagem no filme, e, mesmo assim, foi fácil interpretá-lo. Ele é forte, teimoso, um empresário muito rico e poderoso que tem duas filhas.

Uma delas fala com o pai sobre a ideia de se casar com um homem que não ama e ele diz:

– Amor é paixão, obsessão, é encontrar uma pessoa sem a qual você não consegue viver. E eu te digo uma coisa: fique de quatro por alguém. Encontre alguém que você ame loucamente e que vai te amar do mesmo jeito. Como você vai encontrar essa pessoa? Bom, esqueça a cabeça e ouça seu coração. E não estou ouvindo nenhum coração. Porque a verdade, querida, é que não faz sentido viver sem isso. Se você for em frente sem se apaixonar loucamente, bom, você não viveu de verdade. Mas você tem que tentar, porque não tentar é não viver.

Na minha própria vida, o amor havia me causado uma enorme quantidade de sofrimento.

Jenni e eu estávamos juntos havia 25 anos quando decidimos nos separar. Ela esteve comigo na pior fase do meu alcoolismo. Continuou ao meu lado quando parei. E ainda assim o casamento não sobreviveu.

No AA avisam que, quando você para de beber, é comum que seu parceiro fique ressentido, mesmo que também esteja grato. E acredito que Jenni se ressentiu. Tivemos uma briga feia um dia, quando levei alguns dos meus novos amigos para casa depois de uma reunião.

– Não suporto essa gente! – disse ela quando eles foram embora.

– Certo, tudo bem, vou voltar a beber então. Que tal? – respondi, sem a menor delicadeza.

Claro que era irritante para ela. Ela tinha levado a pior quando eu estava bebendo. E depois que eu desenvolvi uma paixão pela sobriedade, lá estava eu, de repente, saindo com aqueles "certinhos", como ela chamava. Para mim, a companhia deles era salvadora e fascinante, mas, para qualquer pessoa de fora, era um tédio mortal. Dava para perceber que ela se fechava quando eu começava a falar das coisas que estava descobrindo sobre o efeito do álcool na minha vida.

Tínhamos comprado uma casa em Londres, que ela achava muito melhor do que Los Angeles. Ela decorou a casa lindamente. Mas me peguei olhando para as cortinas e pensando: *Vou morrer aqui.* Eu me sentia preso nesse tipo de semiluxo. Pensei: *Preciso sair daqui.*

Eu não saberia dizer o que era aquilo que eu sentia se fechando sobre mim. Talvez fosse o medo da morte. O efeito foi terrível para Jenni. Ela era casada com alguém em quem não podia confiar, e fazia vista grossa para tudo o que eu fazia. Só anos depois ela soube das minhas infidelidades. Não sei se ela também arrumou um amante. Espero que sim. Eu nunca a culparia por isso. Seria um consolo saber que ela encontrou alguma felicidade naqueles anos, apesar de mim. Foi triste porque ela merecia algo melhor do que eu, realmente merecia. Ela trouxe uma mudança para a minha vida, e eu estraguei tudo. Assumo total responsabilidade por isso.

Então fugi novamente, dessa vez da minha confortável casa com Jenni na Alexander Place, em Kensington, Londres. Fiz um filme em Roma e depois fui sozinho para os Estados Unidos. Hoje, ao pensar nisso, sinto arrependimento, tristeza. Eu podia ter sido uma pessoa melhor, mas não fui.

Quando nos divorciamos, fiquei arrasado. Eu estava fugindo de negociações difíceis com filmes, relacionamentos fracassados com mulheres, da minha falta de confiança, de uma insistência neurótica em me isolar. A sobriedade salvou minha vida, e mesmo assim parecia que algo estava morrendo dentro de mim. Como isso era possível? Eu tinha conquistado tudo o que pretendera alcançar. Tinha largado o álcool. O que eu ainda não entendia?

vinte e dois

O SORRISO CADILLAC

Em 2000, fui nomeado prefeito honorário de Pacific Palisades. Participei de um grande desfile, na parte de trás de um carro, acenando para todos. Embora estivesse sorrindo, ficava pensando: *O que estou fazendo aqui?*

No meio da multidão naquele dia, Stella Arroyave, proprietária da Om Asian Fine Art and Antiques, acenou para mim. Na época, era só um rosto bonito na multidão. Stella me contou mais tarde que disse a um de seus funcionários:

– Acabei de ver meu futuro marido.

Um ano depois, entrei em sua loja. Eu já tinha entrado antes, mas não a conhecia. A galeria estava repleta de uma coleção eclética de antiguidades, deidades budistas e móveis.

Stella me cumprimentou de sua mesa; ela era toda sorrisos, uma recepção calorosa. Falei que tinha me interessado por um baú de dote indiano do século XVIII e algumas outras peças magníficas. Também fiquei admirando uma cadeira de casamento chinesa lindamente esculpida, que Stella insistiu em me dar de presente.

Me ofereci para pagar e perguntei se seria possível entregar tudo na mesma tarde.

– Vou fazer todo o possível – respondeu ela.

Ela foi até a minha casa naquela noite. Arrumamos toda a decoração e conversamos tranquilamente. Eu me senti atraído por ela, mas sabia que não seria boa companhia para ninguém no estado em que estava. Perguntei se ela era casada.

– Não – respondeu Stella.

Ela lembra que, quando ouvi isso, eu meio que a mandei embora. Não queria me envolver. Não confiava em ninguém.

E, no entanto, não conseguia tirar Stella da cabeça. Eu a achava linda, mas, mais do que isso, a achava misteriosa. Stella parecia, ao mesmo tempo, intensamente independente e acolhedora. Era nítido que ela levava uma vida ótima sozinha. Eu queria saber tudo sobre isso. Então liguei para ela e a convidei para almoçar. No dia seguinte liguei de novo, e no outro. Ela aparentemente gostava da minha companhia, mas não parecia fazer questão de que nosso relacionamento se tornasse sério.

Descobri que ela tivera uma criação difícil, mas construiu uma vida maravilhosa para si mesma, independente de qualquer homem. Ela viajou o mundo inteiro, dançando em praias de ilhas e explorando capitais europeias. Teve uma infinidade de empregos e paixões, sendo os dois principais sua carreira como atriz e seu trabalho como negociante de arte e antiguidades. Também descobri nela um misto de compaixão e gentileza que nunca tinha visto antes. Ela se importava com sua grande família, era amorosa como irmã, filha, tia e prima.

Depois de alguns encontros, ela me contou qual tinha sido sua primeira impressão de mim, naquele dia no desfile de Palisades. Disse que, embora eu estivesse sorrindo e acenando, quando ela olhou com mais atenção, viu um homem muito solitário.

– Você parecia tão perdido! – disse ela num dos nossos primeiros encontros. – Eu não conseguia parar de pensar naqueles olhos tristes.

Eu lhe contei que estava passando por um divórcio e tudo o mais, e que sim, era verdade que não me sentia feliz e que estava solitário. Mas insisti que não queria ninguém e que não precisava de ninguém.

Na superfície tudo parecia estar bem. Mas Stella enxergou o que havia por trás disso. Ela se recusou a se dar por satisfeita com as minhas explicações e começou a me desconstruir pouco a pouco. E se esforçou para me ajudar.

– Qual é o seu problema? – perguntou, não de um jeito retórico, mas com sinceridade. – O que está errado, lá no fundo?

– Nada – respondi. – Não quero falar sobre isso.

Ela disse que, sendo tão retraído, eu só me machucava mais. E me incentivou a fazer terapia. Eu nunca tinha me dado ao trabalho de "procurar ajuda", como diziam em Los Angeles.

Minha reação: *Ai, não! Sentimentalismo, não. Por favor. Pare de se levar tanto a sério. Cresça. "Vamos conversar"? Claro que não. Conversar sobre o quê? Bolhas psicológicas estourando no ar? Estou feliz assim. Tenho arrependimentos? Sim, alguns. Mas não arrependimentos de embrulhar o estômago. Simplesmente aceito que tenho uma deficiência, um tique neurológico no meu cérebro. E daí? Não posso me dar ao trabalho de ficar remoendo isso. Vou resolver meus problemas sozinho. Sou forte. Cheguei até aqui. Posso dar conta de qualquer coisa.*

Essa era a minha reação quando alguém oferecia ajuda ou conselho: vestir uma armadura e me defender.

E, no entanto, descobri que quanto mais seguia os conselhos de Stella, mais feliz eu ficava. Com o tempo, ela conseguiu me fazer falar sobre a minha vida e disse:

– Vou te amar mesmo que você não queira ser amado.

Ela me abriu completamente, me ajudou a superar os velhos sentimentos de arrependimento e ansiedade de uma forma que me libertou.

– Não importa o que aconteceu no passado – costuma dizer –, você pode reconhecer o que aconteceu e seguir em frente.

Illegitimi non carborundum.

◆ ◆ ◆

Eu não conhecia Las Vegas direito quando alguém me ligou falando sobre gravar uma narração para os mágicos alemães Siegfried e Roy. Eu tinha estado lá uma vez, no fim dos anos 1970, para ver Frank Sinatra cantar no Caesars Palace (maravilhoso), e só. Mas quando Rick Nicita, meu agente e grande amigo, ligou e perguntou se eu topava fazer a gravação, respondi que conversaria com os dois.

Siegfried e Roy faziam um daqueles grandes shows no Hotel Bellagio, uma superprodução com mágica e grandes felinos – leões e tigres brancos, predadores de verdade. Os dois malucos criaram o espetáculo e começaram em lugares modestos com os problemas de sempre – falta de dinheiro e a luta para sobreviver – enquanto se esforçavam para conseguir se apresentar nos grandes hotéis. Eles tiveram uma boa fase apresentando-se em locais menores, mas foi um gênio da publicidade chamado Bernie Yuman que colocou os dois no mapa.

Rick Nicita me alertou sobre ele:

– Tem um empresário envolvido nesse negócio e ele quer se encontrar com você para falar sobre dinheiro. Sei que você gosta de cooperar com esses caras, mas eu sou o seu agente. *Não assine nada.*

Esse sujeito, o Sr. Yuman, foi se encontrar comigo em Ojai. Será que ele era da máfia? Eu não fazia ideia. Só lembro que, enquanto o esperava, repassava as palavras de Rick: *Não assine nada. Não assine nada. Não assine nada.*

Alguém bateu à porta. Do lado de fora, três homens que pareciam saídos de um filme de gângster. O do meio estava vestido de preto. Assim que abri a porta, ele caiu de joelhos.

– Por favor, Sr. Perkins! A gente não tem dinheiro, mas o senhor poderia fazer a gravação para o meu filme?

Os outros dois pareciam estar com vergonha.

– Bernie, levanta – disse um deles. – Sai do chão.

Então aquele homem subserviente era Bernie Yuman.

Ele se levantou e pediu desculpas.

– Desculpe, Sr. Perkins...

O outro murmurou:

– *Hopkins*, Bernie. É Anthony *Hopkins*. Não Perkins.

Antes que eu tivesse tempo de fechar a porta, os três já estavam na minha cozinha. Depois de duas horas, eles foram embora. Liguei para o Rick.

– Não assinei nada. Mas acho que o Sr. Yuman levou a minha carteira.

E esse foi meu primeiro encontro com Bernard Yuman.

Três dias depois, voltei a encontrá-lo quando Yuman bateu novamente à minha porta. Havia três pessoas com ele. Uma delas era Muhammad Ali. O tal Yuman era empresário do lendário boxeador havia anos. As outras duas pessoas eram Brian e Myra Greenspun. Todos moradores de Vegas. O pai de Brian era o falecido Hank Greenspun, que foi dono do *Las Vegas Sun*, e o tal Yuman se ofereceu para colocar um anúncio do show de Siegfried e Roy na primeira página do jornal de Hank. Isso nunca tinha sido feito. Aquilo era um jornal, não um panfleto. Mas o talento de Yuman como vendedor era tão convincente que Hank Greenspun cedeu.

Com esse tipo de publicidade (e a contribuição da minha voz, acho), Siegfried e Roy acertaram na mosca. Os ingressos para o show no Hotel Bellagio esgotaram.

Em *Equus*, na Broadway, em 1977.
Cortesia Everett Collection

Em *O homem elefante*, de 1980.
Cortesia STUDIOCANAL

Com Katharine Hepburn em *O leão no inverno*, de 1968.
Cortesia STUDIOCANAL

À ESQUERDA: Em *Pravda*, de 1985.
Cortesia National Theatre Nobby Clark/Popperfoto via Getty Images

ABAIXO: Em *Um passe de mágica*, de 1978.
United News/Popperfoto via Getty Images

Duas cenas de *O silêncio dos inocentes*, de 1991: encarcerado e contracenando com Jodie Foster.
Ken Regan/Camera 5

Em *Vestígios do dia*, de 1993.
Cortesia Columbia Pictures

Com Brad Pitt em *Lendas da paixão*, de 1994.
Cortesia TriStar Pictures

Outra parceria com Brad Pitt em *Encontro marcado*, de 1998.

Stella e eu no dia do nosso casamento, em 1º de março de 2003, em Malibu, Califórnia. *Berliner Photography, LLC*

Pintando na nossa lua de mel, em 2003.

Stella e eu na 81ª premiação do Oscar, em Los Angeles, em 2009. *© WENN Rights Ltd/Alamy Stock Photo*

Tocando piano na minha casa em Malibu, em 2004.

Minha mãe e eu na cerimônia de impressão das mãos e dos pés no Mann Chinese Theater, em Los Angeles, em 2001. *© ZUMA Press, Inc./Alamy Stock Photo*

Imprimindo minhas mãos em argila para a cerimônia no Chinese Theatre, em 2001. *Jan-Erik Blondell*

Na gravação da trilha de *Dragão Vermelho*, em 2002.

Regendo música de minha autoria com a Sinfônica de Dallas.

Com Woesel Sherpa, em Malibu, 2009.

Com minha sobrinha, Tara Arroyave, na estreia de *Transformers: O último cavaleiro*, em 2017.

Nesta foto de 2025 estou com Kesang Shrestha em Los Angeles.

Minha amada família estendida num brunch de domingo em 2025, no hotel Bel-Air. A partir da esquerda: Bianca Arroyave, Tara Arroyave, Amelia Ysaguirre, Kesang Shrestha, Valentina Sabogal.

Com amigos e familiares na 94ª premiação do Oscar, em Los Angeles, em 2022. A partir da esquerda: Juan Arias, Mitch Smelkinson, Lisa Smelkinson, Stella Hopkins, Tara Arroyave, Aaron Tucker e Natalia Tucker.
Dan Steinberg/Variety/Penske Media via Getty Images

Com amigos e familiares na estreia de *Thor*, em 2011. A partir da esquerda: Tara Arroyave, Stella Hopkins, Tenzing Sherpa Jr., Kesang Shrestha e Tenzin Sherpa. *© WENN Rights Ltd/Alamy Stock Photo*

Bernie fez tudo o que estava a seu alcance para ajudar minha mãe quando eu a levei para Los Angeles. Seus amigos leais, Eve e Gene Williams, fizeram o máximo que puderam, mas tinham que cuidar da própria família. Ela adorou a Califórnia e pareceu ter despertado para a vida ao chegar lá. Ela também adorou Bernie, sua esposa e a família Greenspun.

Num fim de semana, levamos minha mãe a Las Vegas para ver Siegfried e Roy, que ela adorava. No hotel, dei boa noite a minha mãe e, ao abrir a porta do quarto que eu dividia com Stella, senti um largo sorriso se abrir em meu rosto. Fiquei muito feliz em vê-la. Ela ergueu os olhos e sorriu para mim. Sempre adorei aquele sorriso.

Eu chamo de sorriso Cadillac. Às vezes de sorriso Cadillac colombiano.

– Que foi? – perguntou ela, confusa com a minha expressão.

– A gente podia muito bem se casar – falei.

– Casar? – disse ela. – De onde saiu isso?

Eu sabia que Stella nunca quisera se casar. Ela prezava sua liberdade. Mas comigo, argumentei, ela tinha companheirismo e podia manter sua liberdade, porque eu também prezava minha solitude. Adorávamos a companhia um do outro. Gostávamos das mesmas coisas. Nos divertíamos juntos. Éramos pessoas melhores quando estávamos juntos. Deveríamos nos casar.

– Está bem – disse ela.

– Está bem? – perguntei.

– Sim.

O casamento foi adorável, uma cerimônia pequena na casa de Malibu, celebrada por um pastor e um monge budista. Minha mãe nunca confiou em mim quando se tratava de mulheres. Mas gostou de Stella logo de cara. As duas se tornaram grandes amigas rapidamente.

Adorei olhar ao redor na festa e ver minha mãe conversando com Mickey Rooney, os parentes de Stella conversando com meus agentes. Que dádiva compartilhar aquele dia com tantos amigos novos e antigos.

Não muito depois do casamento, minha mãe morreu aos 89 anos. Stella esteve com ela nos momentos finais. Por alguma razão, minha mãe me mandou sair de casa naquele dia. Acho que não queria que eu a visse em seus últimos momentos. Sendo assim, saí. Cerca de duas horas depois, eu estava num restaurante almoçando quando o telefone tocou. Stella me disse que minha mãe tinha acabado de falecer.

– Ah – falei. – Está bem.

– É só isso que você consegue dizer? – perguntou Stella, que estava chorando.

Tive a sensação de que ela ficou não só chocada com a minha resposta insossa, mas também irritada.

– Bom, o que eu posso dizer? – respondi.

Ela desligou o telefone para ir cuidar das providências necessárias, certamente desaprovando minha reação.

Mas aquela ainda era a minha resposta em momentos que pareciam exigir emoções fortes. Era o velho truque que eu tinha aprendido na infância: não demonstrar nada, muito menos pesar e tristeza.

No funeral, o bom reverendo falava sem parar. Eu queria que aquilo acabasse. Sentado ali no banco, eu me sentia sufocando.

E, no entanto, nos dias seguintes, pude refletir sobre a sorte que tive de desfrutar tantos anos com ela e de estar em sua companhia em seus últimos anos, na mesma cidade.

Também fiquei feliz por ela ter a oportunidade de me ver ser alguém na vida. No ano de sua morte, ganhei uma estrela na Calçada da Fama de Hollywood, a mesma rua por onde eu tinha caminhado no meu primeiro dia em Los Angeles, décadas antes. A calçada de terrazzo me levou de volta aos pisos da minha juventude, como aquele da cozinha, do qual minha mãe tanto se orgulhava, e o da YMCA, onde eu disse minhas primeiras falas no palco.

No primeiro, jurei que ia provar que meus pais estavam errados.

No segundo, uma pequena peça de Páscoa me mostrou como fazer exatamente isso.

Terrazzo. Terrazzo. Terrazzo.

◆ ◆ ◆

Em meados da década de 2000, Stella e eu decidimos nos divertir e tocar um projeto juntos. Escrevi um roteiro experimental chamado *Slipstream*. O enredo é um fluxo de consciência. As cenas não têm ligações evidentes entre si; tudo parece desconexo, aleatório, não existe ação significativa. E há um filme dentro do filme. Meu personagem, o roteirista Felix Bonhoeffer, testemunha o fim de sua própria existência, sem conseguir distinguir fantasia de realidade. Suas próprias memórias e trechos de acontecimentos históricos lampejam e explodem em sua consciência. Ao longo do filme, ele é tragado para o redemoinho do caos.

Após tantos anos seguindo as convenções de enredo, eu queria brincar e quebrar as regras. Não estava interessado em fazer qualquer tipo de manifesto. Só queria zombar de tudo, expressar minha visão do mundo, uma tragicomédia do absurdo, sem significado. Eu gostava de brincar com a experiência ilusória do tempo, da memória e dos sonhos.

Enquanto trabalhava no filme, recebi muitos conselhos que não segui. Minha ideia não era fazer um filme convencional que fizesse sucesso convencional. Queria que o filme tivesse sucesso em seus próprios termos. E acredito que deu certo. Embora não tenha arrecadado muito dinheiro e as críticas não tenham sido boas, gostei da experiência e continuo gostando do filme porque foi divertido fazê-lo. Sempre que assisto a um filme, penso no que está acontecendo por trás das câmeras. Quando John Wayne sai andando em direção ao horizonte, no campo aberto no final de *Rastros de ódio*, sei que por trás das câmeras há montanhas de equipamentos, cabos, luzes, caminhões, bufê; a equipe silenciosa e invisível do filme; e o grande e rabugento diretor John Ford esperando para gritar: "Corta!"

Vejo isso como uma grande analogia da vida. Cedo ou tarde, a última palavra será pronunciada. O epitáfio será: "Pronto! Terminamos, pessoal!" Cada um vai para seu canto, para sua caixinha nas colinas. Em *Slipstream*, usei o filme como um substituto da própria vida. Será tudo um sonho? Talvez.

Infelizmente, não acho que eu seja um bom diretor. Muitos atores são, mas não estou entre eles. Não tenho essa objetividade. Experimentar fazer isso me deixou ainda mais impressionado com os bons diretores. Quando assisto a um filme de Hitchcock, fico maravilhado.

Em *Psicose*, quando Anthony Perkins, no papel de Norman Bates, desce as escadas em direção ao escritório, tudo acontece numa única tomada. Ele quer convidar Janet Leigh para comer um sanduíche. Há uma certa falta de traquejo, e você percebe imediatamente que ele tem um problema com mulheres – essa é a primeira pista. A maneira como Hitchcock filma a casa deixa claro que se trata da casa de um monstro. E numa cena em que o detetive vai ao escritório checar o livro de registro, você vê Tony Perkins pairando sobre ele como uma grande ave de rapina e você pensa: *Este cara vai ser assassinado.* Uma cena brilhante.

Em *A sombra de uma dúvida*, que Hitchcock filmou em 1943, Joseph Cotten chega à casa da irmã. Sua sobrinha, Teresa Wright, fica animadíssima com a visita do tio Charlie. Ela é fascinada por ele. Mas, durante o jantar, enquanto a irmã hesitante divaga, a luz incide sobre seu rosto de forma que o espectador percebe que ele não é um tio divertido, mas um assassino.

Mais adiante, ele faz um monólogo implacável para a sobrinha:

"Você vive seu diazinho comum e, à noite, dorme o seu soninho comum e tranquilo, cheio de sonhos tolos e tranquilos. E eu te trouxe pesadelos. Ou não trouxe? Ou foi uma mentirinha boba e desajeitada? Você vive num sonho. É uma sonâmbula, cega. O que você sabe do mundo? Você sabia que o mundo é um chiqueiro imundo? Sabia que se arrancar as fachadas das casas vai se deparar com porcos? O mundo é um inferno. Que diferença faz o que acontece nele?"

Muitos atores contam histórias sobre a precisão de Hitchcock. Hume Cronyn disse que, nesse filme, perguntou se podia chegar um centímetro para o lado e Hitchcock respondeu:

– Não, você vai ficar fora da luz. Fique exatamente onde está.

James Stewart disse que, durante as filmagens de *Janela indiscreta*, nunca saía do set, porque ficou obcecado em ver como Hitchcock montava a iluminação. E, claro, Hitchcock também sabia ser implacável quando questionado. No set de *Um barco e nove destinos*, Mary Anderson reclamou que ele não estava filmando seu melhor lado. Ele respondeu:

– Senhorita, você está sentada sobre seu melhor lado.

Quando um ator perguntou:

– Sr. Hitchcock, qual é a minha motivação?

Ele respondeu:

– Eu conto quando o senhor conseguir um emprego.

◆ ◆ ◆

Antes de começarmos as filmagens de *Desafiando os limites*, um filme biográfico escrito e dirigido por Roger Donaldson sobre a tentativa de Burt Munro de quebrar o recorde de velocidade em sua moto, Stella disse a Bruce Willis:

– Pode ficar de olho no meu marido, por favor? Ele é doido.

Ela temia que eu tentasse fazer minhas próprias cenas de ação, coisa que eu certamente fiz.

Achei Munro um personagem interessante. Ele era considerado um excêntrico, coisa que ele era mesmo – um verdadeiro solitário. Munro nasceu em Invercargill, na Nova Zelândia. E sua paixão era a moto que ele mesmo construiu e que chamava de "Indian". As pessoas achavam que ele estava completamente louco porque queria ir para o salar Bonneville quebrar o recorde de velocidade sobre a terra. Munro era excêntrico, mas não era idiota. Minha tarefa era me tornar ele, ainda que não fôssemos fisicamente parecidos.

Quando conheci a sobrinha de Munro, ela disse:

– Tio Burt me disse: "Sempre diga sim para tudo e, se você acredita em alguma coisa, já tem meio caminho andado."

Essa filosofia pode causar muita encrenca, é claro, mas Munro era um sujeito benevolente. Ele parecia gostar de todo mundo e adorava crianças. Era um cara legal e tinha um ótimo senso de humor.

"Meu pai acha que você não vai conseguir, que você vai fracassar", diz um garotinho a Burt no filme. Burt jura que vai provar que o pai dele está errado. "Eu acredito em você", diz o garoto. "Bem, obrigado, amigo."

Eu admirava o espírito de Burt. Todos em Bonneville ficaram chocados quando ele trouxe sua moto feita em casa e disse que ia quebrar o recorde mundial com ela.

No filme, um homem tira uma peça da moto e pergunta: "O que é isso?"

"A rolha de uma garrafa de conhaque", responde Munro.

Ele era considerado louco, mas conseguiu. Superou a marca de 320 quilômetros por hora e bateu o recorde mundial de velocidade em terra.

Um dia estávamos no set e Roger Donaldson veio falar comigo.

– A Stella está por aqui? – perguntou ele, em tom conspiratório.

– Ainda não.

– Nesse caso, será que você topa deitar na rua e ser arrastado pela areia preso ao paralamas deste caminhão?

– Claro – respondi.

E me deixei arrastar pelas salinas a mais de 60 quilômetros por hora, rindo por dentro e pensando que sentia mais medo de ser flagrado por Stella fazendo minhas próprias cenas de ação do que de me ralar na estrada.

Alguns anos depois, fui convidado para fazer parte do universo Marvel: recebi o papel de Odin, pai de Thor, o deus da sabedoria, da poesia, da guerra, da morte, da adivinhação e da magia. Ele e seu filho Thor, interpretado por Chris Hemsworth, defendem o reino divino contra ameaças planetárias, cósmicas e, às vezes, familiares. Chris malhava de quatro a cinco horas por dia para construir aquele físico. Era um cara muito legal, ótimo ator, e levava o trabalho a sério. Nada daquelas baboseiras de Hollywood. Ele é um bom australiano e segue em frente.

Kenneth Branagh é um diretor extremamente preciso. Eu o vi várias vezes no palco e em filmes, e o conheci há muitos anos, quando trabalhei com Emma Thompson, que na época era sua esposa.

Ele era muito comparado a Olivier e até o interpretou no filme *Sete dias com Marilyn*. Seu estilo de direção era parecido com o de Olivier: profissional, flexível, inteligente.

De certa forma, esses filmes com muitos efeitos especiais são um pouco NENA, para usar o termo de Gregory Peck. Ouvi isso de um homem que, em 1951, trabalhou num estúdio em Londres que se transformou num navio para o filme de guerra *O falcão dos mares*. Ele encontrou o roteiro de Gregory Peck e notou que em certas páginas estava escrito a palavra NENA. Ao devolver o roteiro a Peck, perguntou:

– Sr. Peck, posso perguntar o que significa NENA?

– Não é necessário atuar – respondeu Peck.

John Wayne disse que, em filmes de faroeste, ele não precisava atuar muito porque o deserto fazia boa parte do trabalho. Interpretei Herodes recentemente. Filmamos no Marrocos, numa enorme arena vazia que tinha sido construída para corridas de bigas. Acrescentariam os cavalos na pós-produção. Você assiste ao *Ben-Hur* original, e a arena está cheia de figurantes, animais e vida. Nada contra trabalhar com fundo verde para efeitos especiais, mas acho que dá para notar a diferença. Quando você usa computação gráfica, algo se perde. Eu não diria que perde totalmente a graça, mas em geral prefiro estar em um local real com pessoas reais.

Tantos papéis variados, filmados no mundo todo e em diferentes formatos, acabaram me levando de volta a Shakespeare e ao que acredito ser o melhor papel já escrito para um ator: Rei Lear.

vinte e três

NADA VIRÁ DO NADA

Fiz o papel de Lear pela primeira vez em 1986, no National Theatre. Foi uma montagem interessante, dirigida por David Hare. Mas me enganei completamente em meu modo de interpretar o rei. Eu tinha 48 anos, era jovem demais, e fiquei com a sensação de que não havia acertado. Trinta anos depois, pensei em tentar fazer esse papel outra vez.

Em 2017, fui convidado para interpretar o Rei Lear num filme dirigido por Sir Richard Eyre. A essa altura, eu já estava mais maduro e tinha uma noção melhor de como queria fazer o papel. Eu estava confiante de que 79 anos de vida tinham me dado uma bagagem emocional suficiente sobre as dores da existência, especialmente da velhice, para interpretar o papel corretamente. Talvez a essa altura eu já soubesse até bem demais a dor que a força de vontade implacável e a teimosia podiam causar aos outros. Como os homens da minha família, Lear carrega em si a raiva reprimida e a solidão da vida. Muitas vezes, a atitude do meu avô, do meu pai e até mesmo a minha se resumia a: *Ah, é? Pois bem, então danem-se todos!*

Eu também via Lear como um homem que havia sido profundamente magoado pelas mulheres. O passado que criei como base para minha interpretação era que a mãe de Cordélia morrera ao dar à luz e que Lear havia guardado a dor da perda lá no fundo. Ele então decidiu criar Cordélia como um menino.

Guerreiro velho e cheio de cicatrizes, Lear, o tirano irascível, tinha pouca ou nenhuma tolerância ao calor humano e à amizade. Nada que eu não conhecesse. A aspereza do meu pai e do meu avô havia criado raízes em mim. O único traço de ternura em Lear era sua afeição por Cordélia. As duas filhas mais velhas, ele sabia, eram conspiradoras. Ele sabia quem elas eram de verdade. Que eram gananciosas e sedentas de poder. Elas desprezavam o pai, pois jamais o perdoariam por ser o que era: um velho soldado frio e de vontade férrea. Ele acreditava ter ensinado a filha mais nova a ser forte, uma guerreira.

Durante a cerimônia em que divide o reino em três partes para as filhas, ele sabe que os discursos eloquentes das duas mais velhas são exagerados e buscam manipulá-lo para que lhes dê porções maiores do reino. Ele sabe como Regan e Goneril são; sabe que ambas fizeram um discurso ensaiado de amor e devoção.

Ele dispensa as filhas depois de entregar a elas as porções do reino que lhes cabiam. A transação toda é feita como um negócio. Depois ele se volta para a caçula, ávido por ouvir sua genuína profissão de amor e devoção. Isso lhe dará paz e uma sensação de realização – e, talvez, uma pitada de amor, algo que ele mal conhece.

Porém Cordélia fala a verdade. Ela não tem como oferecer todo o seu amor ao pai. O objeto de seu amor e devoção a partir de agora será seu marido. De início, Lear acha que a filha deve estar brincando. "Nada virá do nada", diz ele à filha. "Fale outra vez." Quando Cordélia se recusa a se curvar à vontade paterna, ele fica furioso e expulsa a filha como forma de esconder o choque e a humilhação que sentiu.

Em algumas versões, o primeiro ato de Lear é interpretado de forma romântica, quase como se o rei estivesse apaixonado pela filha. Mas a pieguice não funciona. O que funciona para Lear é a falta de expressividade, a rigidez. Ele se recusa a aceitar o amor, mesmo que sua ausência o esteja levando à morte. No começo da peça, Lear está com o coração fechado. Ele é o tipo de homem que trabalhou nas siderúrgicas do País de Gales por décadas, que desbravou o Oeste americano, que conquistou nações.

No restante da peça, Lear vai descobrindo quanto sua crueldade havia lhe custado. Quando ele é banido e se põe a caminho do exílio, um rei coberto de trapos, o Bobo da Corte dá a ele uma ferradura para usar como coroa. Esse símbolo sempre me comoveu intensamente. Certa vez, meu pai me contou sobre um velho cavalo que ele adorava e escovava todos os dias. Quando o cavalo morreu, meu pai, que na época tinha 19 anos, chorou muito. Seu pai riu dele, disse que ele precisava ser homem. Então meu pai guardava uma das ferraduras do cavalo na gaveta da nossa cozinha, um talismã de força e coragem.

Três semanas antes de começar a ensaiar o *Rei Lear*, eu tinha feito uma participação numa série da HBO chamada *Westworld*. Curiosamente, no último dia, encontrei uma ferradura velha sobre uma mesa no departamento de adereços. Perguntei ao assistente se eu poderia comprar a ferradura para usar em Lear. Ele disse que eu podia ficar com ela, e foi o que usei como a coroa do Bobo da Corte no filme.

No final da peça, quando Lear arrasta o corpo de Cordélia morta – "Ela se foi para sempre" –, lembrei da dureza de meu pai diante da morte. "É isso, todos seguimos o caminho da carne", ele gostava de dizer. Assim como Lear, ele odiava expressar ternura ou fragilidade. Lear, mesmo quando Cordélia morre, insiste que não vai chorar. Mas ele cai no choro, assim como meu pai chorava. Até meu avô Yeats chorou quando sua filha favorita, Jenny, morreu. Isso antes de tornar a erguer uma muralha em torno de si e se recusar a derramar mais uma lágrima sequer por ela ou por qualquer outra pessoa.

Lear, sozinho com o sábio Bobo da Corte, derrotado e subjugado, enfim se dá conta de que maltratou a única pessoa que o amava de verdade. Nessa produção, eu disse a frase que talvez tenha me impactado mais do que qualquer outra que eu já tenha dito: "Fui injusto com ela."

Ao dizer isso, senti profundamente, talvez pela primeira vez na vida, como eu tinha magoado minha própria filha, Abigail.

Fui injusto com ela.

Lembrei de quando ela era bebê, de como seu rosto se iluminava quando eu entrava no quarto. Lembrei como me despedi dela na noite em que saí de casa. Lembrei como tentei reconquistá-la mais tarde e como falhei. Lembrei como desisti. E, assim como Lear, mas também como eu mesmo, comecei a chorar.

Fiquei pensando se algo em mim não havia se perdido quando eu morava na casa dos meus pais, algo que acabou limitando minha capacidade de ser pai. Lembrei aquela tarde, mais de 60 anos antes, quando eu estava com minha mãe e meu pai, ambos em silêncio e derrotados, naquela cozinha sufocante e apertada atrás da padaria, naquele momento crucial em que me dei conta de que ia mostrar a eles – à minha mãe, ao meu pai, a todo mundo – que havia uma força dentro de mim que transformaria tudo.

Naquele momento decidi que eu deixaria de ser uma pessoa de meias-palavras, que não haveria mais enrolação, que não iria mais me esconder pelos cantos. Eu iria dar certo na vida. Pus fim à dança macabra de conivência e concordância. Bastava. Esse impulso veio acompanhado de uma vontade implacável que me permitiu realizar muitas coisas e que, ao mesmo tempo, podia ser insuportável para as pessoas que eu amava.

Depois de me dar conta de que não estava apto a ser um bom pai para Abigail, jurei que não teria mais filhos e cumpri essa promessa. Eu sabia que era muito egoísta. Não seria certo fazer com outra criança o mesmo que fiz com ela. Mas, na velhice, quando enfim me tornei paciente e gentil, finalmente consegui me transformar numa espécie de figura paterna. E desde então me vi cercado por pessoas que, de alguma forma, são marginalizadas. Quando vê alguém que sofre com uma solidão terrível, você pode dizer: "Eu sei como se sente." Você pode não ter como oferecer uma chance a essa pessoa e fazer com que ela se sinta melhor. Mas tem como ficar ao lado dela.

◆ ◆ ◆

Certa noite, estávamos assistindo ao programa *Doc Martin*, uma comédia dramática médica, ambientada numa cidade litorânea da Cornualha, quando Stella se virou para mim, apontou para o médico supersincero vivido por Martin Clunes e disse:

– É você!

O personagem Doc Martin, interpretado de forma brilhante por Clunes, tem dificuldade para se conectar com as pessoas e parece incapaz de medir palavras. Numa das cenas, sua namorada está mexendo numa caixa de fotos de família e ele pergunta:

– Por que as pessoas guardam fotos?

Ela responde:

– É isso que as pessoas *fazem*, Martin.

Quantas vezes me disseram coisas assim!

O público dizia que o Dr. Martin parecia estar no espectro autista. Stella acredita que eu tenho síndrome de Asperger – e provavelmente ela está certa, dada minha tendência à memorização e à repetição (*terrazzo*, BTX 698...) e a minha falta de emotividade. Mas, assim como qualquer homem estoico das Ilhas Britânicas, tenho alergia a jargão terapêutico. Ainda que o mundo prefira que eu aceite o rótulo de síndrome de Asperger, escolhi me ater àquela que considero uma designação mais significativa: *antipático*.

A vida com Stella nos últimos 25 anos tem sido cheia de revelações e aventuras. Adoramos resgatar gatos de rua. Cheguei a resgatar um no set do filme de exorcismo *O ritual*, em Budapeste.

Esse trabalho de resgate curou a dor que senti ao perder um gato na infância. Uma vez, encontrei uma gatinha cinza, vira-lata. Minha mãe me deixou ficar com ela, e dei a ela o nome de Fumaça. Mas um dia, uma vizinha, a Sra. Worley, me viu brincando com Fumaça no jardim da frente. Ela abriu o portão e tirou a gata de mim, dizendo apenas: "Ela é minha!" O ódio que senti daquela mulher! Até hoje me lembro da dor daquela perda. Meses depois, minha mãe levou uma gatinha malhada para casa, Celina. Amei Celina até ela falecer em 1950. Stella e eu adoramos ver nossos gatos mais velhos cuidarem da nossa caçula, que chegou pouco tempo depois de ter sido abandonada. A vontade de viver e de ajudar os outros a sobreviver é muito forte.

Em muitos aspectos, Stella me ajudou a desfazer nós e a lidar com as reviravoltas do meu passado. Ela acompanha de perto minha saúde e meu bem-estar. Também me ajudou a redescobrir uma grande paixão. Ela encontrou roteiros antigos com desenhos e gostou. Ela me pediu que fizesse pinturas para dar aos convidados do nosso casamento. E me diverti tanto fazendo aqueles que, agora, pinto ou desenho quase todos os dias, como gostava de fazer na infância. Não sei quem estou pintando. Um ficou parecido com o Barack Obama. Outro com Kevin Costner, com Sophia Loren. Não tem nenhum significado.

Não tenho formação técnica, mas desenvolvi pequenos truques, como colocar pontos brancos na pupila para dar mais vida aos olhos. Trabalho em cada pintura por alguns dias, e faço três ou quatro ao mesmo tempo. Gosto da liberdade que isso me dá. Adoro as cores. Elas se tornam um reflexo da minha própria vida. Ouço música grega quando pinto. Faço isso por diversão e de graça.

Ralph Waldo Emerson, em seu famoso Discurso da Escola de Divindade, disse que o caminho para Deus eram a poesia, a música, a arte e a natureza. Ele e Henry David Thoreau, entre outros, criaram o transcendentalismo. Ele acreditava que, se você tocasse uma alma por meio da poesia ou da arte, todas as almas seriam tocadas ao mesmo tempo. Henry Miller disse: "Pinte como quiser e morra feliz." E é isso que espero fazer. Imagino que, quando os Oliviers me disseram "Seja muito feliz", talvez fosse isso que quisessem dizer.

vinte e quatro

DEIXE SEU TALENTO NA SOMBRA

Em 2019, Stella decidiu que estava na hora de eu retribuir à sociedade. Ela organizou reuniões em que eu poderia dar conselhos a jovens atores e responder às suas perguntas. Protestei por alguns minutos. *Eu não tenho nada para dizer! Não tenho uma filosofia sobre atuação!* Citei o ator de cinema Robert Mitchum pela milésima vez. Sobre ganhar a vida como ator, ele disse: "Com certeza é melhor do que trabalhar!" Lembrei a Stella que eu faria qualquer coisa para evitar bobagens sentimentaloides e conversas com olhos marejados sobre o Ofício.

Stella, como sempre, esperou que eu terminasse de dar meu chilique antes de me submeter à sua vontade. Não à toa seu apelido é "a Chefe".

Meus amigos adoram lembrar uma vez em que me deixaram esperando o dia todo num set de filmagem, com figurino completo e maquiagem, o que levou Stella à sala de controle para confrontar os produtores, sem que eu soubesse.

– Por que está demorando tanto? *Anthony Hopkins*, que tem *mais de 80* anos, está esperando há horas enquanto vocês seis ficam aí parados na frente desse monitor com seus filhinhos em escolas caras, seus jatinhos particulares e seus bonés virados para trás! É melhor vocês andarem logo! Tirem ele daqui!

Fui chamado tão rápido que nem tive tempo de ir ao banheiro antes de ser levado para o set. Terminaram de filmar minha parte em uns cinco minutos.

Olhando para os rostos cheios de esperança daqueles jovens na série de masterclasses Anthony Hopkins Artists Forum, todos convocados pela Chefe, comecei dizendo que eu não costumava oferecer insights sobre os mistérios da atuação porque não acredito que existam. Minha principal sugestão: trabalhem duro, com paixão e mesmo obsessão. Depois, isso se transforma no maravilhoso jogo, o jogo da vida sobre a própria vida. E, no fundo, atuar não era um trabalho muito diferente de qualquer outro. Chegue na hora. Não deixe os outros esperando. Decore as falas, não esbarre nos móveis e pague seu agente e seus impostos em dia.

Eu disse a eles: o mais importante é confiar em si mesmo. Acredite no que você está fazendo. Viva como se o futuro fosse o presente. Você precisa dizer a si mesmo coisas como *Eu sou bem-sucedido*. Da mesma forma que Muhammad Ali dizia *Eu sou o maior lutador de todos os tempos*, você deve dizer: *Eu sou o maior*. Eu adoro o livro de Dorothea Brande, *Wake Up & Live!* [Acorde e Viva!] Graças a ela, muitas vezes escrevo no meu roteiro *Atue como se fosse impossível fracassar*. A vida acontece agora. Não estamos num ensaio para o grande evento. Este é o grande evento.

Isso não quer dizer que você deva ser presunçoso.

Uma vez, um diretor galês me perguntou:

– Você não se sente galês?

– Como é se sentir galês? – perguntei.

– Bem, galês. Poético. Você sabe o que estou tentando dizer.

– Desculpe, mas não, eu não sei. Eu respiro oxigênio como todo mundo.

Quando escuto jovens atores dizendo que querem fazer só isso ou só aquilo, digo que ainda não está na hora de ficar escolhendo. Eles devem aceitar qualquer trabalho. Não fiquem eternamente à espera de um roteiro melhor. Acreditem que a vida é como uma tecelagem; quando olharem para trás, depois de alguns anos, vocês vão ver uma tapeçaria. E enquanto isso? Devem ler tudo que puderem: os clássicos. História. Psicologia. Sófocles. Schopenhauer. Nietzsche. E também assistir a filmes antigos de Hollywood. Roube dos grandes.

Assista a Bogart. Ele disse: "A atuação fica 2 metros atrás dos olhos." Ele sempre teve um ar solitário. Quando estava filmando *No silêncio da noite*, de 1950, ele disse para Gloria Grahame, uma atriz jovem e sensual: "Deixe seu talento na sombra; deixe seu talento na penumbra." Ela cultivou um tipo de escuridão, e isso foi útil em muitos filmes nos quais Gloria interpretou heroínas sofredoras.

Para se tornar ator, você precisa ser duro e generoso consigo mesmo.

Não existe almoço grátis neste ramo. Saiba o roteiro de cor e salteado. Você precisa saber o texto para relaxar. E o mais importante: seja profissional. Isso significa que você cumprimenta a equipe. Você aprende as falas. Você chega na hora. Vocês cuidam uns dos outros.

Uma vez, ouvi um diretor dizer em voz alta para uma figurante:

– Você está horrorosa!

Isso fez a moça chorar.

– Posso falar com você? – perguntei, puxando o diretor de lado. – Quem você acha que é para falar com alguém assim? Peça desculpas para a moça! E aprenda boas maneiras. Se você fizer isso de novo na minha frente, vou mudar o formato do seu rosto.

Um jovem ator me disse recentemente:

– Você é supersimpático com a equipe, não é?

– Como assim? – perguntei.

Eu tinha notado que ele não dava a mínima para ninguém. Ele disse:

– Você fala com todo mundo.

Ele parecia surpreso.

– Sim, eu falo – respondi –, porque eu não sei tirar nem uma foto, mas aqueles caras colocam minha cara idiota na tela e colocam o seu rostinho bonito e idiota na tela. As pessoas mais importantes por aqui estão plugando as luzes, dirigindo os caminhões e assegurando que o cenário não caia em cima da gente. Isso responde a sua pergunta?

Foi a última vez que ele tentou falar comigo.

Um jovem ator famoso tinha a reputação de sempre chegar atrasado. Nunca passei por isso com ele, e disse isso a um membro da equipe.

– Ah, ele nunca se atrasa quando *você* está aqui – disse o tal membro da equipe. – Ele o respeita demais. Seria ótimo se você estivesse aqui todo dia para ele nunca mais atrasar.

Nunca vou me esquecer de outro ator famoso que chegou atrasado três dias seguidos. No terceiro dia, o diretor disse:

– Nem se dê ao trabalho de trocar de roupa; acabou pra você. Sua passagem de avião está em cima da mesa.

E estamos falando de um ator que já estava no ramo havia um bom tempo. Não imagine que alguém vá tolerar mais do que isso vindo de você.

E nunca fique se lamuriando. Não tenho paciência com gente que fica dizendo que a vida não é justa. Claro que não é. Se a vida fosse justa, eu teria morrido há 40 anos. Se houvesse justiça, eu teria morrido várias vezes antes disso também. Mas estou vivo. Não por vontade própria, mas por algum tipo de despertar de conhecimento que veio lá do fundo de mim.

Lembre-se do que Olivier me disse: quando você está falando no palco, mesmo que seja só por um minuto, durante esse tempo você é a estrela do espetáculo. Seja um rei ou uma rainha! E, pelo amor de Deus, fale alto!

Quando escuto atores dizendo coisas como "Atuar é difícil; é quase como estar em uma batalha!", sinto meu estômago embrulhar. Existem atores que acham perigoso atuar. Outros insistem que são tão especiais que ninguém nem devia olhar para eles – "Sem contato visual, por favor." Uns fofos.

Se você não gosta do trabalho, meu filho, desista! É o que eu tenho vontade de dizer a eles. *E cuidado para aquela porta pesada não bater na sua bunda na saída!*

Ande pela rua, qualquer rua de qualquer quarteirão, e veja quão dura é a vida. Testemunhe a labuta diária das pessoas que estão lutando para sobreviver. Em qualquer caixa de supermercado, você vai ver mulheres mais velhas empacotando compras para clientes grosseiros, ocupados demais digitando no celular para nem sequer dizer "Obrigado". Nas esquinas, velhos, veteranos de campos de batalha esquecidos, mendigam por dinheiro. Enquanto isso, atores ganham a vida dizendo: "Vamos todos nos fantasiar e fingir!"

Incentivei os integrantes do fórum a ler o ótimo romance sobre Hollywood *O que faz Sammy correr?*, de Budd Schulberg (que também escreveu *Sindicato de ladrões*). No livro, Sammy Glick, de Nova York, vai para Hollywood em busca de sucesso. Com ambição e determinação implacáveis, ele luta para chegar ao topo. Mas, no fim, está em sua grande mansão e todos os astros e estrelas vieram, beberam todo o seu estoque de bebida e foram embora. E ele está sozinho. O pequeno Sammy Glick – ele queria muito sucesso, e vejam o que isso lhe custou.

Eu disse aos atores do fórum:

– Autoestima não é o mais importante. Vocês estão aqui pelo *valor* que têm. Quanto mais vulneráveis e assustados estiverem, melhor. Não tentem ser descolados. Dá para ver que os descolados estão só fingindo. E vocês sabem quem eles são. Vocês veem essas pessoas espalhadas pela cidade inteira. Sei que alguns de vocês trabalham em restaurantes e hotéis. Ótimo, façam o melhor que puderem com o que têm. Seja qual for a situação desagradável em que vocês vivem, tirem o maior proveito possível disso. Se for muito difícil, procurem outro emprego. Estejam abertos às possibilidades, e vai acontecer. Só evitem a crosta de amargura e ressentimento. Não deixem que se tornem um escudo. Porque isso acaba com a capacidade de ser um bom ser humano ou um bom ator.

Os alunos me fizeram deixar o ego de lado para cuidar deles. O ego é o que mata. É ele quem cria, mas também é ele quem mata. No passado, eu era arrogante. Hoje cheguei a um ponto em que sinto repulsa ao me deparar com qualquer demonstração de soberba e fico fascinado quando me dou conta de como consegui viver assim por tanto tempo. Troquei alguns e-mails com Ryan Holiday, um jovem brilhante do Texas que escreveu *O ego é seu inimigo*. Disse a ele que tenho a impressão de que não tomei tantas decisões na minha vida; sinto que na verdade não sou a pessoa que está no controle.

Ryan então compartilhou comigo o que aprendeu com Sêneca: "Logo o hálito da vida escapará de nós. Por um instante, enquanto ainda o inspiramos, enquanto ainda estamos no mundo humano, desfrutemos de nossa humanidade. Não sejamos fonte de medo ou perigo para ninguém. Desprezemos as injúrias, os danos, os insultos e as provocações; suportemos os breves incômodos. Como dizem, no momento em que nos virarmos e virmos o que ficou para trás, a morte estará lá."

Ao participar daquele fórum de artistas, senti isso de forma muito intensa – que eu devia valorizar minha humanidade, que a morte estava bem ali. Falar assim com os alunos foi como descascar camadas de uma cebola. Quando há uma seca, você fica com pilhas de folhas secas. Falar com aqueles jovens foi como limpar toda a folhagem seca que poderia ter me incendiado. Isso levou para longe os resquícios de amargura e raiva. Acalmou minha mente.

Nada contra sentir raiva na dose certa. A raiva pode ser útil. Mas já não tenho muito tempo para isso. Acordo de manhã e olho para o meu gato. Ele é feliz sendo um gato. Não quer ser cachorro, não quer ser pássaro.

– Sonhem alto – falei aos participantes do fórum. – Não há nada de errado nisso. Mas lembrem que vocês não são nada. A vida de vocês na verdade não é da conta de vocês. A minha vida não é da minha conta.

Disse a eles que o importante era se manter no jogo. Sempre que alguém tenta me fazer zombar de outro ator, eu digo:

– Pelo menos ele está fazendo alguma coisa! E você está aí sentado, assistindo.

Com frequência penso no famoso discurso de Theodore Roosevelt, "O homem na arena", de 1910. É um discurso que meu pai gostava de citar, assim como Burt Munro, de *Desafiando os limites*.

> *Não é o crítico que conta; não é o homem que aponta os tropeços do homem forte ou que mostra onde aquele que faz poderia ter feito melhor. O crédito pertence ao homem que está realmente na arena, cujo rosto está marcado por poeira, suor e sangue; que luta com bravura; que erra, que fracassa repetidamente, porque não há esforço sem erro e fracasso; aquele que realmente luta para fazer; aquele que conhece os grandes entusiasmos, as grandes devoções; aquele que se dedica a uma causa nobre; que, na melhor das hipóteses, conhece o triunfo da grande realização e que, na pior, se fracassar, ao menos o fará com grande ousadia, para que seu lugar nunca seja entre aquelas almas frias e tímidas que não conhecem a vitória nem a derrota.*

Disse aos jovens atores que seu trabalho era serem corajosos, livrar-se da escória, do lixo, da podridão seca.

– Mantenham-se atentos, mantenham-se atentos, aproveitem a vida!

E no dia em que pronunciei essas palavras, diante deles, comecei a chorar. A humildade e a curiosidade daqueles alunos me abriram como um ovo. Achei o ímpeto e a esperança deles muito inspiradores. Tive a sensação de ser tocado por algo que estava além do meu conhecimento insignificante, uma grande tristeza e um notável sentimento de amor e afeição por cada dia da vida.

Senti a grande verdade do poema de Gerard Manley Hopkins "O eco de chumbo e o eco de ouro":

> *Será possível parar – algum há algum, nenhum será que há, seja*
> *onde for*
> *que se conheça, um brinco ou broche ou um berloque ou bracelete,*
> *um laço, que lace ou cace, ou chave para*
> *Proteger o belo, um anteparo para que o belo, belo, belo...*
> *não desapareça?*

Ah não há raiva que revogue os vincos, viçosos violentos
Vincos? Não há despedir-se desses dolorosos arautos, ainda
arautos, deprimentes ladrões arautos do cinzento devir?

A experiência com o fórum enriqueceu minha vida e me deixou mais ciente da minha própria mortalidade. Para citar Ernest Dowson:

Não duram muito, o choro e a risada,
O ódio, o desejo e a paixão:
Creio que de nós não são mais nada
Após passarmos o portão.

Escrito e dirigido por Florian Zeller, um jovem gênio francês, *Meu pai* é um filme sobre um homem que sofre de demência – e sobre a passagem do tempo e a dor da perda. Fazendo este filme, senti que de alguma maneira estava me tornando meu pai em seus dias finais – o olhar perdido, a boca entreaberta, parecendo ver coisas e ouvir vozes.

Generosamente, Florian incluiu na trilha sonora do filme músicas que significam muito para mim, inclusive "Je Crois Entendre Encore" ("Eu ainda acredito ouvir"), uma ária da ópera *Les Pêcheurs de Perles* (*Os pescadores de pérolas*), de Georges Bizet, de 1863, que me fez chorar quando a ouvi pela primeira vez, na infância, em Port Talbot. O que sinto toda vez que ouço essa música é, ao mesmo tempo, que estou totalmente presente e que não sei absolutamente nada.

Filmamos *Meu pai* num galpão em Wembley. A maneira sombria como Zeller iluminou o apartamento, com o sol da tarde filtrando-se para dentro do quarto e o barulho da rua vindo de baixo, foi magistral. Ele captou o horror e o desespero de estar preso no próprio cérebro. E Olivia Colman estava linda demais no papel da minha filha. Nunca acrescento falas, mas adicionei algumas palavras naquele filme:

"O vento e a chuva."

Eu sentia que havia algo de poderoso na imagem de uma tempestade lá fora e, em seguida, o pai neste quarto parado e silencioso.

Meu plano para interpretar esse personagem era falar muito rápido, como um homem que tentasse alcançar os próprios pensamentos. Ele habita um mundo totalmente confuso, por isso tenta mostrar o tempo todo como é inteligente e sagaz. Isso o torna cruel, muitas vezes gritando com as pessoas. Ele fica dizendo: "Não preciso que cuidem de mim! Me deixem em paz!"

Ao longo do filme, ele passa por uma deterioração gradual a ponto de não saber onde está e achar que todos o estão roubando.

Tentei imaginar um passado para ele, um passado em que ele fosse disciplinado, um engenheiro, durão, acostumado a estar no controle. Trata-se de alguém que tenta se agarrar a informações mesmo quando sua mente está se desintegrando. No final ele não se lembra nem do próprio nome e começa a sentir que a morte está próxima.

Para reforçar essa ideia de quem ele era antes, pedi ao departamento de figurino uma gravata de clube ou uma gravata militar. Nas cenas iniciais, ele está barbeado e usa um paletó, tentando provar a si mesmo que está bem. A outra parte de sua mente sabe que ele está afundando.

Lembrei de um homem que conheci no exército, um major de bigode preto. Ele usava botas muito bem engraxadas e estivera no desembarque do Dia D e na liberação de Bergen-Belsen. Era tremendamente formal e disciplinado, mas um dia deu um tiro na cabeça. Algo nele se partiu. E, no entanto, até o dia de sua morte, projetava um ar de quem estava completamente no controle.

O que eu queria fazer com esse homem que estava perdendo o controle era representar o oposto, tentar fazê-lo parecer confiante, combativo. Seus monólogos combinavam confusão e arrogância:

"Quem é você? O que está fazendo aqui? O que está fazendo no meu apartamento?... Você mora no meu apartamento? Essa é boa. Que absurdo é esse?"

Ele também fala de uma filha que morreu como se estivesse viva:

"O mundo está girando. Você sempre foi assim. Sempre preocupada. Igualzinha à sua mãe. A sua mãe sempre teve medo. Sempre procurando motivos para ter medo. Já a sua irmã sempre foi muito mais... Pelo menos ela não fica me atazanando... A propósito, cadê ela? Você sabe dela?"

A filha tinha morrido anos antes. O público sabe disso, os outros personagens sabem, mas ele não.

Florian Zeller disse:

– Vamos tentar não revelar muito no começo.

– Certo – respondi. – Mas, desde a primeira cena, o público sabe que esse cara está em apuros.

Assistindo àquele filme pela primeira vez, fiquei muito emocionado. Estou perto dessa idade. E a tragédia da demência paira sobre todos nós. Fazer aquele filme foi quase fácil demais para mim. Entrei no set, vi a luz do sol entrando, ouvi o trânsito lá fora, e foi fácil me sentir morrendo dentro daquele apartamento pequeno e confortável, sem saber que dia era. E meu tempo no fórum me preparou como nada mais poderia. Dou crédito a esses jovens por me ajudarem a alcançar esse estado de ser.

Dois anos depois do fórum, me tornei, aos 83 anos, a pessoa mais velha a ganhar um Oscar, por *Meu pai*.

Eu não fui à cerimônia de premiação naquele ano por medo da covid-19. Também tinha certeza de que a honra caberia ao grande Chadwick Boseman, que tivera uma atuação excepcional em *A voz suprema do blues* e que morreu cedo demais naquele ano. Eu tinha tanta certeza de que não ganharia que estava dormindo no País de Gales quando anunciaram o vencedor. Meu agente, Jeremy Barber, ligou e me acordou às quatro da manhã, dizendo:

– Você ganhou! Você ganhou seu segundo Oscar!

Naquele dia, postei um agradecimento desconcertado nas redes sociais. O que não disse foi que sinto que compartilho esse prêmio com todos os jovens atores do fórum. Acho que só fui capaz de interpretar esse papel em *Meu pai* com tamanha vulnerabilidade porque eles me ensinaram a ser mais aberto. Achei a luta deles para aprender dolorosamente bela.

Ao compartilhar o que pude com eles, finalmente superei minha aversão ao lado sentimental do trabalho e encontrei uma nova fonte de emoção em mim. Mais do que nunca, sinto a verdade dos versos do poema de W. B. Yeats, meu poeta favorito.

Quando velho, grisalho e com sono constante
Dormitando na sala, pegue este volume
E vá lendo sem pressa, em teus sonhos o lume
Que teus olhos tiveram, e as sombras cortantes.

Ultimamente, cada vez mais, a poesia me remete à infância. Quando leio W. B. Yeats, estou caminhando por uma rua melancólica chamada Duke Street, em Port Talbot, um garotinho taciturno. Recito dois versos de Dylan Thomas e de repente sinto o cheiro do pão quentinho na padaria do meu pai, como se alguém tivesse acabado de abrir o forno.

vinte e cinco

QUANTO MAIS VELHO FICO, MENOS SEI

Nascer foi a morte para ele. De novo. Palavras são escassas.
Morrer também. Nascer foi a morte para ele. Sorriso sinistro desde
então. Para o alto para a tampa que virá. No moisés e no berço.
O primeiro fiasco ao mamar. Os primeiros tropeços.
Da manhê até a babá e voltar.
– Samuel Beckett, *Um pedaço de monólogo*

Os jovens vivem o momento. Se apaixonam, se divertem. Para eles a vida é uma festa. Porém naquela colina distante há uma figura sombria à espera de todos nós. Estou numa idade em que consigo vê-la com mais clareza. Num sonho recorrente, essa distante figura revela ser meu pai, à espera para me guiar pela longa estrada cinzenta que atravessa os pântanos da minha infância.

Em 2024, fiz uma visita ao túmulo de meu pai em Christchurch, perto de Newport. Pus a mão sobre sua lápide e disse:

– Descanse em paz, Dickie Boy.

Ele tinha 72 anos quando morreu. Já vivi mais de uma década além dele. E embora ele tenha morrido há mais de 40 anos, as memórias que tenho dele são cristalinas.

Embora eu não seja muito dado a histórias de assombração nem a sentimentalismos, enquanto estava parado ao lado do túmulo, tive a estranha sensação de que meu pai estava atrás de mim. E tenho convicção, assim como sei que estou sentado na cadeira agora, de que senti sua mão nas minhas costas.

Virei. Não havia ninguém. Mesmo assim, senti meu pai. Ele estava lá.

A solidão é algo que eu prezo. Não exatamente estar sozinho, mas a solidão em si. E, no entanto, foi bom ter meu pai comigo naquele cemitério. Sem julgamentos dessa vez. Sem reclamações. Simplesmente ao meu lado. Um velho ao lado de outro velho. Oitenta e seis anos depois de ele ter me gerado, 72 anos após ter me dado bronca pela reprovação na escola, 43 anos após sua morte, será que ele e eu enfim estávamos em paz?

Uma lembrança me ocorreu naquele túmulo: eu estava num penhasco com meu pai. Foi em Worm's Head, em Gower, no oeste de Gales. Eu tinha 12 anos. Senti vontade de pular do penhasco. Talvez seja normal. *Vou pular e bater nas pedras lá embaixo.* Apenas um pensamento. Mas, como se sentisse o que se passava na minha cabeça, meu pai colocou a mão no meu ombro direito. Naquela época, contato físico era algo raro, mas ele parecia saber que eu estava precisando naquele momento e que talvez precise agora, quando me preparo para descobrir por conta própria aquilo que o velho chamava de o Grande Segredo.

Num sonho recorrente, estou de pé sobre um parapeito instável. Não há modo de sair dali, exceto por alguns degraus irregulares e em ruínas. Penso: *Como vim parar aqui em cima? E como vou descer?* A experiência silenciosa cotidiana, mesmo com as dores do envelhecimento, é a solidão da minha vida interior. O que isso significa exatamente, não tenho ideia, mas sinto que faz parte da vida do meu pai; sim, do velho e da vida dele, muito antes de eu nascer, como se o passado dele, até mesmo sua infância, estivesse em mim e a mim pertencesse. Não é uma mera partícula de pó de sonho fantasioso – é real e está localizada no centro do meu corpo. A única descrição que consigo fazer é dizer que se trata de tristeza. Não uma tristeza doce, do tipo "coitadinho de mim"; talvez nem mesmo tristeza em si, mas algo que me empurra para o fim da estrada. Talvez seja uma mistura de amor e tristeza, a base de todo o ser.

Shakespeare também colocou uma espécie de mão no meu ombro desde o momento em que ouvi suas palavras pela primeira vez, no escuro salão do sombrio internato galês, onde ouvimos os acordes iniciais da música de William Walton e assistimos ao filme *Hamlet.*

Stella foi falar com um de meus antigos professores em Cowbridge alguns anos atrás, quando estava fazendo um documentário, e perguntou:

– Como o Tony era na escola?

– Nunca jogava críquete, nunca jogava futebol – disse ele. – Não sabíamos quem ele era. Nunca falava com ninguém. Era muito, muito calado. E ia bem em geografia e em música. Tocava piano. Mas 10 anos depois de sair da escola, já estava no palco com Laurence Olivier.

Foi a primeira vez na vida que percebi quanto havia mudado em apenas uma década. Escola de teatro. Cardiff. Dois anos no exército. Um salto quântico. E em todos os anos que se passaram desde então, milagres e mais milagres. Olho para a minha vida, me lembro daquele garotinho infeliz e penso: *Como tudo isso aconteceu?* É isso que me intriga no mistério da vida. Eu jamais poderia ter organizado nada disso, nem mesmo imaginado. Minha vida foi escrita por outra pessoa, não por mim. Não sei quem está na direção do espetáculo, mas quem quer que seja tem um excelente senso de humor.

Quando fiz *Uma vida*, o filme sobre Nicholas Winton, o corretor da bolsa britânico que organizou a operação Kindertransport, que salvou dos nazistas centenas de crianças da Tchecoslováquia, me senti inspirado por sua humildade e graça.

Certa vez, um repórter perguntou a ele:

– Você acredita em Deus?

Ele demorou a responder. Depois disse:

– Bem, os alemães estão rezando para Deus. Os britânicos estão rezando para Deus. Os americanos estão rezando para Deus. Quem sabe?

Ele disse que não havia esperança para o futuro a menos que aprendêssemos a ceder.

Achei a história dele muito comovente, principalmente porque me lembrei de ver quando criança os cinejornais sobre a liberação de Bergen-Belsen, com os esqueletos ambulantes. Eles ficaram gravados na minha memória para sempre.

Uma amiga budista, logo após perder a mãe, disse sobre a vida:

– Tudo se resume a uma longa despedida.

Adoro isso. Podemos nos iludir achando que somos importantes por um tempo. Tapetes vermelhos, bebedeiras sem sentido, a arrogância do sucesso. Mas se você viver por tempo suficiente, chegará ao ponto em que entenderá: chegamos e dizemos "Olá", ficamos por aí e depois dizemos "Adeus, crianças".

Ao receber a Palma de Ouro em Cannes, Meryl Streep disse que assistir a trechos de seus filmes no vídeo da retrospectiva foi como olhar pela janela de um trem-bala, vendo a juventude passar rápido para a meia-idade e depois se confundir com a velhice. Muitas vezes me sinto assim e, cada vez mais, sinto minhas primeiras lembranças de um jeito vívido.

Numa noite de verão, quando eu ainda era bem pequeno, atravessei uma pequena ponte de madeira para carroças sobre o riacho Arnallt, no final da Ty-Fry Road, e serpeei pela trilha, passando por uma fazenda e seguindo pelos pastos até o Brombil Valley. Ouvi uma voz vinda de um rádio através de uma janela aberta na última casa da estrada. Ainda sou capaz de ouvi-la agora, assim como ainda sinto o cheiro do ar de Margam Woods, aonde minha tia Lorna me levou quando eu tinha 4 anos para ver um campo de jacintos.

Naquele dia, os raios de sol entre os galhos atravessavam as antigas faias, campos de azuis-claros e verdes vibrantes. Corri sobre a espessa cobertura e comecei a colher flores em grandes buquês enquanto o riso gentil e musical de tia Lorna ecoava pelas árvores, encantada com aquele garotinho que não conseguia abraçar de uma só vez toda a vida e toda a cor que desejava. Por um momento, tudo ficou inerte, como se estivéssemos em uma fotografia gigante. A luz salpicada, o farfalhar das folhas, os sons de toda a vida congelaram.

E então eu volto a ter 87 anos e, por incrível que pareça, ainda estou trabalhando. Além disso, descobri que, na maioria das vezes, quando se trata de trabalho, minha idade é uma vantagem.

Olivier uma vez foi demitido por Greta Garbo. Ele não ficou com rancor. Ele dizia:

– Na época eu ainda não estava pronto. Ainda não tinha encontrado o meu centro. Mas chega um momento em que você sabe que encontrou o centro, que sabe como fazer isso. Você segura as rédeas da carruagem, como Ben-Hur.

Nunca vou me esquecer de quando vi Yul Brynner na Broadway em *O rei e eu*. Acredito que ele já havia desenvolvido o câncer que o mataria. Sua voz estava um pouco rouca. Quando ele voltou para os aplausos, houve uma ovação estrondosa. Ele olhou para a plateia e viu que não estavam de pé. Ainda no personagem do rei, ele caminhou até a beirada do palco, colocou as mãos na cintura, estufou o peito e projetou o queixo. Sua careca reluzia sob os holofotes, seus olhos brilhavam de malícia.

– Como se atrevem? – trovejou ele, olhando furioso para a plateia. – Eu sou o rei do Sião! Fiquem de pé!

Rindo e batendo palmas ainda mais alto, a plateia se levantou. Sorrindo, ele deu as mãos a seus colegas de elenco e os levou a se curvarem mais uma vez diante do público.

Durante anos mantive um caderninho de anotações em que escrevia coisas como *Atue como se. Atue como se. Atue como se agora.* Ainda gosto de repetir mantras para mim mesmo, como: "Hoje vivo no bem eterno e na vida eterna. Elevo meu pensamento acima de todo senso de limitação. Me volto àquele poder interior no qual o 'Não consigo' se transforma em 'Consigo'. Tenho a sabedoria, tenho o conhecimento, tenho a energia e o poder para alcançar meus objetivos. Nada pode ficar no meu caminho."

Sonhos ditos em voz alta se tornaram realidade. Quando meu pai disse que eu era um caso perdido, neguei o que ele e meus professores diziam. Falei que mostraria a todos – e mostrei. Sonhei um grande futuro e, ao fazer isso, criei um futuro glorioso para mim. Na arte, encontrei alegria absoluta e liberdade. Tento pintar ou desenhar todo dia e também toco piano por cerca de duas horas. Na minha idade avançada, redescobri o amor de criar apenas por criar.

Estudei piano, mas quando se trata das artes visuais, sinto que, quando penso demais, mato o que mais amo nessa atividade. O grande Stan Winston, pintor e escultor com formação clássica e vencedor do Oscar de maquiagem, que trabalhou com Steven Spielberg e James Cameron, uma vez veio ver minhas pinturas. Ele começou perguntando por que eu tinha posto um rosto ali, por que tinha usado certa cor lá.

– Não sei – respondi. – Não tenho nenhuma formação.

– Não estude! – disse ele. – Olha só, eu estudei. E eu não teria como fazer o que você faz. Só faça!

Para mim, quanto menos penso, melhor. Só vá lá e faça. Vamos lá! Todo mundo vai morrer um dia. Divirta-se. Sorria mesmo que esteja com o coração partido... dê risada. Vamos passar muito tempo mortos.

Quando encontro alguém que está sofrendo, digo que olhar fotografias da infância talvez possa ajudar: sempre que estiver em dúvida, volte àquela criança. Nunca esqueça a criança daquela foto, aquela criancinha que sabia tão pouco e em quem talvez ninguém acreditasse. É importante lembrar quem você é e de onde veio. Nunca abra mão disso. Se você é filha de um agricultor, agarre-se a isso! Durante a vida toda eu me senti um vigarista, um enganador, um grande fracassado muito bem-sucedido. Concordo com meus detratores, que não sou inteligente o bastante para ter criado ou planejado qualquer parte da minha vida. De novo: de acordo com toda a lógica e todo o bom senso eu deveria ter morrido décadas atrás. Como e por que ainda estou aqui é algo que me deixa perplexo. Consigo compreender o ressentimento e a hostilidade das outras pessoas: "Como ele conseguiu?" Também me pergunto.

Mesmo quando pequeno, eu acreditava que era um impostor e nunca tive uma boa opinião sobre mim mesmo. Estava sempre fugindo, sem nunca parar para olhar para trás, um nômade, um andarilho, um velho gato vira-lata e magricelo em sua sétima vida. Eu vivia segundo o velho ditado: "Confie em Deus, mas mantenha sua pólvora seca." Viva e deixe viver, mas mantenha seus tênis de corrida por perto para a grande fuga. A Morte sempre pega o fugitivo no final, mas podemos muito bem fazê-la correr atrás de nós.

Hoje, porém, reflito sobre quanto lutei para ser diferente do meu pai e do meu avô e quanto não consegui deixar de ser parecido com eles. Espero, mesmo sabendo que isso é inútil, ter encontrado uma maneira de ser um homem um pouco mais bondoso e gentil, mais consciente e disposto a perdoar.

O poema de A. E. Housman "Ainda ara esse chão" até hoje me lembra das montanhas e florestas de Margam.

Será que ainda ara esse chão
A parelha de lavra que quando
Era vivo eu guiava com mão
Firme a ouvir os arreios tilintando?
Sim, as bestas vão em frente,
E soam os arreios pelo ar;
Nada muda, embora eu hoje
Habite a terra que fazia arar.

A cada ano, entendo esse poema com maior profundidade. Com a morte da minha mãe, Stella providenciou que seu túmulo em Forest Lawn recebesse flores todos os anos, no aniversário dela, dia 16 de novembro. Sou muito grato a ela por essa homenagem. Ver as rosas ali desperta em mim algo há muito esquecido, uma forma de tristeza ou arrependimento distante. Arrependimento é a palavra. *Por que me fechei tanto?* Não adianta chorar sobre o leite derramado. Mas a solidão daquelas flores, aquela imagem da vida se esvaindo, o mistério... O que isso tudo significa?

Desde aquela distante tarde de verão, aquele momento em que eu era criança e aprendi sobre a morte, pensei: *Não, eu não vou morrer. Vou encontrar uma saída. Fuja agora e não olhe para trás... Corra, coelho, corra, corra, corra... o fazendeiro com sua arma...* Agora sei que eu estava fugindo não da morte, mas da vida. Que paradoxo. E em breve ouvirei a velha canção do inverno...

De acordo com os jovens, os velhos tendem a ruminar, falando sem parar sobre os bons – ou maus – tempos. Quando eu era jovem, um garoto sabe-tudo, achava o mesmo em relação aos velhos chatos, aos velhos tediosos falando sem parar dos bons e velhos tempos. Eu pensava: *Espero não ficar assim se chegar a viver tanto tempo.*

Agora me tornei aquele velho. Voltar ao início – revivê-lo aqui – me fez despertar, me fez perceber minha boa sorte e os dias de verão da minha infância. Agora que coloquei tudo no papel, me sinto livre para esquecer o passado e me concentrar em me preparar para descobrir o Grande Segredo por conta própria. O engraçado é que o passado, como T. S. Eliot ensinou, não nos esquece.

Nos demoramos longamente em câmaras do mar
Ao lado de marinhas moças enfeitadas pelas algas
Até acordarmos com vozes humanas que nos fazem afogar

TRIBUTOS

É uma grande surpresa diária acordar toda manhã e perceber que vivi uma vida tão inesperadamente longa. Tem sido interessante e divertido. Dei algumas risadas ao longo do caminho. Isso é bom. Pessoas apareceram e depois sumiram. Lembranças do meu pai e da minha mãe estão desaparecendo agora. Não há nada poético a dizer. Acorde e viva. É isso. Viva!

Uma manhã ensolarada, numa lanchonete de Los Angeles, muitos anos atrás, eu estava tentando comer ovos com bacon. Meio indisposto, depois de ficar dois dias sem comer, acabei desistindo. Uma grande ressaca de tequila que já durava dois dias havia diminuído meu apetite. Minhas mãos tremiam. Foi um choque. Eu achava que tremores aconteciam apenas nos filmes, atores como Jack Lemmon exagerando em *Vício maldito*.

O desconhecido sentado à minha frente era Bob Palmer. Acho que ele foi meu primeiro amigo de verdade. Eu não precisava de amigos. Esse tinha sido o meu estilo de vida, mas Bob me convidou para um café da manhã nada apetitoso e gorduroso demais.

Ele me observava.

– Como você está se sentindo? – perguntou ele.

– Inadequado – respondi.

Era a única palavra que eu conhecia. Encravada como um caco de vidro na minha cabeça desde sempre.

– Ótimo. Porque você é *exatamente isso*. Inadequado.

Foi um bem-vindo tapa na cara.

– Como assim? – perguntei.

– Você é capaz de prever o que vai acontecer nos próximos dois segundos, três minutos ou na próxima meia hora? Consegue prever alguma coisa?

– Não.

– Certo. É por isso que você não tem poder.

Bob tomou um gole de café.

– Nós achamos que temos poder, especialmente bêbados como nós. Somos um bando de sabichões ruidosos, mas não sabemos de nada. Somos simplesmente fracassados, que sentem nojo de tudo e em quem não se pode confiar. E daí? Aceite. Não somos nada. Pare de lutar. Não há motivo para lutar, *nada* a ganhar, *nada* a perder. Não se preocupe, nada importa. Junte-se à raça humana.

De repente tudo fez sentido. Paz.

Minha vida nova começou a emergir lentamente do jardim repleto de ervas daninhas do meu passado. Um longo processo – quase 50 anos de erros e pequenas vitórias, tristeza e felicidade inesperada. Dali em diante, comecei a conhecer novas pessoas que se tornaram amigos.

Vinte e cinco anos depois, conheci minha linda esposa, Stella. Casamos em 2003, e ela mudou a minha vida. Somos opostos. Ela é uma potência de energia. Nada pode detê-la. Eu a enlouqueço com perguntas sobre cada detalhe de tudo. Tudo. Minha necessidade de coletar informações inúteis a deixa louca. Lentamente, bem lentamente, ela começou, por exemplo, a remodelar alguns dos meus hábitos de pensamento. Ela me desafiou: sair do passado. Viver. Ser saudável. Não comer isso. Não comer aquilo. Pintar. Compor. Tudo. *Não consigo.* Você consegue, sim. Só faça. Pare de se menosprezar. Pare de se desculpar por tudo. Levei algum tempo para me controlar. Lentamente, bem lentamente, estou chegando lá.

Nossa querida governanta, Kesang, uma budista do Nepal, é a energia central em nossa casa. Ela está conosco há 22 anos. Kesang, seu marido, Tenzin, e seus dois filhos, Tenzing Jr. e Woesel, são muito importantes na nossa vida. Kesang vem todos os dias para ajudar Stella com as tarefas domésticas. Sua presença traz paz. Ela é a brisa calma e suave que corre pela nossa casa.

Um ano depois de Stella e eu nos casarmos, conheci Aaron Tucker. Ele e sua família ajudaram Stella quando seu negócio de antiguidades enfrentou dificuldades financeiras durante a crise econômica após o 11 de Setembro. Nossa amizade evoluiu ao longo dos anos. Hoje ele é meu amigo mais próximo e sócio na Margam Fine Art. Compartilhamos um interesse por cinema, música, literatura e arte. Apesar da diferença de idade, temos muito em comum. Ele e sua elegante esposa russa, Natasha, são da família.

Depois veio Tara, a linda e inteligente sobrinha de Stella. Tara entrou na nossa vida há quase 20 anos; eu a vejo como uma filha. Brincamos muito. Ela me chama de Sammy Pantufas. Eu a chamo de Mini-Chefe. Nenhum respeito. Bianca, a irmã mais nova de Tara, é minha aliada e defensora quando Tara e Stella ficam muito mandonas.

Quando eram pequenas, Tara e suas irmãs sobreviveram a rompimentos, fraturas, separações e algumas coisas bem difíceis. Em dado momento, a família estava destruída – sem dinheiro, sem comida, sem roupas, sem futuro. Felizmente, Oscar (pai de Tara e Bianca) deu a volta por cima; hoje ele mora na Colômbia com Viviana, sua nova esposa. Tenho um profundo carinho pelos irmãos de Stella: Amparo, Willie e Oscar. Willie, o mais velho, entrou em ação após os incêndios de Malibu em 2018. Sou eternamente grato a ele e a Diana, sua esposa, pelo apoio incondicional durante esse tempo. Tudo se transformou muito mais do que eu poderia ter imaginado.

Nossa amiga Jennifer Franklin viveu conosco durante 20 anos de altos, baixos e tribulações. Eu a amo por sua irreverência, por sua coragem e honestidade, e por tudo o que ela é. Rimos muito ao longo do caminho, rimos das pedradas e flechadas que levamos do Destino, essa entidade terrível, e ela estará conosco para sempre.

Meu amigo Jeremy Barber, que também é meu agente, me mantém empregado e longe dos problemas, encontrando trabalhos para mim. Temos ótimas conversas filosóficas e com frequência rimos de tudo. Sou grato por seu apoio e trabalho duro e por sua paciência sem fim com minhas ideias peculiares. Ele acredita que a maioria das pessoas neste ramo – especialmente atores – não é muito boa da cabeça.

Agradeço ao departamento literário da UTA por seu papel em me trazer para o selo Summit Books da venerável Simon & Schuster. Lá, tive o prazer de ver meus escritos guiados pela lendária editora Judy Clain e por seus colegas nos Estados Unidos e no exterior: Suzanne Baboneau, Ada Calhoun, Ian Chapman, Kimberly Goldstein, Kayley Hoffman, Jonathan Karp, Josefine Kals, Carly Loman, Kevwe Okumakube e Tracy Roe.

Mitch Smelkinson, meu advogado e amigo, é casado com Lisa Pepper, a melhor amiga de Stella há 30 anos. Stella e Lisa formam uma dupla e tanto. Costumo ouvir por alto suas conversas telefônicas, nas quais riem ou choram falando sabe-se lá sobre o quê. Mitch e Lisa criaram duas filhas magníficas, Mia e Harper. Mitch me mantém trabalhando e, portanto, assim como Jeremy, longe de problemas.

Agradeço a David Garelick por cuidar dos nossos negócios e nos manter em segurança. David, Debbie e seus filhos sempre participam das nossas comemorações de fim de ano.

Bernie Yuman, sua esposa e a família Greenspun visitaram minha mãe durante as internações hospitalares no final de sua vida, sempre levando flores e biscoitos. Sou eternamente grato por isso. Não nos encontramos com frequência, mas sempre fico ansioso por vê-los.

Stephen Barton, sua esposa, Margaret, e sua filha pequena, Abbey, uma artista por mérito próprio, também são amigos próximos. Stephen é um compositor brilhante e premiado que me apoia e me incentiva na música. Seu conselho para mim é sempre: "Simplesmente vá em frente, não hesite, seja ousado, seja escandaloso." É uma ótima maneira de agir. Pare de analisar e olhar por cima do ombro.

E Juan Arias, meu assistente (apelidado de JOTS, de "Johnny on the Spot" ou "Johnny na Mosca"). Os créditos a esse cara têm que vir em negrito. Consegui um papel para ele no filme *Dois papas*.

Ele foi excelente. Mas aí, como era de esperar, ele começou a exigir comodidades especiais nos sets de filmagem. (Na verdade, não. É uma piada interna.) JOTS é um jovem notável, nascido na Colômbia. Seu pai lhe deu uma educação rigorosa de filosofias caseiras. "Você nunca mais será tão jovem, então aproveite cada dia." Ele sorri para todo mundo, conhece todo mundo pelo nome.

A Dra. Maria Teresa Ochoa, compatriota de Stella, é uma dermatologista excepcional na Keck Medicine USC. Conhecemos Maria Teresa há quase 20 anos; sua companhia é sempre uma fonte de grande alegria. Nós a chamamos de "festa móvel". Ela cuida de nós sem o menor alarde, facilitando qualquer atendimento médico necessário.

Brenda Nieto, que trabalhou como dançarina de Martha Graham, agora é nossa treinadora particular de Gyrotonic e mora perto; ela passa por aqui com frequência com seus cães resgatados e traz presentes atenciosos. Nós amamos Brenda.

Sofri algumas lesões graves na minha vida como ator – tendões de aquiles machucados e rompidos, um tornozelo quebrado, uma hérnia de disco, distensões e rupturas musculares na lombar, todos resultantes da minha autoconfiança estúpida de que eu poderia fazer minhas próprias cenas de ação. Aos 87 anos, finalmente reconheço as limitações do meu corpo – as dores na lombar e nas pernas. Ainda tenho força e treino várias vezes por semana, mas Stella insiste que eu faça fisioterapia três vezes por semana, e Annette Duggan foi quem veio me salvar. Annette é uma fisioterapeuta maravilhosa. Não quero me aposentar nem ficar preso a uma cadeira de rodas. Preciso continuar seguindo em frente. Obrigado, Annette.

Uma nova presença em nossa casa é Amelia, do México, uma mulher jovial, sempre sorrindo. Ela cuida dos nossos gatos.

No País de Gales, temos Ray Clark. Nós o chamamos de Boyo. Ray passou alguns anos no Afeganistão com as forças britânicas, voltou e abriu sua empresa de segurança pessoal. Conhecemos Ray há quase 10 anos – um grande homem.

E tem a Eve – Eve Williams. Tudo sobre Eve: ela é minha amiga há mais de 50 anos. Ela administrava o pub Ship Inn, em Caerleon, que meu pai alugou em 1968. Houve momentos estrondosos e alegres naquele lugar. Na época, Eve estava em seu primeiro casamento, mas Gene Williams se mantinha sempre por perto. A certa altura, Eve e o marido se separaram. Gene esperou pacientemente e depois a pediu em casamento. Fui à cerimônia. Ambos se tornaram amigos íntimos dos meus pais. Foram dias maravilhosos. Eu pegava o trem em Londres às sextas-feiras e, em duas horas, estava bebendo no bar. Havia algo nos pubs que era sempre emocionante. A bebida. Ah, sim, a bebida. Aquilo poderia mudar o mundo. Eu não teria perdido aquilo por nada. Mas nunca mais quero saber daquilo. Eve e Gene estavam sempre lá. Meu pai faleceu em 1981. Todos sentem saudade dele. Eve ainda fala dele e se tornou a melhor amiga da minha mãe. As duas eram inseparáveis.

Em 1978, a BBC TV me ofereceu um papel em uma peça excelente. Viajei de Los Angeles para Londres para ensaios e uma sessão de filmagem de três dias. A empreitada como um todo foi um desastre. O jovem Julian Fellowes, o futuro autor de *Gosford Park* e *Downton Abbey*, estava no elenco. Julian era uma figura um tanto isolada naquele grupo de atores. Mal falava com as pessoas, mas testemunhou em silêncio o desastre iminente. Alguns dias depois do início do ensaio, ele deu sua opinião: eu estava sendo muito passivo, me fazendo de bonzinho em vez de me defender e defender os meus colegas atores.

Aquilo foi um soco no estômago. Mas ele tinha razão. Eu estava fazendo o papel de bom rapaz. Tendo sido membro do grupo dos desajeitados por muitos anos, virei meu suposto disco, que passou a tocar a canção do Sr. Bonzinho Alegre. Aquela foi uma lição salutar: bastava de ser tão bonzinho. Julian e eu nos tornamos bons amigos. Anos depois, ele se casou. Seu filho Peregrine nasceu e fui convidado para ser padrinho, uma oferta que eu não podia recusar.

Ter uma família foi o último acontecimento da minha vida. Sempre quis ficar sozinho, viajar livremente e ser independente.

Sou profundamente grato por ter minha linda e amorosa esposa e este magnífico grupo de pessoas generosas que, por algum tipo de osmose ou seja lá qual outro mistério, mudou a minha vida. Aos 87 anos, eu acharia incrivelmente estranho ficar de pernas para o ar na varanda por muito tempo, contemplando o nirvana ou meu umbigo. Eu ia ficar maluco. Vivo hoje o melhor momento para acordar todos os dias, olhar para o céu e dizer: "Bom dia, mundo. Aqui estou eu de novo, mais jovem do que jamais voltarei a ser. Vamos dar umas boas risadas hoje."

Em janeiro de 2025, quando este livro estava quase pronto, Stella e eu perdemos nossa casa no incêndio de Palisades. Não era uma casa "grandiosa", mas nela havia algumas coisas que valorizávamos. Agora elas se foram. E daí? Tudo desaparece no final. Em frente. Provavelmente vagaremos por aí como sempre fizemos. Eu disse ao meu avô que queria ser um andarilho. Acho que consegui, e tem sido uma vida muito boa. *Não tenho do que reclamar*, digo a mim mesmo. *Continue chutando a velha latinha. Seja ousado e forças poderosas virão em seu auxílio. A vida acontece agora.*

apêndice

O BANAL LIVRO DE POESIA DE ANTHONY HOPKINS

Quando me pedem algum tipo de conselho, costumo ter dificuldade para encontrar uma resposta. Nunca quero parecer grave ou sério. Como *eu* poderia aconselhar alguém?

Não sei as Regras do Jogo. *Nunca* soube as regras do jogo – porque minha vida sempre foi meio confusa e meio imprevisível, e não digo isso no mau sentido, porque ela tem sido muito boa até aqui. Olhando em retrospecto, quase cinquenta anos atrás, eu me lembrei que foi numa manhã ensolarada de dezembro que me dei conta de que *a minha VIDA não tinha nada a ver comigo*; e, o que era ainda mais desconcertante, de que ela *nunca* tivera nada a ver comigo. É difícil explicar, mas tive a sensação de que alguma outra coisa, algum outro elemento havia controlado a minha existência. Muito curioso. Ainda não sei explicar essa revelação, porque é disso que se trata – de uma revelação –, e aquele foi o primeiro alento que me libertou do sentimento de desesperança.

Minha solução sempre tinha sido: *E daí, quem se importa? Fique calado, nunca se envolva, mantenha a cabeça baixa, não sinta nada.* E essa insensibilidade pareceu funcionar por muito, muito tempo.

Mas, por outro lado, voltando aos meus quase esquecidos dias escolares, eu tivera outra surpresa: fui chamado pelo nosso professor de Literatura Inglesa para ficar na frente da nossa turma de meninos. Para quê? Para ler um poema para eles. Um poema? Eu? "Sim, você." Eu tinha 15 anos. Não sabia nada sobre poesia. Poemas eram chatos, mas eu tinha sido convidado pelo professor para *recitar* um poema para aquela turma de meninos taciturnos e apáticos. Por que ele me chamou? Eu tinha me tornado especialista em passar despercebido. Eu era o homem invisível. Não olhe para mim. Não fale comigo. Mas naquele dia, por alguma razão, eu tinha sido descoberto. Levantei de meu esconderijo, a carteira escolar no fundo da sala, e me arrastei, relutante, em direção à mesa do professor. Fiquei de pé ali como um tolo. E agora?

O professor me entregou um volume pesado do *Tesouro Dourado*, de Palgrave. Isso bastaria para apavorar qualquer pessoa. Mas, fosse como fosse, o livro estava aberto e lá estava o poema que eu devia recitar. Era "O vento oeste", de John Masefield. Encarei a página. Eu não sabia o que fazer.

– Ora, vá em frente – disse o professor. – Leia.

Respirei fundo e comecei a recitar o poema para aquela turma silenciosa de meninos indiferentes. Evitei fazer contato visual porque eu não queria admitir a indiferença deles. Mas, de repente, fui arrastado na direção das primeiras palavras daquele poema, como se elas tivessem saído de alguma outra vida enterrada dentro de mim.

O ritmo do poema, as palavras, a cadência, tudo me afetou profundamente. Aquele bando mal-humorado de colegas entediados mantinha um estranho silêncio. Um transe? Não sei dizer, mas de fato pareciam impressionados. Não consigo explicar de jeito nenhum como fui capaz de ler e de me emocionar a ponto de quase chorar. Teria sido um pequeno desastre: chorar na frente de um bando de meninos emburrados. Meninos não choram. Quando terminei de ler, devolvi o livro ao professor.

Houve um silêncio, uma imobilidade, e o professor – Senhor Arthur Codling era o nome dele – disse:

– Muito bem. Excelente. Boa leitura.

Ele me mandou voltar para a minha carteira e me sentar.

Foi o primeiro elogio que recebi por algo que tinha feito na escola. Ao fim da aula, o Senhor Codling me deu o livro. Foi um presente e minha iniciação.

Portanto aqui estou eu, e o único conselho que posso dar a qualquer um é: ouça música. Qualquer música. Ou leia. Leia qualquer coisa. Livros. Poemas. Seja o que for. Eu comecei a ler *Grandes esperanças*, de Charles Dickens, quando tinha 10 anos. Por quê? Sei lá. Foi difícil, mas li, e depois li seu romance *Oliver Twist*.

Poemas têm má fama, ou pelo menos foi o que me disseram, mas eu gosto deles.

Não gostaria de impor minhas escolhas a ninguém, mas calhei de gostar de poetas como T. S. Eliot, Maya Angelou, Ezra Pound, W. H. Auden, Langston Hughes, Philip Larkin, Dylan Thomas, William Shakespeare.

Li *O Grande Gatsby*, de Fitzgerald, na escola. Foi outra questão de identificação "pessoal". Por quê? Era um romance americano. Não tinha nada a ver com a minha vida. Por que eu iria me interessar tanto por um romance americano que se passa na década de 1920? As últimas palavras sobre sonhos frustrados, a solidão de Gatsby – *e assim continuamos, barcos contra a corrente, impelidos incessantemente rumo ao passado*. Não tenho a pretensão de me comparar à esperança no coração de Gatsby. Mas acho que foram *a esperança e a desesperança* que assumiram o controle e me trouxeram até esse ponto na minha surpreendentemente longa vida.

A música também desempenhou um grande papel na minha vida. O *Stabat Mater* de Poulenc, a *Nona Sinfonia* de Beethoven (especialmente a versão regida por Leonard Bernstein em Berlim). Franco Corelli cantando a *Tosca*, Maria Callas (que sentiu grandes dores durante aquela parte de sua vida) cantando a *Norma* de Bellini. Toscanini, Jaqueline du Pré – o *Concerto para Violoncelo* de Brahms. Horowitz tocando o Terceiro de Rachmaninoff.

Não sou esnobe em relação a essas coisas de cultura. Por acaso gosto de tudo um pouco em termos de música. Todos os citados acima. Lotte Lenya, Sinatra, Dolly Parton, Leonard Cohen, Gary Brooker/Procol Harum. Etc.

As páginas que se seguem contêm alguns dos poemas que aprendi quando era menino, mas também o efeito que eles tiveram sobre meu pai, que me pedia para recitar alguns deles. Meu pai não teve educação formal, mas tinha um dom maravilhoso para aprender poesia. Ele me disse certa vez, pouco antes de morrer, que a poesia o ajudara a encontrar alívio para suas depressões e ansiedades. A poesia dava à sua energia inquieta algo em que se agarrar, imagino. O favorito dele era o "Rubaiyat", de Omar Khayyam:

A mundana esperança em que os homens depositam seus corações
Vira cinzas – ou prospera, e logo.
Como a neve sobre o rosto empoeirado do deserto,
Que se acende por uma ou duas horas – e se vai.

Pela Bristol Street eu ia

W.H. Auden

Pela Bristol Street eu ia,
Sem ninguém ali comigo,
As pessoas nas calçadas
Eram campos de bom trigo.

Ao chegar ao rio em cheia
Ouvi cantar um namorado
Sob o arco da via férrea:
"O amor no tempo é ilimitado.

"Te amo e vou te amar até
Que a África e a China colidam,
Que o rio salte sobre os montes
E peixes cantem na avenida,

"Vou te amar até que sequem
O oceano num varal
E que as sete estrelas grasnem
Como gansos lá no alto.

"Vão ser velozes como coelhos
Longos anos, e profundos,
Pois carrego a Flor das Eras,
E o primeiro amor do mundo."

Mas os relógios da cidade
Soaram como um carrilhão.
"Não deixe o Tempo te enganar,
Pois dominá-lo é uma ilusão.

"Nos recessos dos maus sonhos
Onde à Justiça não se apela
Espreita o Tempo em meio às sombras
E tossindo teu beijo repele.

"Entre enxaquecas e aflições
A vida vaza vagamente,
E o Tempo tem o que deseja,
Seja hoje ou mais para a frente.

"Em muitos vales verdejantes
Flutua a neve assustadora;
Estraga o Tempo toda dança
E o garbo da mergulhadora.

"Enfia pois tuas mãos na água,
Molha o pulso e o antebraço;
Vê agora na bacia
O que antes te era baço.

"A geleira abalroa a despensa,
Sobre a cama suspira o deserto,
A louça lasca e o outro mundo
Cada vez fica mais perto.

"Lá mendigos esbanjam dinheiro
E o Gigante cativa João,
Peter Pan é um arruaceiro,
E Chapéu vende o corpo por pão.

"Encara, encara o espelho,
Pensa bem na miséria que vês;
É sempre uma bênção a vida
Ainda que tua bênção não dês.

"Levanta, vai, abre a janela
O teu choro escorre em vão.
O feio próximo amarás
Com teu feio coração."

A noite ia já bem alta,
Não havia mais casais
O soar dos relógios cessara
E o rio corria em caudais.

Ítaca

K. P. Kaváfis

Ao partirmos para Ítaca,
espera que a tua seja uma estrada longa,
cheia de aventura, cheia de descobertas.
Lestrigões, Ciclopes,
raivoso Poseidon – não tenhas medo deles:
jamais irás te deparar com coisas como essas em teu caminho
desde que mantenha os teus pensamentos elevados,
desde que um raro entusiasmo
guie teu espírito e teu corpo.
Lestrigões, Ciclopes,
O furioso Poseidon – tu não irás encontrá-los
a não ser que tu os traga dentro da tua alma,
a não ser que a tua alma os ponha diante de ti.

Espera que a tua seja uma estrada longa,
que haja muitas manhãs de verão quando,
com tamanho prazer, tamanha alegria,
tu entrares nos portos que estejas vendo pela primeira vez;
que possas parar nos postos de comércio fenícios
para comprar coisas belas,
madrepérola e coral, âmbar e ébano,
perfumes sensuais de toda espécie –
todos os perfumes sensuais que puderes;
e que possas visitar muitas cidades egípcias
para aprender e continuar aprendendo com seus eruditos.

Mantém Ítaca sempre em tua mente.
Chegar lá é teu destino.
Mas não apressa nem um pouco a jornada.
Melhor se durar anos,
e que sejas velho ao chegar à ilha,
rico de tudo que ganhaste no caminho,
sem esperar que Ítaca te faça rico.

Ítaca te deu a maravilhosa jornada.
Sem ela tu não terias partido.
Agora ela não tem mais nada para te dar.

E se a achares pobre, Ítaca não terá te enganado,
sábio como terás te tornado, tão cheio de experiência,
terás entendido até lá o que essas Ítacas significam.

O vento oeste

John Masefield

O vento oeste traz calor e canto de aves;
Eu nem o ouço, mesmo assim choro suave.
Pois sei que é vento do oeste, das colinas.
E o vento oeste traz abril e flores lindas.

O oeste é bom com corações que estão cansados,
As macieiras vão em flor, ar perfumado.
A relva é fria e oferece um bom repouso,
E cantam tordos a voar, até seu pouso.

"Você não vem pra casa, irmão? Faz tempo, e tanto,
Já é abril, há flores, maio se faz branco;
E o sol já brilha, irmão, a chuva desce quente,
Você não vem pra casa, irmão, ver tua gente?

"O coelho corre, irmão, no verde milharal.
Há céu azul, as nuvens brancas, sol no alto.
É música pra alma, irmão, é luz pra mente,
Ouvir abelhas, ver as flores novamente.

"No Oeste canta a cotovia, irmão, no trigo,
Você não vem, irmão, descansa os pés, amigo.
Teu coração e olhos vou curar, irmão",
Me diz o quente oeste, de aves e canção.

A estrada que me cabe é rumo a oeste, branca,
Que leva à relva verde e fresca, e me descansa,
Que leva aos corações amigos e ao cantar,
Na bela terra, lá no oeste, o meu lugar.

O eco de chumbo e o eco de ouro

*Gerard Manley Hopkins**

O eco de chumbo

Será possível parar – algum há algum, nenhum será que há, seja onde for
que se conheça, um brinco ou broche ou um berloque ou bracelete, um laço,
    que lace
ou cace, ou chave para
Proteger o belo, um anteparo para que o belo, belo, belo... não desapareça?

Ah, não há raiva que revogue os vincos, viçosos violentos
Vincos? Não há despedir-se desses dolorosos arautos, ainda
arautos, deprimentes ladrões arautos do cinzento devir?
A nenhum, não há nenhum, Ah, não há nenhum,
Nem podes ser aquilo que hoje és, chamada bela,
Faças tu o que fizeres, que, o que fizeres,
Se sábia vais desesperar:
Sê começo, já que, não, nada há a se fazer
Para evitar

A idade e os males da idade, cabelo encanecido,
Rugas, pregas, perda, morte, o mal maior da morte, uma
mortalha, mausoléu e vermes e a espera e o pó;
Sê pois começo, começo sê do desespero.
Ah, nenhum há; não não não há nenhum:
Sê começo de teu desespero, desespero,
Desespero, desespero, desespero, desespero.

O eco de ouro

Há um, sim eu tenho um (Silêncio!);
Só não visível sob o sol,
Não sob o intenso sol em brasa,

---

* Um primo distante!

Excelso sol que semeia matizes, traiçoeiro tingindo o ar da terra.
Nalgum lugar noutro lugar há sim ah em qual lugar! um,
Um. Sim sei dessa chave, conheço esse lugar,
Em que tudo que prezamos e se perde de nós, tudo que é novo e veloz voa
para fora de nós, parece doce e súbito some, se encerra, se desfaz,
Se desfaz, desfeito, cedo descartado, não obstante perigosamente doce
De nós, a oscilante-água-ondulada, a face que não se deixa superar
pela manhã,
A beleza em botão, benesse da beleza, que tende tende sempre ah! a
debandar,
Já não debanda mais, travado pela mais vicejante verdade
A tua mais vitoriosa versão e à maravilha de tua juventude: é uma
eternidade de,
Ah, é uma mais imensa mocidade!
Vem pois, com teu jeito, teus ares e olhares, as mechas solares, as vestes
vestais,
garbo, galanteria e graça,
Teu feitio feiticeiro, ares inocentes, maneiras virginais, olhares de flecha,
mechas macias, múltiplas mechas, que mexem com o amor, trajes e alegres
trejeitos, jeitosa,
gentilmoça-
A tudo abdica, de tudo abre mão, manda tudo isso embora, se livra de tudo
num sopro,
E com crescentes suspiros, suspiros crescentes, liberta-te
De tudo; santa beleza, liberta-te dela, ainda cedo, muito antes da morte
Devolve o belo, o belo, belo, belo, dá de volta a Deus, que é Ele o belo
e é do belo doador.
Vê; nem um fio de cabelo há, nem cílio, não pode perder-se um pelo; todo fio
É, todo fio de tua testa, numerado.
Não, aquilo que despreocupados largamos num mero molde
Terá vindo e vivido e voado no vento enquanto não vinha a vigília,
De cá, de lá arremessando a sobrecarregada razão
Enquanto em tanto sono nos retirávamos.
Oh então, desanimados qual motivo para caminhar? Oh qual causa
do desconforto em nosso coração, de tal preocupação, dessa exaustão, da
corrosão,
da erosão, da consunção, degradação,

Quando aquilo de que livremente abrimos mão é guardado com maior atenção,
Com mais atenção do que poderíamos ter dado, muito mais bem
Guardado em tal cuidado (e nós, nós teríamos perdido), mais atento e cuidadoso
Mais bem guardado. Guardado onde? Conta onde é guardada, onde.
Longe. – Que alto isso! Seguimos, agora seguimos. –
Longe, sim longe, longe,
Longe.

Um salmo da vida

Henry Wadsworth Longfellow

O que o coração do jovem disse ao salmista

Não digais, em cifras tristes,
 Que essa vida é um sonho vão!
Que a alma cria e não existe
 E que tudo é uma ilusão.

Esta vida é bem real!
 E morrer não é a meta;
Volta ao pó, que é teu final,
 Nossa alma não afeta.

Nosso fim não é o prazer,
 Nem as dores nosso fado;
É a cada dia ter
 Mais um passo avançado.

A arte é longa, o Tempo voa,
 E o tambor do coração,
Mesmo corajoso, soa
 Uma fúnebre canção.

Se esta vida é uma guerra,
 Tu não sejas mero gado!
Sê tu herói sobre esta terra
 Na batalha, arrojado!

O Futuro é contingente!
 Nem te apegues ao Passado!
Age agora, no Presente!
 Com teu brio e Deus ao lado!

Segue o exemplo dos gigantes
 E suas vidas elevadas;

Também nós podemos antes
  De partir deixar pegadas;

Tais pegadas que um irmão,
  Novo náufrago no mundo,
Possa um dia ver e então,
  Achar forças lá no fundo.

Que vivamos sempre ativos,
  Enfrentando o que vier,
Sempre ágeis, sempre ativos,
  Trabalhando e sempre à espera.

Ah, rija carne, eu te queria rota (do *Hamlet*)

William Shakespeare

Ah, rija carne, eu te queria rota,
E dissolvida, reduzida a orvalho!
Ou que o Eterno não tivesse lei
Contra pôr fim à própria vida! Ó Deus!
Os usos deste mundo só me soam
Inúteis, cansativos e banais!
Ah, maldição! É um jardim baldio
Que desenvolve tudo de pior.
Que após dois meses só da morte já
Chegasse a esse ponto: não, nem dois:
Um rei tão bom; Hipérion comparado
A este sátiro; na minha mãe
Nem mesmo ao vento permitia ser
Mais bruto com seu rosto. Ah, meu Deus!
Devo lembrar? Ela pendia dele
E, alimentada pelo amor, a fome
Ainda crescia: mas em só um mês –
Que triste ver – Mulher, és sempre fraca! –
Um breve mês, mal gastos os sapatos
Com que seguiu o corpo de meu pai,
Tal Níobe, chorando: – Ah, mesmo ela –
Ó Deus! Um animal sem raciocínio
Alongaria mais o luto – e já
Se casa com o mano de meu pai,
Mas diferente como Hércules
De mim: num mês: as lágrimas tão falsas
Ainda nem bem secas em seus olhos
Ela se casa. Oh que perversa pressa,
Deitar-se tão veloz em tais lençóis
Incestuosos! Não é bom nem pode:
Mas freia, coração; é bom calar.

Aedh deseja os tecidos celestes

W.B. Yeats

Se eu tivesse os bordados do Céu em tecidos,
Enfeitados de ouro e de prata e de luz,
Os azuis e opacos e escuros tecidos
Com sua noite e sua luz e também meia-luz,
Os tecidos poria sob os teus mansos pés:
Mas sou pobre e só tenho comigo meus sonhos;
E meus sonhos te dei para pores teus pés;
Pisa pois com cuidado, pois pisas meus sonhos.

Não temas mais o Sol e seu calor (De *Cimbeline*)

William Shakespeare

Não temas mais o Sol e seu calor,
Tampouco temas fúrias invernais;
Completa neste mundo é tua obra,
Voltaste ao lar e tens a tua paga:
Não só quem limpa chaminés: o pó
É o fim de moços, moças, todos nós.

A canção de amor de J. Alfred Prufrock (excerto)

T.S. Eliot

Envelheço… Envelheço…
Enrolarei as barras de minhas calças, é um começo.

Devo partir os meus cabelos? Comer um pêssego seria má ideia?
Vou pôr calças brancas de flanela e andar na praia pela areia.
Ouvi cantarem entre elas as sereias.

Não acho que elas vão cantar pra mim.

Eu vi quando elas foram sobre as ondas mar adentro
Penteando as brancas mechas do oceano
Quando o vento sopra as águas em preto e branco.
Nos demoramos longamente em câmaras do mar
Ao lado de marinhas moças enfeitadas pelas algas
Até acordarmos com vozes humanas que nos fazem afogar.

Vitae Summa Brevis Spem Nos Vetat Incohare Longam

Ernest Dowson

A brevidade da vida nos impede a esperança
de perdurar por longo tempo.
– Horácio

Não duram muito, o choro e a risada,
O ódio, o desejo e a paixão:
Creio que de nós não são mais nada
Após passarmos o portão.

Não duram muito, as rosas nem o vinho:
Do meio de um nublado sonho
Emerge e some então nosso caminho
Em meio a um sonho.

Eclesiastes 1:5, 9, 11

Nasce o sol, e o sol se põe,
e apressa-se e volta ao seu lugar de onde nasceu.
...
O que foi, isso é o que há de ser; e o que se fez, isso se fará;
de modo que nada há de novo debaixo do sol.
...
E das coisas que hão de ser também delas não haverá lembrança,
Entre os que hão de vir depois.

Sêneca

Logo o hálito da vida escapará de nós.
Por um instante, enquanto ainda o inspiramos, enquanto ainda estamos no mundo humano,
Desfrutemos de nossa humanidade.
Não sejamos fonte de medo ou perigo para ninguém.
Desprezemos as injúrias, os danos, os insultos e as provocações; suportemos os breves incômodos.

Como dizem, no momento em que nos virarmos e virmos o que ficou para trás,
A morte estará lá.

Adlestrop

Edward Thomas

Sim. Eu me lembro de Adlestrop –
Do nome, porque numa tarde
O trem expresso chegou lá
Sem bem querer. Isso era junho.

Um silvo de vapor. Pigarro.
Ninguém desceu, ninguém chegou
Na plataforma. O que eu vi
Foi Adlestrop – o nome só

E então salgueiros e o gramado,
Ulmária e feno seco em pilhas,
E tudo inerte, e só e belo
Igual às nuvens lá no céu,

E nesse instante um melro canta
Ali bem perto, e no entorno,
Já se afastando, toda ave
De Oxfordshire e Gloucestershire.

Elegia escrita num cemitério do interior

Thomas Gray

O sino toca anunciando o fim do dia,
O gado segue seu caminho sobre o outeiro,
O camponês exausto ao lar se refugia,
E herdamos nós, o escuro e eu, o mundo inteiro.

Já perde a cor essa paisagem cintilante,
E é algo solene a plena inércia desse ar,
Só há o zumbido do besouro esvoaçante,
E ao longe soa um abafado tilintar;

Uma coruja para a lua se lamenta
Empoleirada sobre o velho campanário,
Daquele que por acercar-se agora atenta
Contra seu reino, esconderijo solitário.

À sombra antiga dessas árvores sem jaça,
Na turfa irregular que aqui e ali se alteia,
Em suas celas tão eternas quanto escassas,
Dormem os rudes ancestrais daquela aldeia.

Nem o perfume e a brisa matinais,
Nem a andorinha com seu canto e seu trilar,
Nem mesmo o galo ou o clarim de som audaz
No humilde leito poderão lhes despertar.

Não têm mais eles a lareira e o seu calor,
Não mais esposa têm com cuidados delicados:
Quando ele volta não há filhos ao redor,
Ou a escalá-lo para beijos invejados.

Sob sua foice se rendeu tanta colheita,
Sulcava glebas tão teimosas seu arado,
Toda parelha a seu comando ia satisfeita,
E quanta mata se curvou a seu machado.

Que da labuta não desdenhe a Ambição,
    Ou do prazer modesto e fim tão pouco nobre;
Nem Glória ouça com desprezo e afetação,
    As breves, simples crônicas da gente pobre.

O garbo dos brasões, a pompa do poder,
    E todo fruto do dinheiro e da beleza
Estão à espera do que sempre vem a ser.
    Pois toda estrada leva à cova, isso é certeza.

Nem imputai a eles falta, ó vós vaidosos,
    Se sobre a tumba não lhes põe Memória os louros,
Na treliçada nave de padrões formosos
    Na qual em hinos de louvores canta o coro.

Pode uma urna decorada ou busto jovial
    Trazer de volta o frágil sopro a tal mansão?
Reviverá a voz da honra o pó fatal,
    Ou cede a morte a tão banal bajulação?

Nesta ruína pode ser que um coração
    Pulsasse outrora prenhe de divino ardor;
E um régio cetro então pendesse dessa mão,
    Ou ela a lira despertasse para o amor.

Mas aos seus olhos não se abriu jamais da História
    O rico livro do passado em narrativa;
Pois vil Penúria reprimiu a nobre fúria,
    E congelou o gênio em sua alma viva.

Há puras gemas que com brilho refulgente
    Suportam sempre a escuridão do fundo mar;
Há muita flor que desabrocha lindamente
    E vê a doçura esperdiçar-se no ermo ar.

Ser ou não ser: eis a questão (de *Hamlet*)

Ser ou não ser: eis a questão.
Acaso é mais nobre curvar a cabeça aos golpes
Da ultrajante fortuna,
Ou combater com armas os problemas
E encerrá-los ao se opor. Morrer –
Dormir, é só; e com um sono o fim
Da angústia e dos mil choques naturais
Que a carne herda: eis um destino a ser
deveras almejado enfim. Morrer,
dormir; dormir, talvez sonhar – ai, não;
Pois nesse mortal sono após deixar
O corpo quais os sonhos que virão
Leva a pensar – eis só o que nos faz
Tanta calamidade tolerar.
Pois quem suportaria a dor do tempo,
O dano do opressor, do altivo a injúria,
O amor que é desprezado e a lei que tarda,
O desaforo dos governos e o abuso
Dos que não valem nada contra os bons,
Se com a lâmina é possível pôr
Um fim a isso? Quem carregaria
Seus fardos, no suor da dura lida,
Não fosse o medo de algo após a morte,
Esse país desconhecido donde
Nenhum viajante retorna, que intriga,
E faz-nos suportar os males nossos
Em vez de outros que não conhecemos?
A todos faz covardes essa ideia,
E a natural resolução assim
Se torna frágil ante o mui pensar,
E urgentes, importantes atitudes
Por isso mesmo perdem-se e se adiam
E cessam de chamar-se assim ação.

A Ilha do Lago de Innisfree

William Buttler Yeats

Vou levantar e vou sair, vou a caminho de Innisfree,
Lá vou erguer uma cabana, feita de argila e de madeira;
Nove fileiras de feijão eu vou criar, e mil abelhas a zumbir,
E vou viver sozinho na clareira.

E lá terei alguma paz, que a paz goteja lenta,
As gotas vêm do véu da aurora em que o grilo canta;
Lá a meia-noite é um só brilho, e o meio-dia é violeta,
E o pintarroxo cobre a noite com os voos que levanta.

Vou levantar e vou sair, pois noite e dia
Escuto o som macio das águas sobre o chão;
Enquanto vou na estrada cinza e fria
Escuto o som no mais profundo coração.

Quando você for velha

William Butler Yeats

Quando você for velha, gris, fadiga pura,
Dormindo ao lado da lareira, toma isso
E lentamente lê, sonhando co'a doçura
Que os olhos teus tiveram, cheios de feitiço.

Te amaram tantos na alegria mais divina,
Amor real ou falso por tua beleza,
Só um porém amou tua alma peregrina
E amou teu rosto mesmo na hora da tristeza.

E debruçada sobre as brasas cintilantes,
Um pouco triste, que fugiu-te Amor murmura,
Subiu aos poucos as montanhas rumo à altura
E se escondeu em meio a estrelas tão distantes.

Lembra

Christina Rossetti

Lembra de mim quando eu tiver partido
    Para a terra do silêncio sob o chão
    E não puderes mais pegar-me a mão,
Nem eu ficar após fingir ter ido.
Lembra de mim sem ter como contar
    Teus planos de futuro para nós:
    Só lembra; vai ser tarde, infelizmente,
Para dar conselhos ou por mim orar.
Porém se me esqueceres um momento,
    Lembrando só depois, não vás sofrer:
    Pois se ao escuro então sobreviver
    Algum vestígio do que fui e fiz,
Melhor será sorrir no esquecimento
    Do que lembrando seres infeliz.

CONHEÇA ALGUNS DESTAQUES DE NOSSO CATÁLOGO

- Augusto Cury: Você é insubstituível (2,8 milhões de livros vendidos), Nunca desista de seus sonhos (2,7 milhões de livros vendidos) e O médico da emoção
- Dale Carnegie: Como fazer amigos e influenciar pessoas (16 milhões de livros vendidos) e Como evitar preocupações e começar a viver
- Brené Brown: A coragem de ser imperfeito – Como aceitar a própria vulnerabilidade e vencer a vergonha (900 mil livros vendidos)
- T. Harv Eker: Os segredos da mente milionária (3 milhões de livros vendidos)
- Gustavo Cerbasi: Casais inteligentes enriquecem juntos (1,2 milhão de livros vendidos) e Como organizar sua vida financeira
- Greg McKeown: Essencialismo – A disciplinada busca por menos (700 mil livros vendidos) e Sem esforço – Torne mais fácil o que é mais importante
- Haemin Sunim: As coisas que você só vê quando desacelera (700 mil livros vendidos) e Amor pelas coisas imperfeitas
- Ana Claudia Quintana Arantes: A morte é um dia que vale a pena viver (650 mil livros vendidos) e Pra vida toda valer a pena viver
- Ichiro Kishimi e Fumitake Koga: A coragem de não agradar – Como se libertar da opinião dos outros (350 mil livros vendidos)
- Simon Sinek: Comece pelo porquê (350 mil livros vendidos) e O jogo infinito
- Robert B. Cialdini: As armas da persuasão (500 mil livros vendidos)
- Eckhart Tolle: O poder do agora (1,2 milhão de livros vendidos)
- Edith Eva Eger: A bailarina de Auschwitz (600 mil livros vendidos)
- Cristina Núñez Pereira e Rafael R. Valcárcel: Emocionário – Um guia lúdico para lidar com as emoções (800 mil livros vendidos)
- Nizan Guanaes e Arthur Guerra: Você aguenta ser feliz? – Como cuidar da saúde mental e física para ter qualidade de vida
- Suhas Kshirsagar: Mude seus horários, mude sua vida – Como usar o relógio biológico para perder peso, reduzir o estresse e ter mais saúde e energia